U0561134

孟宪承文集

卷九

新中华教育史
西洋古代教育

孟宪承 编

主编 瞿葆奎
副主编 杜成宪

华东师范大学出版社

孟宪承执教于光华大学(1925年)

萬有文庫
第一集一千種
王雲五主編

西洋古代教育

孟憲承著

商務印書館發行

孟憲承著《西洋古代教育》，商務印書館"万有文库"1931年版的封面

高級中學師範科用

新中華
教育史

編者 孟憲承

上海中華書局印行

孟宪承编《新中华教育史》，中华书局1932年版的封面

的儀式。到了文化演進，成人的經驗——技能，知識，理想——積累增加；傳遞的歷程，不復能像那樣的簡單直截。於是產生了教育的制度和教師的專業。教育史也從這裏展開了牠的第一頁。

三　為什麼要研究教育史

歷史是人類活動體相的總記錄，教育是人類社會活動的一部門，所以教育史只不過是從歷史中把人類的教育活動，特別的提示出來，作一個系統的敍述。這裏記載着過去教育制度的嬗變，追溯着教育理法的源流，更演述着名教育家的傳記。

這種敍述於我們現代教育研究有什麼幫助呢？我們知道，教育上一切制度的繁興與衰頹，一切學說的成立與毀滅，在橫的方面為當時的社會環境所規範，在縱的方面為先前的時代伏流所影響。教育到了現在，似乎是已帶上了一個新的，合理的形式了，其實這新的，合理的形式，還只是前人心血的結晶，全從過去事實中演化蛻變而來的。所以我們要明瞭教育演進的軌跡，固非研究教育史不可；便是要更透澈地認識現代教育，也有研究教育史的必要。

而且教育史裏敍說着前人教育的經驗，可以做我們現在實施教育時的參考。從

引論　　　三

孟宪承在《新中华教育史》中，就"为什么要研究教育史"的论述（第一页）（1932年）

古不知有多少「悲天憫人」的教育家，耗盡了他們的心力，甚至貢獻了他們的生命，才把我們的教育史，裝點成這樣的燦爛莊嚴。他們生平的故事，更可以淨化我們浮躁的精神，鼓舞我們奮鬭的勇氣。教育者精神的食糧，也將從這裏得到了。

孟宪承在《新中华教育史》中，就"为什么要研究教育史"的论述（第二页）（1932年）

孟宪承在国立中央大学讲授的《教育通史》讲义，上册（卷）为外国教育史（1928年），下册（卷）为中国教育史（1930年）

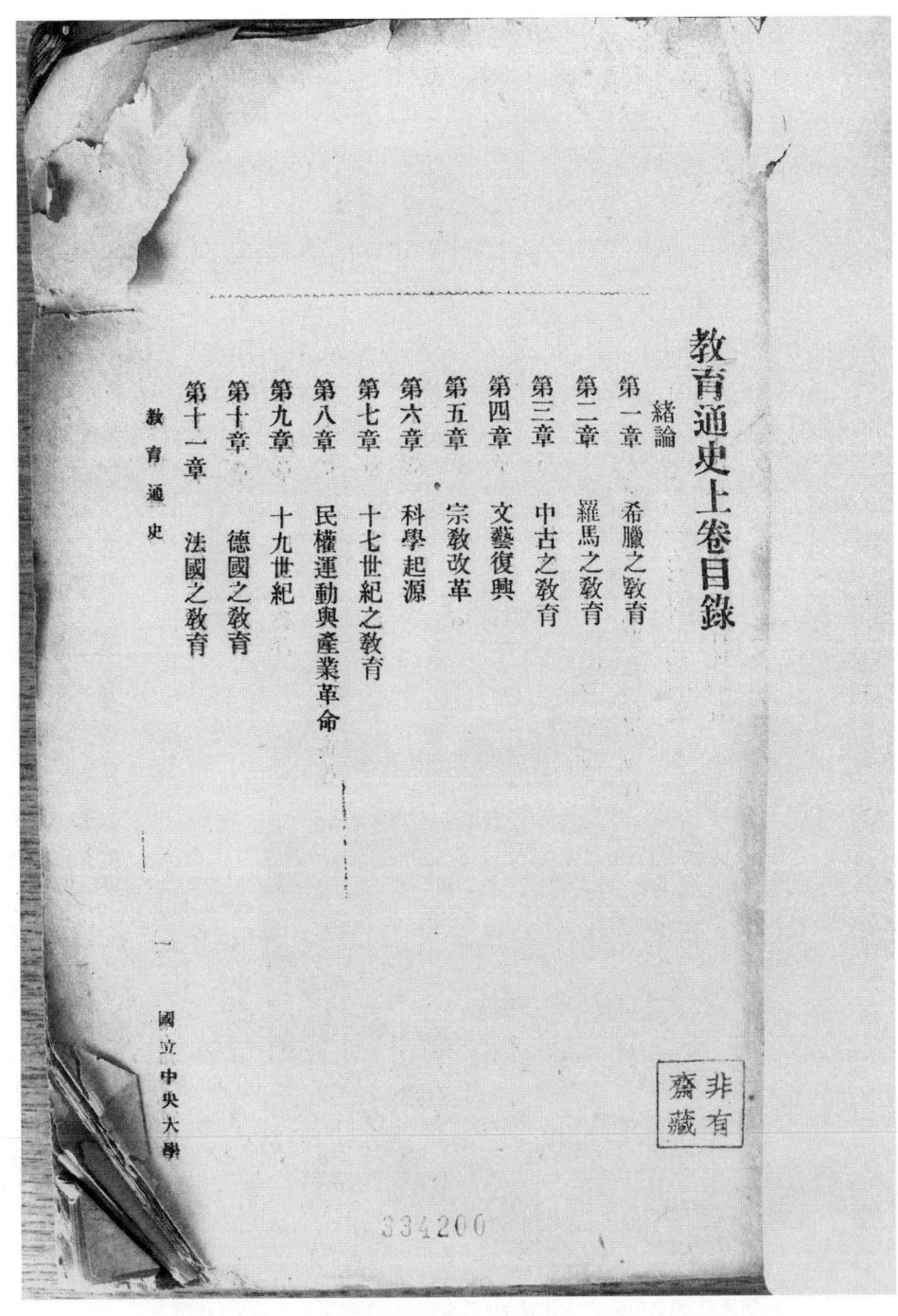

教育通史上卷目錄

緒論

第一章　希臘之教育

第二章　羅馬之教育

第三章　中古之教育

第四章　文藝復興

第五章　宗教改革

第六章　科學起源

第七章　十七世紀之教育

第八章　民權運動與產業革命

第九章　十九世紀

第十章　德國之教育

第十一章　法國之教育

孟宪承在国立中央大学讲授的《教育通史》上卷目录第一页（1928年）

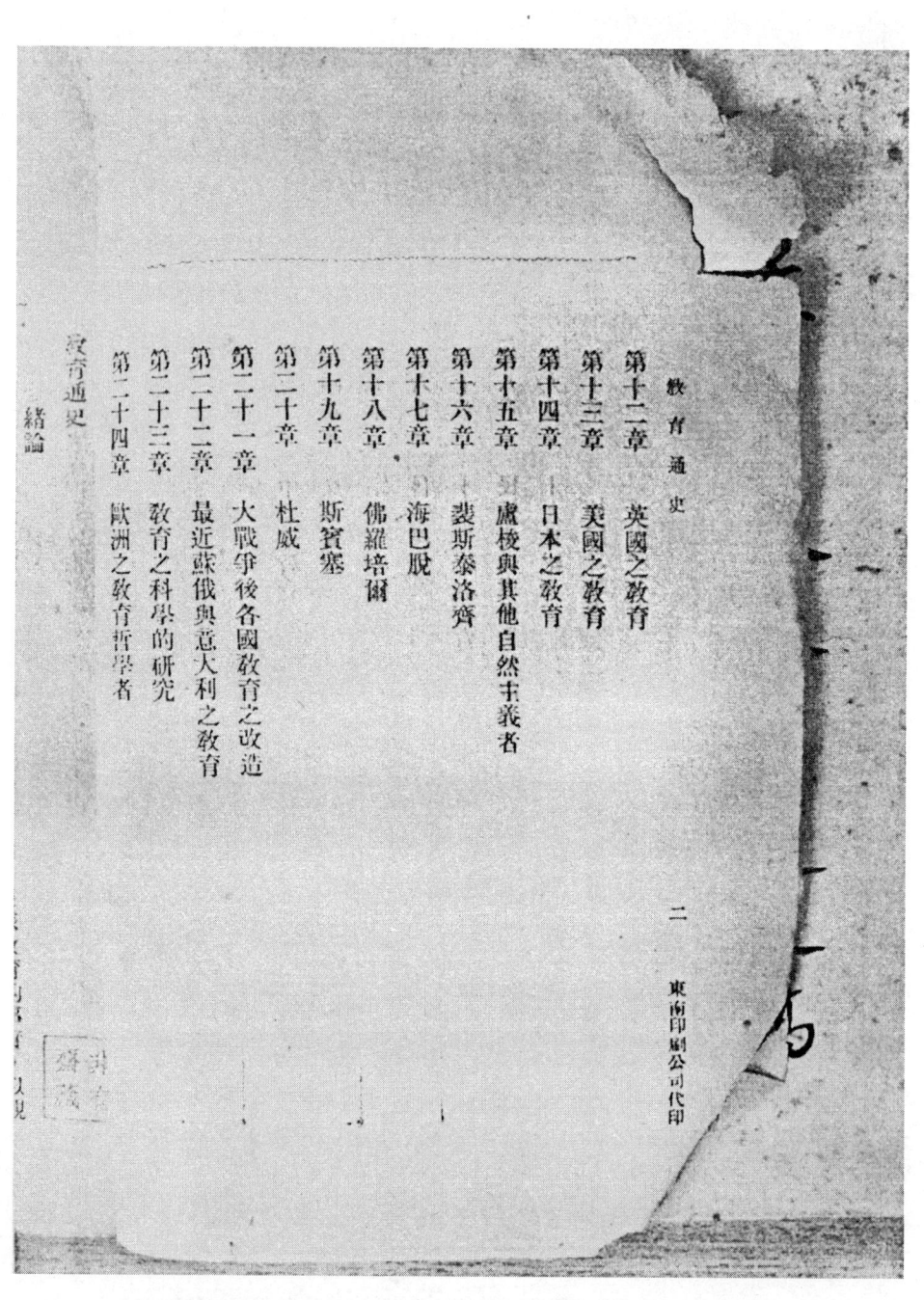

教育通史　　　　　　　　　　　　　　　二　東南印刷公司代印

第十二章　英國之教育
第十三章　美國之教育
第十四章　日本之教育
第十五章　盧梭與其他自然主義者
第十六章　裴斯泰洛齊
第十七章　海巴脫
第十八章　佛羅培爾
第十九章　斯賓塞
第二十章　杜威
第二十一章　大戰爭後各國教育之改造
第二十二章　最近蘇俄與意大利之教育
第二十三章　教育之科學的研究
第二十四章　歐洲之教育哲學者

孟宪承在国立中央大学讲授的《教育通史》上卷目录第二页(1928年)

教育通史

緒論

學者稱研索教育問題之途徑凡三：一，科學的；根據教育的事實，以觀察，測量，試驗等方法，求客觀與正確之結論者也。二，哲學的；超越教育的事實，以思考與批評的方法，從人生經驗之全體，探究教育之根本原理者也。三，歷史的；記載異時異地之教育的事實，藉資訂與比較的方法，資解答此時此地教育問題之借鑑者也。

馬克凡諾教授MAC VANNEL之言曰：「教育史之職能，在推溯教育之法則與原理，如何生長，因而得一種思想方法，以適用於現在教育與社會之狀況與問題，而求教育之發展」（見所著教育哲學綱要 OuTINE OF ACOuRSE IN THE PHILOSOPHY OF EDuCATION 八七頁）是故教育史之能事，不止網羅記載教育之故實而已，語其任務，蓋有二端：

（一）求因：一種制度或學說之產生，決非憑空出現，必有其所以產生此制

教育通史　　　一　　　國立中央大學

孟宪承在国立中央大学讲授的《教育通史》上卷绪论第一页（1928年）

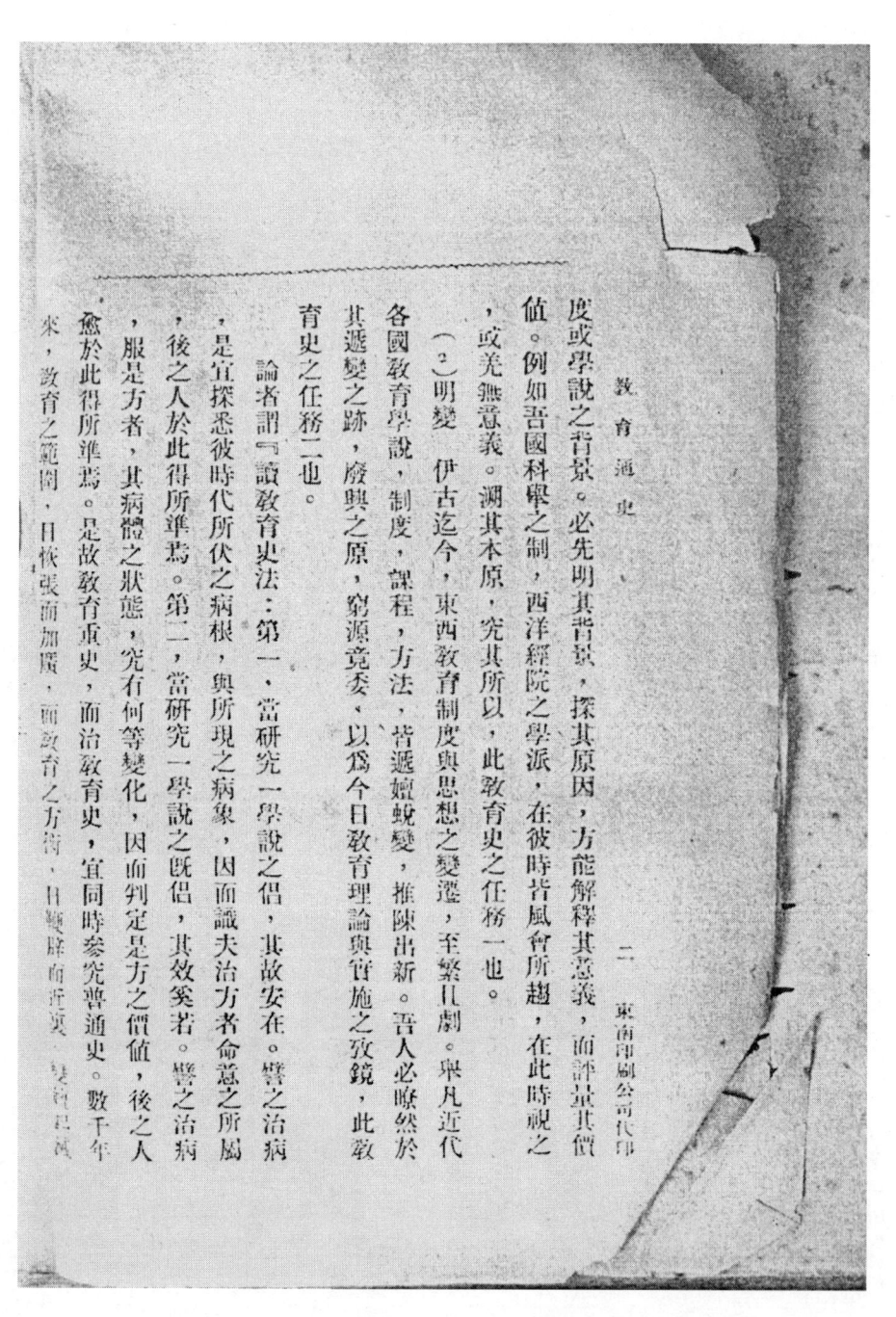

度或學說之背景。必先明其背景，探其原因，方能解釋其意義，而評量其價值。例如吾國科舉之制，西洋經院之學派，在彼時皆風會所趨，在此時視之，或羌無意義。溯其本原，究其所以，此教育史之任務一也。

（二）明變 伊古迄今，東西教育制度與思想之變遷，至繁且劇。吾人必瞭然於各國教育學說，制度，課程，方法，皆遞嬗蛻變，推陳出新。舉凡近代其遞變之跡，廢興之原，窮源竟委，以為今日教育理論與實施之鑑鏡，此教育史之任務二也。

論者謂『讀教育史法：第一、當研究一學說之倡，其故安在。譬之治病，是宜探悉彼時代所伏之病根，與所現之病象，因而識夫治方者命意之所屬，後之人於此得所準焉。第二，當研究一學說之既倡，其效奚若。譬之治病，服是方者，其病體之狀態，究有何等變化，因而判定是方之價值，後之人愈於此得所準焉。是故教育重史，而治教育史，宜同時參究普通史。數千年來，教育之範圍，日恢張而加廣，而教育之方面，日頻繁而

之際，至濃厚之意味存焉。」海知言矣。

如上所述，教育史在教育學術上之地位既明矣。其於吾人一般文化上之價值則何如？更析言之：

（一）廣識　格萊夫斯（Graves）曰：「教育史能擴大吾人之眼光，為一種最有文化價值之學問。」蓋貫串百家教育之學說，綜合數十國教育之設施，為之一一究其原委，而衡其得失，學者得此歷史的眼光，則於今日一切新理論，新方法，自能戒竺舊，避輕浮，盡袪其固執與偏見，務推斷時宜，準酌情勢，而為合理的估定其價值。故德國教育史家斯密德（Schmidt）亦謂「教育史可使吾人去其傲慢之心，養成謙遜之德」云。

（二）尚友　文豪如加萊爾（Carlyle），如愛默孫（Emerson），皆視歷史為傳記，其所記載，為英雄豪傑之生平與其偉大之事蹟與影響。此未為盡歷史之用也，而要亦歷史之文化價值之一端。孟子云：「頌其詩，讀其書，不知其人可乎？」吾人韋繹先哲之遺教，敷陳其事蹟，知其人，論其世，慨然想見其為人，油然而有高山仰止之信念。則其所得於觀感者，豈淺尟哉？

自來治教育通史者，首推德人勞曼爾（Raumer）與斯密德（Schmiet）二氏殫精瘁學，名著教育通史四巨册，允稱傑作。其在英籍中，則以美人孟祿（Monroe）之教育史教本為成書最早。格萊夫斯之教育史三卷繼之。克栢黎（Cubberley）之書最晚出，皆裒然巨帙。有志於是者，其知所問津矣。

此編為民國十六年在中央大學之講稿。十七年重加補訂。分上下二卷，上卷為世界之部，下卷為中國之部。其所纂輯，於近代為詳，而於古代為略；於思想學說為詳，而於制度沿革為略。夫教育史料，浩如烟海，自惟譾陋，未讀羣書；特採撫舊聞，加以整理。粗具篇章，用資講肆。以云著述，則未逮也。

<u>孟憲承</u>　十七，九，十二。

教育通史下卷目錄

緒論

第一章　周之教育

第二章　孔子

第三章　老子

第四章　墨子

第五章　管子

第六章　孟子

第七章　荀子

第八章　漢之教育

第九章　兩漢儒學之代表人物

第十章　魏晉南北朝之教育

第十一章　隋唐之教育

孟宪承在国立中央大学讲授的《教育通史》下卷目录第一页（1930年）

教育通史 目錄 二 東南印書公司代印

第十二章　儒學與佛學
第十三章　宋之教育
第十四章　王安石
第十五章　理學諸儒
第十六章　元明之教育
第十七章　王守仁
第十八章　清之教育
第十九章　清儒之學
第二十章　最近之教育

緒論

中華民族歷史的存在，逾五千年。其史籍之浩繁，非任何現代國家所可比儗。清四庫書目所著錄史部書，達三萬七千餘卷，而四庫所未收或編定後

孟宪承在国立中央大学讲授的《教育通史》下卷目录第二页（1930年）

緒論

中華民族歷史的存在，逾五千年。其史籍之浩繁，非任何現代國家所可比儗。清四庫書目所著錄史部書。達三萬七千餘卷，而四庫所未收或編定後續出者，尚無慮數萬卷。蓋自左邱明司馬遷以後，史部書曾著著簡冊者，應在十萬卷以外。此文化遺傳之偉大可驚也！惟其內容之繁且賾，故整理之也難，系統的文化史學術史，晚近始有一二專書也。

中國教育史之材料，當有下列三種來源：

(一)教育家之學說與事蹟，例如孔子，孟子，荀子，鄭玄，朱熹，王守仁等，其學說或散見於羣經諸子，或各有其著述若專集；而其生平，則於史記孔子世家，孟子荀卿列傳，後漢書鄭玄傳，宋史朱熹傳，明史王守仁傳，年譜，均及有價值。宋以後儒家，有黃宗羲之宋元學案，明儒學案，先後參考，正史以外，於孔孟則如崔述之洙泗考信錄孟子事實錄，於朱熹則如王懋竑之朱子可考見者也。

(二)教育之制度與沿革，古代教育，見於尚書，周官，禮記等，其各朝之學制，則育通與，文獻通考所採輯者可稽。下至類書^{如玉海}，方志，以及後之章程，條例，皆可供研究者之參考。

(三) 歷史及其他著述之可證時代背景者。凡思想制度，皆應時代之要求而產生，不察其過去及當時社會之狀況，則無以見其來源。思想與制度之結果，其影響必及於此之社會狀況，則無以得其評價。此一般歷史之用也。若各種學術思想史^{如梁啟超先秦政治思想史，胡適中國哲學史大綱}，亦可證時代之背景與思潮，皆可取資者也。

史料豐富如此，宜若可取之左右逢其匯矣，而前醫從事，有二難焉。古者政教不分，教育家之學說，與其政法理想人生哲學，不易分判。卽以制度言之，周以前，敷教與養老並行；劇庚以後，亦祭祀與科舉相混。必一一以現代教育之體系為準，爬梳而剔抉之。非病主觀，或滋附會，此史料整理之難一也。古書雖多，真偽難辨。孔子欲觀夏道殷道，親詣其遺裔杞宋二國，猶嘆文獻之不足徵，孟子有盡信書，則不如無書之歎。即如尚書一部分，爲東晉人僞造。周官，世以爲周公致太平之作，然其書西漢末晚出，當時學者，指爲僞書，近代則疑議益甚，或者漢人雜糅周末及春秋戰國所傳之制度而成，禮記則漢志謂「七十子後學者所記，」蓋一儒家之叢書，各篇成立年代早晚不同、最晚者則出漢儒手，而純駁互見。古書考訂，牽涉專門。此史料鑑別之難二也。

因探究西洋教育史之興趣，而搜集本國之材料以爲比較者，最早有郭秉文之中國教育制度沿革史，及蔣夢麟之中國教育原理。二作皆係肄業國外大學之論文，非整治故國之專業。北京師範大學陳君青之，刊有中國教育史上卷，又千君囮嚌，著中國教育大綱，並爲斯業之嘗試。東南大學同學王君燧昌，博搜史料，有中國教育史旣論一稿，約六十萬言。草創將成，未及潤飾，賫志以沒。遺稿何待印行。本編參稽故籍，條貫羣言，其所纂輯，似距前例，於學說思想爲詳，於制度沿革爲略，于近代爲詳，而於古代爲略。隨講隨編，取便敷覽，攘觚率爾，紕謬必多。若以精深之研究，而爲系統的著述

，則尚待同志之分途以赴，合力而成，信乎黎洲之言，『此非末學一人之事也。』明儒學案發凡語

孟憲承 十九，三，十五．

孟宪承在国立中央大学讲授的《教育通史》下卷绪论第四页（1930年）

孟宪承文集·卷九 | 新中华教育史 西洋古代教育

总目录

新中华教育史 1
    上编——世界教育史 1
    下编——中国教育史 143

西洋古代教育 305

孟宪承文集·卷九 | 新中华教育史

上编——世界教育史

编辑大意

在写这书以前，作者对于取材编制，曾这样地设想：

一、史材的选择。在这薄薄的一册书中，要把世界和中国的教育史迹，容纳无遗，这不独是不可能，也是不合理的。我们只得把这种材料的价值，估量一番。价值的标准，最主要的是：（1）对于现代教育事实和问题的了解上最有需要；（2）和这书假定的读者的兴趣和能力最能适合。估量以后，我们才能决定材料的取舍和详略。

二、背景的说明。教育只是人类活动的一部分，它并不能离开其他活动而独立。所以我们要叙述教育史迹，不得不同时说明人类这些时在生活和思想上的几个重大变迁，几项重大运动。没有这个背景，一切教育制度和学说，只成了无生命的、片断的事实；有了这个背景，则这些事实，自然汇成一整个的史流。

三、全书的组织。在显明的背景上，把选择的史材贯串起来："横的方面，最注意于其背景与其交光，然后甲事实与乙事实之关系明，而整个的不至变为碎件。纵的方面，最注意于其来因与其去果，然后前事实与后事实之关系明，而成套的不至变为断幅。"全书的叙述，要能脉络贯通，前后照应。

这样的设想，能否作为我们编制教育史教材的原则？本书的内容，是否已能恰合这种原则？这都有待于采用本书的各位教师的解答和批评。无论怎样，本书和他书比,多少有不同的地方;它多少具有它自己的个性。而它的个性,便是上述几点设想所形成,这是作者所私信的。

孟宪承二〇(1931),十,十,杭州

目录

引论   11
    一、什么是教育   11
    二、教育是怎样起源的   11
    三、为什么要研究教育史   12

第一章　希腊的教育   14
    一、概说   14
    二、斯巴达教育   15
    三、旧雅典教育   16
    四、新雅典教育   17
    五、希腊的大学   20

第二章　罗马的教育   22
    一、概说   22
    二、罗马的学校   23
    三、罗马的教育家   24

第三章　中古的教育   26
    一、概说   26
    二、宗教教育   26
    三、经院学派   29
    四、中古大学   30
    五、武士教育   31

| | 六、市民学校 | 32 |

第四章　文艺复兴　34
　　一、文艺复兴在欧洲文化上的意义　34
　　二、人文主义的教育家　37
　　三、人文主义的学校　38

第五章　宗教改革　40
　　一、宗教改革与文艺复兴　40
　　二、宗教改革的教育　40
　　三、反宗教改革的教育　42

第六章　近世科学的起源　45
　　一、文艺复兴后科学的兴起　45
　　二、天文、物理和化学　46
　　三、科学的方法　48

第七章　17世纪的教育　50
　　一、概说　50
　　二、惟实主义　50
　　三、训练主义　54
　　四、宗教的教育家　55

第八章 平民政治与工业革命 57
一、18世纪欧洲的政治背景 57
二、英国宪政的发展 57
三、美国的建国 58
四、法国的革命 58
五、工业革命 59

第九章 19世纪 60
一、国家主义的勃兴 60
二、平民政治运动的继起 62
三、科学的进步 63
四、工业的发达 65
五、结论 65

第十章 德国的教育 67
一、18世纪普鲁士教育的设施 67
二、耶拿的耻辱和普鲁士的复兴 68
三、德国的学制 70

第十一章 法国的教育 72
一、革命者的理想和拿破仑的法令 72
二、基佐和费里的事业 73
三、法国的学制 74

第十二章	英国的教育	76
	一、自由制	76
	二、经济学者的教育论	77
	三、19世纪初的慈善教育	78
	四、1883年后的国会和教育	78
	五、英国的学制	79

第十三章	美国的教育	81
	一、独立战争后教育的衰萎	81
	二、19世纪中的萌动	81
	三、教育运动的领袖	83
	四、美国的学制	85

第十四章	日本的教育	86
	一、维新以前	86
	二、明治的初年	87
	三、教育令和各级学校令	88
	四、教育敕语	89
	五、日本的学制	90

第十五章	卢梭与其他自然主义者	91
	一、卢梭	91
	二、泛爱派的教育者	95

第十六章　裴斯泰洛齐　　97
一、传略　　97
二、氏的学说　　99
三、氏的影响　　100

第十七章　赫尔巴特　　102
一、传略　　102
二、氏的学说　　103
三、氏学说的继承者　　105
四、氏的影响　　106

第十八章　福禄培尔　　108
一、传略　　108
二、氏的学说　　109
三、氏的影响　　111

第十九章　斯宾塞　　113
一、传略　　113
二、氏的学说　　113
三、氏的影响　　117

第二十章　杜威　　118
一、传略　　118

二、氏的学说　119
三、氏的影响　122

第二十一章　欧战后各国教育的改造　125
　　一、德国　126
　　二、法国　127
　　三、英国　129
　　四、美国　130
　　五、日本　131

第二十二章　教育的科学化　134
　　一、儿童和教育的心理　134
　　二、智力和学力的测量　135
　　三、个性鉴别和教育　137
　　四、个性适应的教学法　138

上编参考书目　141

引　论

一、什么是教育

什么是教育？古今的教育家，不知给了我们多少各异的解释。

以"**教育**"这个字的字源来解释的：西文 Education 是从拉丁文 Educatio 来的，有"抽出"、"引出"的意思；中文"教，效也；育，长也。"[1]我们现代的教育，还有这样的涵义。

以"教育"内在的意义来解释的，有人说："**教育是种族更新的历程**"；有人说："**教育是文化传递的工具**"；有人说："**教育是生活的预备**"；有人说："**教育就是生活**"。这些定义没有一个不含着一部分真理，同时，因为各个注重点的不同，也没有一个能概括而没有挂漏。

本来教育内包的复杂，绝非几个简单的字或句所能概括的。现在我们且追溯教育的起源吧！或许在我们认识了教育的原始面目时，可以给我们一个比较明晰的概念。

二、教育是怎样起源的

自世界上有了人类，同时也便伴生了教育。人类为着谋生存，不得不有许多

---

[1] "教，效也"出自汉代刘熙《释名·释言语》；"育，长也"出处较多，多出于经书的疏注中，如清人惠栋《九经古义》卷三《尚书古义》。——编校者

活动;这些活动方法的获得,要靠个人去模仿或参加社会的生活。康德(Kant)说:"社会本身就是对于社会各分子的教育。"这句话,更清晰地描摹了教育的本质。在原始的社会里,学校教育的名称与形式,自然是没有。儿童的教育,只是**实际技能的模仿,家庭和社会生活的参加**,那时山岳、河流、田原、旷野,都是他们教学和实验的场所;狩猎、畜牧、渔捞、耕种,便是他们的学科;有经验的成人,便是他们的教师。我们试想一想,那时的自然教育,是多么简单而切实呢!

至于原始时代,在人生理想方面,所有的教育便是各部落的"族仪"(Initiation Ceremony)——凡儿童到了成年,便须举行一个很庄重的**入族仪式**,其仪式和手续各异,有的要受风雪的摧剥,有的要受苦痛的磨折,其用意无非在这加入成人集团的宣誓式中,使知道生活所需的艰苦与纪律罢了。

这样,在原始社会里,实际的教育,止于模仿和参加。理论的教育,止于入族的仪式。到了文化演进,成人的经验——技能、知识、理想——积累增加;传递的历程,不复能像那样的简单直截,于是产生了**教育的制度和教师的专业**。教育史也从这里展开了它的第一页。

三、为什么要研究教育史

历史是人类活动体相的总记录,教育是人类社会活动的一部门,所以教育史只不过是从历史中把人类的教育活动特别的提示出来,作一个系统的叙述。这里记载着过去教育制度的嬗变,追溯着教育理法的源流,更演述着名教育家的传记。

这种叙述于我们现代教育研究有什么帮助呢?我们知道,教育上一切制度的繁兴与衰颓、一切学说的成立与毁灭,在横的方面为当时的社会环境所规范,在纵的方面为先前的时代伏流所影响。教育到了现在,似乎是已带上了一个新的、合理的形式了,其实这新的合理的形式,还只是前人心血的结晶,全从过去事实中演化蜕变而来的。所以我们要**明了教育演进**的轨迹,固非研究教育史不可;便是要更透澈地**认识现代教育**,也有研究教育史的必要。

而且教育史里叙说着前人教育的经验，可以做我们现在实施教育时的参考，从古不知有多少"悲天悯人"的教育家，耗尽了他们的心力，甚至贡献了他们的生命，才把我们的教育史，装点成这样的灿烂庄严。他们生平的故事，更可以净化我们浮躁的精神，鼓舞我们奋斗的勇气。教育者精神的食粮，也将从这里得到了。

第一章
希腊的教育

一、概说

希腊的地势　在现在巴尔干半岛南端的一个地方,三面拥着明静的海涛,映着蔚碧的晴空。它的北面又走来几支山脉,像我们手背上的骨骼似的,天然的把它的境内划成许多不相统属的城市。3 000 年前欧洲的文化,便在那里孕育着了,这就是我们现在所要叙述的古代的希腊。

种族　希腊的人民,是雅利安种(Aryan),内又分伊奥利亚(Aeolian)、多利安(Dorian)、爱奥尼亚(Ionian)诸族。伊奥利亚人在文化史里很少见他们的活动,因此多利安人和爱奥尼亚人差不多分占了希腊文化的舞台。

希腊教育的分期　但**多利安族最强有力的国家如斯巴达**(Sparta),它的人民勇武好战,他们只有在疆场上驰骋,才算是国民无上的光荣,于文化上的贡献还少。而**爱奥尼亚族的领袖雅典**(Athens)呢,恰恰相反。雅典人天生爱好自由,爱好艺术。现在一般人认希腊为西洋艺术、文学、科学的泉源,这希腊差不多就指雅典而言的。雅典的文化和教育,以波斯战争

(前492—前479)[1]为一自然的界线，划成**旧雅典、新雅典两个时期**。新雅典时期，格外地繁盛得如荼如锦。直到北方的马其顿(Macedon)人狰狞了面孔，大踏步地走进来(前358—前338)，才把她的花园蹂躏得芜秽了。到了公元前146年，马其顿帝国更为罗马所灭，可是美丽的花子却随着战士的征衣散播了各地——**希腊大学**的遍设各邦，便是文化远播的明证。现在为叙述的方便，先述斯巴达教育，次述旧雅典教育，再次新雅典教育，末了略述希腊的大学。

二、斯巴达教育

斯巴达在希腊南部伯罗奔尼撒(Peloponnesus)境内，国内人民，分士族、平民、奴隶三个阶级。奴隶最多，约有三十余万人，平民三万人，而士族却只有九千户。统治者与被统治者的成分，相差既是这样地远。那末，统治者为了巩固政权起见，不得不有特殊的训练，内以镇压叛乱，外以抵抗侵凌，也可想而知了。**军国民训练**，便是适应这种事实的需要的士族阶级教育。

斯巴达的教育限于一个阶级

国家重视这种教育和其他政权相等。儿童一出母胎，便要受一次国家的检验，体格羸弱的便被淘汰，或委弃于山野，或投畀于豺虎，都没有什么怜恤的。儿童到了7岁，便要受军法的部勒，学球戏、跳舞、乐歌和五项竞技(Pentathlon，指跑、跳、掷铁饼、标枪、角力)。恶衣粗食，劳筋骨，饿体肤。劳苦的贱役是常常做的，有时长者故意饿他们一下，教他们自己到山里去猎食；有时故意教他们去偷窃，若被捉住，反而怪他们不机密，给予重罚。儿童见了长者，要很谨慎、恭敬，说话也要简括、敏捷。

军国民教育

---

[1] 即希波战争。——编校者

除了这种训练以外，所有**知识的教育，不过是诵习古代流传的莱库古斯**(Lycurgus)**的法律和荷马**(Homer)**的诗歌**。18岁便要学战术，20岁便去当兵，30岁时才可以结婚，但仍限定要在营幕中住宿，在公共食堂会食。到60岁才退伍。

<u>女子教育</u>　　女子是国民之母，更要有强健的体格；除习烹饪、裁缝外，和男子受同样的教育，不过是在家而不在兵营里罢了。在这样的社会里，"工愁善病"自然是根本不相容，只有果断英武，才算妇女的美德。

这种教育，**绝对为国家的利益，而没有个性发展的余地**。其结果，使国民忍嗜欲，苦肌骨，耐饥寒；顺于父母，敬于长上；平时谦逊，临难果决。为希腊的战史中，留了不少悲壮勇敢的故事。

三、旧雅典教育

<u>雅典和斯巴达的比较</u>　　在奴隶社会的希腊，奴隶的一切是从属于自由民的。斯巴达是这样，雅典也不是例外。雅典人口有五十余万，而自由民不过十三万。其地三面环海，交通便利，气候温和，山川明秀。人民活泼而爱自由，富想象而好美术，根本和斯巴达的勇武好斗不同。不过她和斯巴达在同样的政治经济环境下，那末，自由民的要巩固阶级统治，自然是一致的。因此，雅典这时所有的教育，**也是军国民教育**。

<u>两种学校</u>　　儿童到 7 岁，便要受两种训练：（一）在**体操学校**(The Palaestra)学习体操和各项竞技；（二）在**音乐学校**(The Didascaleum)学习唱歌、乐器、写字、读书等科目。他们这样的重视体操与音乐，很明显地是要使儿童身心平衡发展，想以优美的心灵，寓于健全的体魄。儿童入学的时候，在奴仆中择一

老成知礼、残弱不胜劳役者带着书，提着乐器，伴随着上学，名为教仆(Pedagogue)。到了 15 岁时，便到体育场(Gymnasium)去学剧烈的运动，18 岁入兵营，20 岁才算正式的国民。到了那时才有点闲暇，可以从容的去研究戏剧、建筑、雕刻等艺术。至于那时雅典的女子，却不受学校教育，整日地静处深闺，从事家庭操作罢了。

四、新雅典教育

当波斯(Persia)在东方正强盛的时候，常想找着机会扩大她的势力到西方来，可是希腊也正想开拓殖民地到小亚细亚去。这样一个向东，一个向西，自然要冲突起来。波希的战争，使雅典和东方民族的接触渐多，贸易也渐发达。**思想解放**的结果是**个性的充分发展**。这时伯里克利(Pericles)执政，励精图治，于是教化的花蕾，开遍了雅典。在这一时期中，诞生了许多伟大的政治家、历史家、艺术家、戏剧家……奇才异能，先后辈出，造成了希腊的黄金时代。

新时代的思想解放

在这个性发展的时代，人炫异材，家骋新说。希腊的青年，多渐渐地**从国家主义的教育**，**移到个人主义的教育**之下。青年们只要有了动人的笔和舌，很轻易地从平地跨上政治的舞台。修辞雄辩之术，便成了他们热烈的追求了。这时有聪明才辩、口如悬河的教师，借着公共场所，或自设讲席来号召徒众，教着文法、修辞、雄辩等学问的，那便是雅典的**诡辩家**(Sophist)[1]了。从学的人，是心中充满着政治的希图和憧憬的。诡辩家能教授他们怎样去说服人家，怎样把自己的意见去和人家对抗，

诡辩家和哲学家

---

[1] 今作智者，原意为"哲人"或"有智慧的人"。——编校者

怎样在群众中得着胜利。他们一旦学成了，振翼高飞，居然很快地取得显要的地位。所以诡辩家虽索着很丰厚的束修，而确能坚固着职业的信用。希腊教育，向来是国家管理的，从他们起，才有以教为业的教师。他们是极端的个人主义者。普罗塔哥拉(Protagoras)说："人是万物的权衡"[1]，这是他们共同的信条。他们热衷政治，又带上一些名利的恶臭，于是另外有许多哲学家起来讲学，纠正他们褊浅的功利思想，转移青年的浮薄学风。

苏格拉底

哲学家的泰斗**苏格拉底**(Socrates，前469—前399)，小时曾跟着他父亲去学雕刻，后来又度过军队生活，出战时很以勇敢著称。他看着雅典青年追逐功名，流于浅薄邪侈，慨然要挽救这衰颓的世运。在道旁檐下，一个躯干肥矮、须发蓬松、敝衣跣足的老人，和衷下气、谈笑从容地聚着一堆人，口讲指画，那就是苏格拉底在实施教学了。他一会抨击政俗的颓靡，一会揭出人们思想的错误，在许多青年胸中燃着烈烈的火炬。那时的执政者忌他怕他，竟借着破坏宗教、败乱青年道德的罪名，判了他的死刑。有些朋友愿替他纳金缓刑，可是他很讥讽地说："我是有功于雅典的，国家不能酬庸，怎么还要罚款呢？"[2]又有些门人劝他逃走，他说："我是宁愿守法而死，不愿坏法而生的。"[3]于是毅然地服着毒药在狱室中旋行了几周，脚走得疲乏了，毒也发了，他从容地仰卧在地上。这时太阳的残光惨黄得可怕，狱室是黯淡而阴森，苏格拉底便在许多学生的咽泣声中与世长辞了。

苏格拉底的学说，着重在"知"。他以为人们道德的低落，

---

[1] 出自普罗塔哥拉名篇《论真理》，今译作"人是万物的尺度"。——编校者
[2] 参见柏拉图著，严群译：《游叙弗伦、苏格拉底的申辩、克力同》，商务印书馆1983年版，第74页。——编校者
[3] 参见柏拉图著，严群译：《游叙弗伦、苏格拉底的申辩、克力同》，第65页。——编校者

皆由于无知,"**知识即道德**",所以他的教育,以求知为目的。不过他所求的知,不是主观的,而是人类共同普遍的。普罗塔哥拉不是说过人为万物权衡的话吗?苏格拉底以为这样不确立共同的标准,而各是其所是,各非其所非,实以造成知识界的混乱。因此他以为个人知识的对象,尽可不同,但集合而抽绎其共同之点,必有普遍永久的概念可得。这是他和诡辩家所不同的。他**求知的方法,是启发的问答**。他开头总是闲闲地和人谈话,然后把对方的话层层反诘,剥蕉抽茧,使对方自陷矛盾,自认无知;而又不很快地否定对方的话,直等对方的错误观念统取消了,才揭出真义来。这就是最有名的"苏格拉底教学法"。我们不要忘掉,以生命殉教育的,苏格拉底是第一人。他所以受后人无穷的景仰,于他的教育目的和方法以外,还有他的**伟大的精神和人格**在。

柏拉图(Plato,前 427—前 347)生在士族之家,生活很富裕。小时对文、哲、算数的学问,富有研究。20 岁时,求学于苏格拉底的门下。苏氏死了,他就周游四方,到意大利,很想在那里发展他的政治怀抱。可也触了当道的怒,被捕为奴,后来释放了,往来意大利雅典间,郁郁不得志。公元前 387 年归雅典,设阿卡特米(Academia,学院名)[1],隐居教授而终。

柏拉图

在他的名著**《理想国》**(*Republic*)里,柏拉图把人民分做三阶级:一是农商,二是军人,三是哲学家。农商的天职,在供给社会上物质的需要,美德在节制(Temperance);军人的天职,在服从命令以捍卫国家,美德在勇敢(Courage);哲学家执一国的大政,美德在智慧(Wisdom)。这三个阶级,应该同心协力,各尽各职,那末理想的政治,便可实现了。在教育方面,他主张在 18

---

[1] 今译阿加德米。——编校者

岁以下的青年，受体操、音乐的训练；18岁到20岁，服兵役；20岁以后，如其是资才颖异的便进而学算术、几何、音乐、天文，凡10年；30岁随习国政，再选择其中更俊秀的，学习哲学、辩证学5年，这才是合格的统治者，是他所梦想的"哲学之王"。他的教育，**注重才能的选择，个性的发展**，是很好的主张。不过他的政治理想，**却带着些阶级的色彩**，至于他创设学院，聚徒讲习，做了希腊大学的前卫运动，也是不可磨灭的功劳。

亚里士多德

亚里士多德（Aristotle，前384—前322）是柏拉图的学生，曾为马其顿国王聘了去，做王子亚历山大（Alexandros）的师傅。但不久便归了雅典，设兰辛（Lyceum，学院名）[1]，聚着许多学生，在绿荫之下讲学，称为逍遥学派（Peripatetic School）。他重要的著作，有《政治学》《伦理学》《论理学》，都有独创的学说，而关于生理、物理等科学，尤有研究和论述。他是**世界第一个大科学家**。

亚氏曾经说："吾爱吾师，吾尤爱真理。"他对柏拉图的哲学指摘很多。他的学问的**方法，注重客观**，也和柏拉图的偏于玄想不同。关于人生的鹄的，在苏氏柏氏都以为是求知，而亚氏却以为在**求善**（Goodness），所以陶冶品性和增长知识，有同样的重要。亚氏的教育论，找不到一部完整的著作，这真是很可惜的。他在学术上，自上古到中古，差不多成为唯一的权威者。直到现在，哲学科学上，还可以看到亚里士多德的光辉照耀着。

五、希腊的大学

从哲学家的讲学到大学的形成

德国哲学家黑格尔（Hegel）说过："国家在政治衰颓之际，

---

〔1〕今译吕克昂。——编校者

即理智成熟之秋。"我们看马其顿在北方的兴起,很快地征服了希腊,这时希腊的政治,不只是衰颓,简直是没落。但是它的文化,却更广更远地传播了出去。自诡辩派确立后,文法、修辞、论理都形成专门的学科。修辞学派(Rhetorical Schools)便又兴起了,**伊索克拉底**(Isocrates,前436—前338)便是这派的领袖。伊氏而后,哲学学派如万流奔放,柏拉图的阿卡特米、亚里士多德的兰辛而外,有**芝诺**(Zeno,前340—前265)和**伊壁鸠鲁**(Epicurus,前341—前270)的两大学派,都是在当时学术坛上能独树一帜的。不久这各派的学校,渐结合而成大学。小亚细亚的Pergamum、Tarsus、Rhodes,埃及的亚历山地(Alexandri),都有大学的设立,做了传播希腊学术的核心。亚历山地大学的藏书,有七十万卷之多,更成为东西文化的渊海。后来回教徒军起来,把亚历山地攻下(前640),大学遭火,藏书付之一炬。据说在灰烬中的残篇零简,还能做四千人公共浴池所需四个月的燃料。经了这次的浩劫,希腊文化的声光便黯然消逝了。

问题

一、比较斯巴达和雅典教育的同异。

二、雅典教育在什么时候,从国家主义转移到个人主义?

三、最早以教学为职业的是谁?他们应着怎样的需要而起?

四、苏格拉底、柏拉图、亚里士多德各人在希腊教育上的贡献是什么?

五、希腊的大学,系综合哪些哲学学派而成?

第二章
罗马的教育

一、概说

罗马人和希腊人　　有人这样说:"我们看了希腊,再来看罗马,犹如舍了诗词,而读散文;跑出了美术家的野筵,而走进了商贾的廛市。"这话很活泼地描摹了希腊和罗马的异点。希腊人求知爱美,耽逐着人生的乐利;罗马人却刻苦忠勤,为着职分而牺牲了乐利。前者富想象,后者务实行;前者尚理智,后者尊权力。罗马人是世界最朴实、勤劳,而最重实际的民族。坚定(Constantia)、果敢(Fortitudo)、严毅(Gravitas),尽忠爱国,是他们的美德。至于玄妙的理想,精深的艺术,那是他们所缺乏的。罗马的蔑视个性,服从约束,忍苦耐劳,骤然一看,似和斯巴达相同;其实罗马人出于自由意志,却不是斯巴达人的迫于纪律所可比拟。希腊对于世界的遗产,是哲学、文学、艺术;罗马的贡献,却是法律制度和政治的组织。

罗马建国　　罗马是地中海的一个大半岛,面着明静的大海,却望不着罗列的群岛,因此航海的企图,不存于罗马人的胸中,他们的主要活动在田间。内部交通很便,政治的结合较希腊为易,这也是他们政治法律发达的主因。公元前754年,罗马始建国。由弹丸之地，力征经营，兼并了沿地中海诸邦。国内政治，由王政而共和(前509)，而帝制(前31)〔1〕，罗马帝国统治着古代世界约达五百年之久，直到公元476年才灭亡。

罗马教育是**实用的教育**，以家庭为中心。儿童体格的训练，德性的进修，都由父母负责。幼时，便教他们爱国、畏天、敬人的道理。闲暇时，便讲他们祖先的奇勋伟烈，英雄的言行事迹，以鼓励儿童的勇气，并且教以《十二铜标法典》(*Laws of Twelve Tables*)。稍长，男子便随着父亲或入军旅，或习农商。女子便随着母亲参加家政的操持。男子20岁，算是成年，开始参与公共生活。虽也有名Ludus的初等学校，多由私人设立，教读写算等科，但不为人所注重。

早期的教育

二、罗马的学校

公元前146年，希腊归入罗马的版图，同时希腊的文化，却也侵入了罗马思想的藩篱了。罗马诗人贺拉斯(Horace)说："被征服的希腊，在文艺上征服了罗马。"〔2〕所以罗马教育，到了帝国时代，便发生变迁，稍稍从实用的知识，趋向文字的知识，各级学校也比较的多了，约可分为下列几类：

帝国时代的教育

(一) 初等学校(Ludus)

教读、写、算、英雄故事、诗歌和《十二铜标法典》。文字训练很少，纵有，也不过记诵翻译希腊史诗、剧本、格言而已。这种学校，都由私人借人家余屋，或就庙宇设立。教师称Literator，这种人多半是残废而不能任职的。他们的管理教督

各种学校

---

〔1〕 应为公元前30年，以屋大维建立罗马帝国为标志。——编校者
〔2〕 出自贺拉斯《书信集》(*The Epistles*)第二封信，第一节，第156—157行。原文为"Graecia capta ferum victorem cepit et artes intulit agresti Latio"，英文译作"Conquered Greece has conquered the brute victor and brought her arts into rustic Latium."——编校者

异常严酷,常施体罚,儿童只受着机械的训练,快乐活泼的精神是谈不到的。

(二) 文法学校

这是较高级的学校,有希腊和拉丁两种。教师称 Grammaticus,科目有文法、语言学、文学等科;也附有体操和军事训练。其教法的机械管理的严峻,同初等学校一样。

(三) 修辞学校

这是最高级的学校了。它的主旨在养成法律政治的人才。罗马人本来很重演说家,只要能说服他人,鼓动群众,可以立致显达。因此训练演说家的学校,便应这种需要而兴。教师称 Rhetor,教法重记忆。关于道德、法律或政治问题的有名的演辞,做了他们的教材,文法、语言、结构、态度的练习,是他们的方法。

(四) 大学

希腊文化既广播了,罗马人不远千里地赴雅典、亚历山大等大学肄业的,也渐渐多起来。到维斯帕西安帝(Vespasian, 69—79)在位时,在和平神庙里建图书馆,便成了罗马大学的雏形;后来又扩张讲舍,设法律、医药、建筑、算学、机械、拉丁希腊文法、修辞等科,分延教授主讲。

三、罗马的教育家

罗马学校既是这样简单,教育学说,也异常沉寂。有名的教育家仅有雄辩家西塞罗(Cicero,前106—前43)、昆体良(Quintilianus,35—100)和哲学家塞涅卡(Seneca,前3—公元65),历史家普鲁塔克(Plutarch,46—119)。其中尤以昆体良为最重要,现在把他介绍一下。

昆体良生在罗马属地西班牙的 Calaqurris。小的时候,曾随着他的父亲到罗马去求学,对于演说术很有天才,尝著《辩论学》[1]十二卷,述演说的方法和修养,是古代有价值的教育著作。在教育上,他注重婴儿时期习惯的养成;所以他以为一个保姆,应作正确的语言,秉纯良的品格,因为儿童在幼稚时期所得的印象,到长大时,是很难消灭的。他承认教育应适合儿童的年龄程度。他又主张教师的督责,不可过急,使儿童对于学习,反生厌恶,甚至终身留着反感。他又反对体罚,尝说不应把施诸奴隶的来施诸将来的国民。教师如真是教导有方,决无施行体罚的必要,这些话,现在听来,似觉平凡,可是在那时,却不能不算先知先觉了。

昆体良

问题

一、罗马教育的精神和希腊有什么不同?

二、略述罗马帝国时代的各种学校和它们的课程。

三、列举昆体良教育学说的要点。

---

[1] 今译《雄辩术原理》(*Institutio Oratoria*)。——编校者

第三章
中古的教育

一、概说

公元476年(西罗马帝国的亡)到公元1453年(东罗马帝国的亡)的一千年间,罗马受蛮夷的侵略。日耳曼人的铁骑,把欧洲蹂躏得尘烬迷漫,教育文化,不绝如缕,史家称那时的欧洲为"**黑暗时代**"。

<small>中古基督教和教育</small>　中古时代,是基督教最盛的时期,它的功罪,我们这里无暇细说,不过长夜漫漫的欧洲,文化的传递,却也靠了教会的一线光明。所以**中古的教育,全操于教会**;宗教以外,几乎没有学问可言。现在先述宗教教育,次经院学派,次中古大学,再次武士教育,终述市民学校。中古教育,于此可以得到一个轮廓了。

二、宗教教育

<small>耶稣</small>　基督教是罗马所属犹太人**耶稣**(Jesus)所创。耶稣于公元前4年生于犹太的伯利恒(Bethlehem),父木工约瑟(Joseph),母玛利亚(Mary)。幼时很聪明,30岁便周游说教。韦尔斯《世界史纲》中曾这样说过:

"耶稣者,赤贫之教师也;恒往来于犹太各地间,赤日当空,风尘仆仆,资以糊口者,不过偶然之布施耳。……语其性情,则极诚恳,富于感情,易勃然生怒;语其教旨,则新颖简单而深闳,即'上帝为全世界之慈父','天国近于人境'是已。……推其极,不但以上帝博爱,与人类大同之名而推倒亲族之私爱与家庭之关系已也,其教训中更明明反对经济制度中一切阶级,一切私有财产,及个人之优先权利等。彼以为人类尽属于天国,其所有者,皆系天国之所有,人类惟一之合理生活,乃竭己所有,尽己所能,以行上帝之意志。……在其大放光明之天国中,无财产,无权利,无可骄亦无可尊,无所求亦无所报,惟爱而已矣。若辈习于幽暗,一旦受此强烈之光照耀,未有不昏眩惶骇,大声反对者。……无怪乎祭师等知此人与若辈,势不两立,而必欲置之死地也。无怪乎罗马军士遇之,若有物焉盘旋于其思想中,将震撼其所受之训练,遂至不知所措而发为狂笑;戴耶稣以荆棘之冠冕,围以朱红之袍,戏之为恺撒,以快一时之意也。"(汉译本上册429页)[1]

公元30年耶稣在耶路撒冷(Jerusalem)讲道被捕。罗马官吏彼拉多(Pilate)判他死刑,和两个强盗一同钉死在十字架上。

耶稣是宗教家,不是哲学家。他的教义有两个特点: **教义的特点**
(一)超越知识而**基于信仰**。自苏格拉底倡"知识即道德"说以

---

[1] 韦尔斯著,梁思成等译:《世界史纲》(上册),商务印书馆1927年第1版,第429—437页。又可见韦尔斯著,梁思成等译:《世界史纲》(上册),上海世纪出版集团2006年版,第352—358页。——编校者

后,哲学家所探求的,惟在正确的知识,而耶稣教人,从信仰出发,不但超于知识之上,甚至和知识相背驰,这是和希腊思想根本的不同点。韦尔斯以为我国墨子的兼爱说和耶稣的博爱说相同。其实墨子主"兼相爱,交相利",以利己心为前提,诉诸人类的理智;耶稣主博爱,以人们对神之爱为始基,诉诸人类的情感,这便是和墨子思想根本的不同点。(二)**重视来世**而蔑视现世。他把天国视为人生精神上唯一的慰藉,任现实的环境是怎样的痛苦,怎样的悲惨,但为了超升天国的一信念,不难"离一切苦,得究竟乐"[1]。自罗马帝政承了希腊文化的余绪,重理智而流为怀疑,重享乐而流为利己纵欲,社会是一天一天地堕入骄奢淫佚的深渊,人民是一天一天地陷于水深火热的悲境,而耶稣把平等博爱、信仰天国之说,登高一呼,浅而易知,简而易行,无论到后世受怎样的抨击,而在当时,真不能不说是救世的福音了。

基督教的传播　　耶稣死后,教徒**保罗**(Paul)奋力宣传他的教旨,广设教会,潜在的势力渐大。不过当时教徒受政府的迫害,却很难堪。他们常常夜半篝火于山林地窟之间,环着哭泣祈祷;不幸被官捕去,便放到御苑里让猛狮来搏噬,君臣围观,以为笑乐;甚至把教徒很厚的捆裹起来,到夜里烧着当火炬用,惨酷达了极端。到了君士坦丁(Constantine)为帝,才在324年[2],定基督教为国教。经了三百年的磨折,耶稣的宗教,才正式确立。所以世人说:"殉教者的血,是教会的种子。"[3]

基督教初期的文化事业　　基督教会的初期,教育文化事业非常贫乏:(一)因为那种教义,本来为当时西欧蛮野人说法,望不到学术的堂奥。

---

〔1〕《大乘起信论述记·悬谈》。——编校者
〔2〕应为公元325年定基督教为国教。——编校者
〔3〕此句是罗马著名法学家德尔图良(约160—220)的名句。——编校者

（二）则教徒在暴力迫害之下，对于希腊、罗马学士的繁文诡辩，更加深恶痛绝，而自身却又未能建立学术的基础。（三）教徒们憧憬着天堂极乐，屏绝一切世务，于人生所需要的学识，自不重视。等到势力渐强，传播渐远，才慢慢地受希腊学术的熏染。到了二三世纪时，在亚历山大有**问答学校**（Catechetical Schools）的组织，专事教义的辩证和宣扬，那时最著名的教士，有克莱芒（Clement, 150—215）和奥利金（Origen, 185—254）。

公元529年，查士丁尼帝（Justinian）下令停止一切非基督教的学校，这一来，中世纪的教育，便整个地入于教士之手，而**僧院学校**（Monastic Schools）大兴。僧侣持绝欲（Chastity）、安贫（Poverty）、服从（Obedience）的三戒。他们的大师圣本尼迪克特（St. Benedict, 480—547）制定《规约》73条；僧徒每天在忏悔祈祷之外，须劳作7小时，读书2小时。书以《圣经》和宗教著述为限，古文学、哲学都被视为邪说，禁止阅读。但又为了那时书不易得，各僧院都自设**钞书室**（Scriptorium），僧徒整日地在那里传钞。在黑暗的中古，这日抱残编，摩挲传写的萧寺孤僧，隐然延着文化垂绝的一脉。僧侣们在修道之暇，也招收**院外学生**，教以读、写、算等科目；这种僧院学校，便是当时仅有的学校了。

僧院学校的大兴

公元800年，法兰克（Frank）族的查理大帝（Charlemagne）自认承继了罗马帝国，想把文化教育普及于野蛮的条顿民族，下令推广僧院学校，强迫僧人读书。并且聘英人阿尔琴（Alcuin, 735—804）做宫中教授，创设宫廷学校，招皇族子弟求学。**宗教以外，有七科学艺**（Seven Liberal Arts），其中又分"三科"（Trivium）和"四科"（Quadrivium）。三科是文法、修辞、辩证法；四科是算术、几何、音乐、天文等科目。

查理大帝推广僧侣学校

三、经院学派

教士神学受了希腊思想的洗礼，便产生了11世纪到15世

经院学派的目的和方法

纪盛行的经院学派(Scholasticism)[1]。这学派的目的,在用哲学的方式,证明宗教的信条。因为人类终究是理智的动物,对于宗教,不能没有怀疑。神学者既想拥护他们的教条,便不得不用理智来做工具。他们的方法纯取辩证术(Dialectic Method),其中心问题,则在普遍(Universal)和特殊(Particular)的关系怎样。自诡辩家以"人为万物的权衡",肯定特殊的个别的观念,到了苏格拉底便重普遍概念,柏拉图继着更以原型的观念为有客观的存在。经院学派,因之分而为二,辩难不休。一派承柏拉图的学说,以普遍概念为实在,为神性中的原型,至于世间的一切现象,不过是这原型的摹本,这便叫**唯实论**(Realism)。另一派说普遍概念,不过是一个名词,而实质还存在于各个具体的事物,这叫**唯名论**(Nominalism)。更有一种调和的学说,以为普遍也便存在特殊之内,这叫**概念论**(Conceptualism)。在经院学派中,主唯实论的有安瑟伦(Anselm, 1033—1109),主唯名论的有洛色林(Roscellinus,约1050—1125),主调和说的最著名的有罗氏弟子阿伯拉尔(Abelard, 1079—1142)。经院学派,辩证琐碎,也译作烦琐学派。他们论辩的内容,从现代眼光看来,固然没有价值,但是那种缜密的论理形式,犀利的分析方法,也不是全无足取的。

四、中古大学

著名的大学 自经院学派造成了讲学的风气,大师所在,学者风从,各地大学便渐渐地兴起了。11世纪中叶以后,意大利南部有萨莱诺(Salerno, 1060)大学为医学校之始祖;北部有波隆纳(Bologna,

---

[1] 经院学派产生于公元八九世纪,繁荣于公元十二三世纪。——编校者

1158)大学是法学校的滥觞。同时法国的**巴黎**大学(Paris,1200),英国的**牛津**(Oxford,1140)[1]、**剑桥**(Cambridge,1220)[2]等大学,都先后成立。

大学(University)的组织,起初是综合学生会和教授会而成。各地方学生会称为 Nations,每会选举评议员(Councilor)一人为代表。教授会称为 Faculties,寻常分**哲**、**法**、**医**、**神**四学部,每部选举学长(Dean)一人为代表。学长和评议员联合起来,选举大学的校长(Rector)。大学的课程,由教皇以教令制定,其范围初甚狭,大都止于神学而已。到 13 世纪以后,才渐采亚里士多德的著作为教本,哲学、法律、医学等科,也渐增多。教法受经院哲学的影响,多**注重形式的训练**。大学由政府授予种种特权,在法律经济上,**大学生能免兵役纳税的义务**,能免普通法庭的处分。在学术上,**大学有授予学位证明师资之权**。

大学的组织

大学的特权

五、武士教育

自罗马衰乱,**封建制度**代兴,王侯地主,都倚重武士为护符,武士遂成为军事上的主要人物。武士教育的理想,在服务与顺从,尊敬妇女,爱主护教。儿童到了 7 岁,在家庭里便常听到父母告诉他们古代英雄的遗事,服从恭敬的美德。7 岁以后,进王侯宫廷,充当**侍者**(Page),常扈从着主人主妇出入,学习音乐、诗歌和各种仪节。到了 14 岁,称**从士**(Squire),这时才能使用主人的武器,随着主人去游猎战争,学习乘马、击剑和各种战

武士的兴起

---

[1] 牛津大学创始于 12 世纪中叶,其历史可追溯至 1167 年。12 世纪末,牛津被称为"师生大学"。1201 年,它有了第一位校长。1213 年,该校从罗马教皇的使节那里得到第一张特许状。——编校者
[2] 剑桥大学成立于 1209 年。——编校者

术。到 21 岁，经过很隆重庄严的仪式，正式列为**武士**(Knight)[1]。凡武士应尽的本务，如敬神，服从长官，尊礼妇女，锄强扶弱，翊护信徒，都在这仪式中宣誓。这种**武士教育和僧侣教育**，可说是**面目虽异实质相同**的两种制度，因为这些都是以严格的形式的训练，来保持他们当时社会的组织的。

武士教育和僧侣教育

六、市民学校

13 世纪后工商业的渐兴

13 世纪以后，因为航路的开发，手工业的进步，货币交换的便利，经济生活渐渐转变。农业社会变为商业社会，其必然的结果便是**封建制度的崩坏和都市的勃兴**。受了日耳曼战马蹂躏而枯萎的欧洲城市，渐从瓦砾中透出嫩黄的新芽来。市民渐形成了**中等阶级**，**起来和贵族对抗**，争夺政权。这新生活对于知识的需求引起了教育的重视。许多学校，便如雨后春笋般怒发。手工业行会所设的初等学校，称**基尔特学校**(Guild Schools)[2]，授拉丁文法及算术等科。市政府经营的**市民学校**(Burgher Schools)，其课程更比较的趋重实际生活。本来教师是由僧侣担任的，后来为了市府的团结，市民向学的渐多，也渐脱离教会的势力。沉沉中古，钟漏已残，**新世纪的曙光**，涌现于天际了。

基尔特学校
市民学校

问题

一、耶稣的教义有什么特点？和希腊思想与我国墨子学说的比较怎样？

---

〔1〕 今译骑士。——编校者
〔2〕 即行会学校。——编校者

二、基督教会的初期,文化事业何以非常贫乏?

三、经院学派的目的和方法是什么?

四、中古大学的起源和组织是怎样?

五、比较僧侣教育和武士教育。

六、中古之末,教育渐和宗教分离,有怎样的征兆?

第四章
文艺复兴

一、文艺复兴在欧洲文化上的意义

在十五六世纪间,欧洲脱去了中古的旧服,而**换上了近代的新装**。欧洲的许多民族,发生一种由复古而对教会要求解放的思潮。最初发源于意大利,一刹那间,这狂潮便震撼了英法,流入了日耳曼。在**南欧**方面,表现于文学艺术,求复希腊之古。在**北欧**方面,表现于宗教,求复耶稣之古。前者便是所谓**文艺复兴**(Renaissance)运动,后者是**宗教改革**(Reformation)运动。这两种运动,可以说是**同源而异流**。

文艺复兴和欧洲文化　　在这时以前,欧洲文化有二大要素:一是希腊思想,一是基督思想。希腊思想在伯里克利时代为最盛,到雅典衰亡,渐渐变为极端的利己享乐主义,其流弊便造成淫荡骄奢的颓风。这时忧世忧时的耶稣出来了,他的福音疗治了当时社会的痼疾。耶稣殉教后,经三四百年而教育大盛。可是因为教徒对耶稣过当的崇拜,排除异己,垄断学问,其流弊又造成了形式仪文的虚浮和思想的桎梏,于是千余年伏流的希腊思想,又乘时横决了。所以文艺复兴,直接地是藉着希腊文艺的重新,对于教会的一种反抗,而间接地则为欧洲近代学术思想的一种萌动。有人这样说：

"综合其变化纷纭之结果，则有二事可以扼其纲：一曰人之发见，一曰世界之发见。人之发见云者，即人类自觉之谓。中世教权时代，则人与世界之间，间之以神，而人与神之间，又间之以教会，此即教皇所以藏身之固也！有文艺复兴，而人与世界乃直接交涉；有宗教改革，而人与神乃直接交涉。人也者，非**神**之罪人，尤非僧侣之奴隶。我有耳目，不能绝聪明；我有头脑，不能绝思想；我有良心，不能绝判断。"[1]此人文主义（Humanism）之名所由起也。"世界之发见云者，一为**自然**之享乐，动诸情者也。中世教育，以现世之快乐为魔，故有旅行瑞士，以其山水之美而不敢仰视者，而不知此不敢仰视之故，即爱好之本能，无论何时何地，均可发展者也。一为**自然**之研究，则动诸知者也。中古宗教教义，以地球为中心，有异说则力破之，然事实之不可诬也！有哥白尼之太阳系学说，有哥伦布美洲之发现，于是此世界之奇迹，在在足以启发人之好奇心，而旧教义之蔽智塞聪者，益无以自存。"（蒋方震：《欧洲文艺复兴史》）[2]

近世科学怎样起源，在后第六章便要详细叙述。

意大利古典文学的前驱有四人。第一是**但丁**（Dante，1264—1321），他的空前绝后的作品有《神曲》，以极变幻的想象，描摹地狱及净界天堂的奇迹。凡地狱中悲怨的呼号，血肉

<small>意大利古典文学的前驱</small>

---

[1][2] 蒋方震：《欧洲文艺复兴史》，商务印书馆1921年版，第6—7页。——编校者

的颤动,以及净土天堂中的功德庄严,都反映着中古的政治、历史和宗教。第二是**彼特拉克**(Petrach,1304—1374),他是近世抒情诗的始祖。生平喜旅行,常常往来德法,他生活的变化很多,精神的动摇很剧烈。天国之梦,人世之欢,不绝地在胸中交战着。他提倡拉丁文学的复兴,每到一处,常摹钞残稿,搜罗古籍,自己再加以考订注释,用正确华美的文字,表现古代的精神,在人文学者之中,能独放一异彩。第三是**薄伽丘**(Bocaccio,1313—1375),他擅隽妙的言语,可为近世小说的始祖。这三个人,都是拉丁文学者。第四是**克里索罗拉**(Chrysoloras,1350—1415),他是希腊文学者。他在意大利的佛罗伦萨(Florence)大学讲学,学者很多。1453年,土耳其陷君士坦丁,希腊学者挟策而西,很受意大利的欢迎罗致,从此由拉丁文再追求古希腊的残影,荷马的诗,柏拉图的哲学,大家都用拉丁文来翻译,古典文学便成为一时的风尚了。

和古文学同时并进的是艺术。那时建筑、雕刻、绘画的天才,奔放驰逸,蔚成大观,尤以绘画为特盛。如达·芬奇(Leonardo da Vinci)、米开朗基罗(Michel Angelo)、拉斐尔(Raphael)等,都是一时绘画的名家。

活字版制纸术的发明　　文学艺术而外,还有两件事,在文化运动上发生很大的影响的:(一)**活字版和制纸术的发明**。以前文献,存于竹帛,流通仅恃传钞,书价奇昂,又不易得,读书的人自然很少了。15世纪初年,德人古登堡(Gutenberg)创木制活字版(1445),后又有浮士德(Faust)、舍弗(Schoeffer)发明金属制活字版(1450)。这时东方的造纸术,也流传到欧洲去了。1470—1500年间,欧洲所印的书,已达一万多卷。(二)**新大陆和新航路的发现**。自东西交通便利,贸易频繁以后,欧洲人对于中国、印度等天产之

马可·波罗　　饶,人文之盛,久已非常歆羡。意大利人马可·波罗(Marco

Polo)在 13 世纪之末,来中国元朝做官,所著游记,极称中土的富庶繁荣,又给欧洲人一种很有力的吸引。无奈那时回教徒据着西亚,欧洲人要冒险东游,往返辄须五六年,势不得不另辟新航路。这时磁针的应用,又由中国传到欧洲,航海术得了一个很大的帮助。意人哥伦布(Columbus)信着地圆的学说,想向西航行而到印度,在 1492 年到了美洲。葡人达·伽马(Vasco da Gama)也在 1498 年绕好望角而到了印度。历史家对于近世时代的开始,或从东罗马灭亡的 1453 年算起,或从新大陆的发现的 1492 年算起,可是从教育文化的立场上说,便从活版印刷发明的 1450 年计算,也是很恰当的。

<small>新航路新大陆的发现</small>

二、人文主义的教育家

文艺复兴时代的教育,**在目的上采取希腊文化教育**(Liberal education)**的理想,在课程上注重拉丁、希腊的语言文学**,叫做人文学(Humanities),这时代的教育因之称为**人文主义**(Humanism)的教育。最有名的教育家,略述如下:

维多里诺(Vittorino da Feltre, 1378—1446)是意大利的人文教育家,起初在帕多瓦(Padua)大学讲学。1428 年,受了孟都亚(Mantua)王的委任,在王宫里创设宫廷学校。这完全是一个新式的学校,课程于语言文字而外,兼教罗马文学,历史和文化。教学法重兴趣,学生生活,活泼而愉悦。读书之外,有游戏、竞技、美术、欣赏等作业,又本耶稣教义,施行道德上的陶冶。后人称他为"近世第一教师"。

<small>维多里诺</small>

日耳曼的人文教育家,有韦塞尔(Wessel, 1420—1489),阿格里克拉(Agricola, 1443—1485),罗伊希林(Reuchlin, 1455—1522)等人。

<small>日耳曼的人文教育家</small>

| 伊拉斯谟 | 伊拉斯谟(Erasmus, 1469—1536)生于荷兰，少时曾在英法意等国游学；中年主剑桥大学讲座，又周游列邦，编撰拉丁希腊文课本很多。他尽瘁于学问，又享着寿考，成了当时学术界最有权威的人。教育论著有《儿童的文化教育》[1]和《学习法》[2]等书。他很排斥古典学的狭隘，以为文法仅是欣赏文学的工具，而文学之外，凡自然、历史、现代生活等，皆是学者所当通晓；宗教的修习，更不可偏废。对于家庭教育和母道的重要，儿童游戏运动的宜注意，他也竭力提倡。|

| 阿斯坎 | 阿斯坎(Ascham, 1515—1568)是英国人文教育的领袖，曾著过一部《教师论》(The School-master)[3]。他论教育，以文雅(Culture)和道德(Virtue)为目的；课程采古文学，教法创重译法(Double translation)，由拉丁文译为英文，再由英文译为拉丁文，以求熟练；管理则反对严酷的约束，主张师生间相互的爱敬。|

三、人文主义的学校

| 大学 | 在文艺复兴运动中，各国大学如意大利的佛罗伦萨(Florence)、帕多瓦、罗马、法国的巴黎、德国的海德堡(Heidelberg)、莱比锡(Leipzig)和维滕堡(Wittenberg)，英国的牛津、剑桥等，俱先后设希腊和拉丁文学的讲座。古典文学，风靡一时。|

| 宫廷学校 | 意大利的佛罗伦萨、威尼斯(Venice)、帕维亚(Pavia)等市府强盛以后，都竞起设立**宫廷学校**，请人文学者主持，其势力差不多和大学相等。前述维多里诺在孟都亚所创设的宫廷学校，更 |

---

[1] 今译《论儿童的文雅教育》(Declaratio de pueris statim ac liberaliter instituendis)。——编校者
[2] 今译《论正确的教育方法》(De ratione studii)。——编校者
[3] 今译《论教师》(The scholermaster)。——编校者

为当时的楷模。日耳曼也模仿着设立王族学校（Furstenschulen）。

在日耳曼，人文教育新设的学校，有**古文科中学**（Gymnasium）。梅兰希顿（Melanchton，1497—1560）始创于1526年，斯图谟（Sturm，1507—1589）继之。（参阅下章）校分九级，古文学而外，兼习希腊文的《新约》。从那时到现在，文科中学还是德国中等学校的中坚。

<small>德国的古文科中学</small>

在英国有一种人文学校，独立于国家教会之外，称为**公学**，而实际是私立，收费极重。其中有著名的九校，称"大公学"（Great Public Schools），即 Winchester, Eton, St. Paul's, Westminster, Harrow, Charter-House, Rugby, Shrewabury, Merchant Taylor's [1] 是。至今在英国还是很有势力的中等学校。

<small>英国的中学</small>

在北美殖民地，人口繁殖，学校渐兴，英国公学移植于美的，便成为美国的**文法学校**（Grammar School），中以波士顿（Boston）文法学校（创设于1653年）为最早了。

<small>北美的文法学校</small>

问题

一、文艺复兴在欧洲文化的发展上有怎样的意义？

二、15世纪有什么重大的发见发明，促进了近代的文化？

三、什么叫做人文主义的教育？

四、列举主要的人文主义的教育家。

五、人文主义在各国学校制度上有什么影响？

---

[1] 即温切斯特公学、伊顿公学、圣保罗公学、威斯敏斯特公学、赫洛公学、卡特浩斯公学、拉格伯公学、希鲁斯堡公学和泰勒公学。——编校者

第五章
宗教改革

一、宗教改革与文艺复兴

宗教改革的直接原因　　宗教改革运动的成功,有两个直接的原因:(一)由于教会自身的堕落,贪淫放侈,无所不为;(二)由于各国王侯厌恶教会的独成体系,不受统治,明争暗斗,由来已久,这时,凑巧是教权连锁中最弱的一环,经不起猛烈的打击。

宗教改革与文艺复兴　　宗教改革和文艺复兴两种运动,是同源而异流,在前面已说过了。二者同是对于教会的专制不满,借着复古以求解放的。文艺复兴,是复希腊之古,脱离宗教的迷信,而追求现实的人生和自然。宗教改革,则是复耶稣教义之古,远企宗教的理想,禁欲刻苦,遗忘自然。趋向虽然不同,也不过是一个时代思潮的两种表现罢了。所以**宗教改革的教育和人文主义的教育,不能截然划开**,这是我们要特别注意的。

二、宗教改革的教育

马丁·路德　　宗教改革的领袖**马丁·路德**(Martin Luther, 1483—1546),是日耳曼人。他小时学法律,后来又研究神学,做过维滕堡大学的教授。当他游罗马时,眼看教会的腐败,非常愤慨,很想去整顿一番,恰巧 1512 年教皇利奥十世(Leo X)以建圣彼得教堂为名,滥售赦罪券(Indulgences)[1],路德遵了大学教授公开辩论的旧制,用拉丁文写出他抗议的理由九十五条,揭示在威登堡教会的门上。若是有辩难的人,他是准备着充分答复的。不到一月,这抗议书竟传遍了德境。教皇怒极了,宣布他叛教的罪名。路德却倔强地焚掉了教皇的令状(Bull)。宗教改革到这时便正式开幕了。路德这时托了萨克森(Saxony)公爵的保护,躲在威登堡,用德语来翻译《圣经》。终于在 1555 年取得了新教徒(Protestants)的自由。

路德既揭穿了教皇的假面幕,而要直接探寻耶稣的真教理出来,所以同时对于教皇权力下的僧侣教育,也极端排斥,而主张国家**教育的普及**,以为不论男女贵贱都应当求学,这应由国家以法令来规定;而且教育的施行,也不仅在学校,更重在家庭。至于**学校的课程**,不限于文字的传授,而要增加论理、数学、历史、科学、音乐、体育等科目。德国教育上的重视音乐,可说是路德的影响。

路德专力于宗教改革运动,不暇从事教育的建设。新教徒中的教育家,要首推梅兰希顿和布根哈根(Bugenhagen, 1485—1558)。**梅兰希顿**也是维滕堡大学的教授,先后主讲凡 42 年之久,把维滕堡造成宗教改革的教育中心。一时新学校的教师多出其门下,如特罗岑道夫(Trotzendorf, 1490—1556),尼安德(Neander, 1525—1585),斯图谟都是。梅氏首创**古文科中学**(Gymnasium)。生平最大的贡献,在所编希腊拉丁的文法,以及伦理、物理、历史等教科书;其次便是在 1528 年所制定的萨克

梅兰希顿和布肯哈根

斯图谟

---

[1] 今译赎罪券。——编校者

森学制(Saxony School System)，可算是近世第一学制。**布根哈根**是德国**国民学校**(Volksschule)**的首创者**。文科中学是德国中等教育的重心；国民学校是德国初等教育的通制，都是学制上很重要的。氏很用了一番心力于学制的厘订。当时日耳曼诸邦如 Brunswick (1528)，Hamburg (1529)，Pomerania (1534)，Lubeck (1530)，Schleswig — Holstein (1537)等的学制，都出其手。

_{加耳文和萨文黎}　　路德而外，宗教改革的先驱，有法人加尔文(Galvin, 1509—1564)瑞士人茨温利(Zwingli, 1484—1532)。他们都是艰苦奋斗，以身殉教者。

三、反宗教改革的教育

_{反宗教改革运动}　　新教既然正式的确立了，旧教中也有一部分忠勇的信徒来谋自身的改革，这叫"反宗教改革运动"(Counter Reformation)。趁着新教徒解放后，理论蜂起，派别纷歧，旧教徒反得一时机，刷新面目，森严壁垒。教皇庇护五世(Pius V)，尽废敛财的弊政，提倡节俭，崇尚苦行，自己赤足在罗马道上度着行乞僧的生涯。同时各僧院也大加整理，用教育的方法，来挽救已失的信仰。于是各派的"教育僧徒"(Teaching Orders)同时兴起了；耶稣社便是其中最有力的一个组织。

_{耶稣社}　　**耶稣社**(Society of Jesus)[1]是**罗耀拉**(Ignatins Loyola, 1491—1556)所创。氏为西班牙王子，少年时在军队里受伤跛脚，病中发愤读书。伤好了，把他的武器供在教堂里，当他朝圣陵时，自誓为耶稣作战士。又到巴黎习神学，得博士学位。

---

[1] 即耶稣会。——编校者

1537年归罗马,和7位同志组织耶稣社,宣教和教育同时进行。用军法指挥僧徒,组织完密,训练精严,其冒险忍苦的精神无与伦比。耶稣社的事业,发展非常迅速。氏死时,社员已有1 500多人。社里所办的学校,也以**严格训练**、**严格教学**、透澈熟练为主旨。学生分为若干组,每组有一组长,司指导监督之责。每两人为一对,互相纠正行为,检举过失。对于教师,绝对地服从。教学**方法重复习**,每天开始上课时,必定先温习前一日的课业。每周之末,每年之终,也是这样。他们教育成功的关键,尤在**师资的选择和训练**。他们的教师,都受过大学和师范教育,而经过极严的甄选,这是那时一般学校所不及的。到18世纪初,耶稣社已有中学612所,师范学校157所,大学24所,宣教中心二百所(上海徐家汇即其中之一),其力量之伟大,真是可惊!

　　耶稣社以外,还有所谓**波特·诺亚尔社**(Port Royalist),这是**圣西朗**(St. Cyran, 1581—1643)在巴黎附近的波特·诺亚尔所创。这派主张清净生活,攻击耶稣社,而为教皇所禁,所以存在的期间极短(1637—1661),学校也很少,不过在教育学说上的影响,却也不可忽视。他们的教育,主张**学生个别的教导**和感化。教师用爱的动机、善的势力来陶冶学生的品性,培养学生的意志。**教学重理解**,不专重记忆;学科重内容,不仅取形式。这些都是他们独到的见解。

波拉耶社

　　以上二派所经营的,都是中等以上的教育,其致力于初等教育的有**拉萨尔**(La Salle, 1651—1719)的**基督教徒兄弟社**(Christian Brothers)。拉氏也是凭着精诚艰难奋斗的一个人。到他死时,社中已有学校27所,教师274人,学生9,000人。他为了要训练师资,又设师范院。拉氏创**同时教学法**(Simultaneous Method),就是按照学生能力编成几个学级,每一

基督教徒兄弟社

级学生在同时间、用同教材由同教师教授。这是班级教学之始。前此初等学校,大都还是采取个别教学的。

问题

一、宗教改革的直接原因是什么?

二、在宗教改革和反宗教改革两运动中,有哪几个重要的教育领袖?

三、德国学制,草创于何人?在中等、初等教育的阶段上,各有何种学校的创制?

四、略述耶稣社教育的要点。

第六章
近世科学的起源

一、文艺复兴后科学的兴起

16世纪文艺复兴中怀疑与批评的精神,引起少数学者对于自然的好奇和探究。他们的苦心孤诣虽没有能得到当时人们的了解,但其结果,却在希腊思想,耶稣宗教而外,另造成了欧洲**文化的第三个原素**,那便是近世科学了。

在古代,亚里士多德集了希腊科学的大成。从亚历山大继着雅典做文化的中心,便有欧几里德(Euclid)的几何学,阿利斯塔克(Aristarchus)的地学,阿基米德(Archimedes)的动力学,喜帕恰斯(Hipparchus)的天文学。不过他们多偏于玄想,很少观察和实验。所以在希腊学术中,还看不见现代所谓自然科学的形影。罗马人崇尚实际,对于法制政治遗着许多典型,公共建筑也有奇伟成绩;然而在纯粹科学方面却少贡献。到了基督教,更尊崇信仰,排斥理智,不容许科学思想的发展。待宗教改革而后,人们受着理智的引导,对一切自然的研究便无法遏止了。数学、天文、物理、化学各科都日益专精,近世科学的进步,从此开始了。

古代的科学

二、天文、物理和化学

新天文学

公元138年间，有埃及托勒密(Ptolemy)派的天文学说，以为地球居宇宙的中心，恒久不动；其他天体绕之而行，成圆周运动。这种说法，和基督教相容，所以在天文学上有十几世纪的历史，没有谁敢来否认。到了哥白尼，天文学才起了急剧的革命。

哥白尼(Copernicus, 1473—1543)是波兰神学者，而究心于天算。他否认托勒密派的学说，而自创地动说。他说地球每日绕轴自转一次，每年绕太阳公转一周。地球是太阳系六大行星之一，这六大行星的次序是水星、金星、地球、火星、木星、土星；月球是绕地球而行的一个卫星。他的学说，详见于所著《天体运行的轨道》[1]一书。他费了一生的心血，才作成了这一部书，可是十分矜慎，直到晚年才付印。印成之日，他病已垂危了。有人把这书拿到他的榻前，他用手抚摸着，便与世长辞了。他倡了根本革命的学说，而没有遭着反抗和压迫，便因他深自韬晦的缘故。

第谷·布拉赫(Tycho Brahe, 1546—1601)是丹麦的天文家，受丹王的命，在哈芬岛(Hveen)经营天文台，建筑设备都非常宏丽。在那里住了21年，从事精密仪器的制作和天象的长期的观察和记载。1599年到波希米亚(Bohemia)，长普布拉格(Prague)天文台，并请了开普勒氏做助理。

开普勒(Kepler, 1571—1630)是德人，从第谷氏在布拉格研究天文。第谷氏死了，他便继任为台长，尽得第谷氏一生的记载和著作，潜心钻研了25年。著《哥白尼天文学概论》、《宇宙的和谐》、《彗星论》等书，有很多的发明。

---

[1] 今译《天体运行论》(De revolutionibus orbium coelestium)。——编校者

伽利略（Galileo，1564—1642）是意国比萨（Pisa）大学教授。初创望远镜，测出木星、土星的卫星和太阳的斑点。哥白尼的天文学到了这时更完备了。伽氏曾为了著一部《托勒密、哥白尼两大宇宙观的谈话》[1]，给教皇拘禁在法庭里，迫着悔过。他勉强认过了才被释放的。他出来对人说："我虽不再说地球能自动，可是地球却自动着，又奈何呢？"他一次在教堂里，看见悬着的灯，往来摆动，灯索短的摆动得快，他又奇趣横生，回家也用了无数长短不齐的绳索，悬在屋顶上，下系重物，使之摆动而计算每分钟摆动的速度。后来的钟摆便这样发明了。他制定堕体的定律，对于动力学、光学、声学，他都有重要的发明。

物理学

牛顿（Isaac Newton，1643—1727）英人。精数学，毕业于剑桥大学。读哥白尼以下许多天文学家的著作，深讶行星为何成圆周运动而不作直线进行。他小时偶见苹果落地，也就疑问为何直下而不向偏旁堕落。从这问题反复推究，因而发明了万有引力的假定，以为"宇宙间任何物体，都互相摄引着，一物体摄引他物体，其引力的大小和这两物体质量相乘的积成正比，而和这两物体的距离的平方成反比。"[2]这就是万有引力的定律。他著了一部《自然哲学原理》[3]，在1687年出版，是科学的宝典。他对于光学很有新的创见，又发明微分积分。牛顿而外，有英人**吉尔伯特**（Gilbert，1544—1603）的磁电研究，意人**托里拆利**（Torricelli，1608—1647）、法人**帕斯卡**（Pascal，1623—1662）、德人盖里克

---

[1] 今译《关于托勒密和哥白尼两大世界体系的对话》（*Dialogo sopra i due massimi sistemi del mondo, tolemaicoe copernicano*）。——编校者
[2] 此段引文大意出自牛顿《自然哲学的数学原理》第三编《宇宙体系（使用数学的论述）》。参见牛顿著，王克迪译：《自然哲学的数学原理·宇宙体系》，武汉出版社1992年版，第574—579页。——编校者
[3] 今译《自然哲学的数学原理》发表于1687年，原文用拉丁文写作，书名是 *Philosophiae naturalis pricipia mathematica*，直到1729年才有英文版面世，书名为 *Mathematical Principles of Natural Philosophy*。——编校者

(Guericke，1602—1686）的空气压力试验，荷兰人**惠更斯**(Huygens，1629—1695)的光学发明，都是物理学上的伟绩。

化学　　爱尔兰有一位化学家**波义耳**(Boyle，1627—1691），证明"气体体积的大小，和所受的压力成反比例"，这便是著名的"波义耳定律"。此外**梅奥**(Mayow，1645—1679)、**贝歇尔**(Becher，1635—1682)的燃烧研究，也是近世化学的新基。

医学和生物学　　英人**西德纳姆**(Sydenham，1624—1689)是以科学方法来研究医术的第一人。**哈维**(Harvey，1578—1657)发现血液的循环。意人**马尔比基**(Malpighi，1628—1694)始制显微镜，发见毛细管。英人**胡克**(Hooke，1686—1735)也用显微镜发见了生物细胞的构造。

科学方法

三、科学的方法

科学的发达，使治学和思想的方法，也起了剧变。倡导科学方法最力的，有培根、笛卡儿两人。

培根(Bacon，1561—1626)是英国的政治家和哲学者。他的论学，以为欲求真知，必先化除成见，成见像偶像一样地常蒙惑着人类。他尝讥讽那些拘泥守旧的人，说他们有部落、岩穴、市廛、剧场的**四个偶像**。他又说中古学问，不外文雅(Delicate)、怪诞(Fantastic)、争辩(Contentious)三种。这种学问，或者仅凭主观，不顾事实，他们的推想，正如蜘蛛吐丝成网，这叫"蜘蛛的方法"。或者虽注重事实，而只会积聚，不会归纳，这叫"蚂蚁的方法"。我们所应提倡的，是先搜集事实，而后整理推断，如蜂采蜜，酿造而成芬甘，这称为"蜜蜂的方法"。1620 年他发表他所著的《新方法》(*Novum Organum*)[1]，是归纳法的**新论理学**

新论理学

---

[1] 今译《新工具》。——编校者

的鼻祖。归纳方法,有三要项:(一) 收罗事实,(二) 分析比较,(三) 发见原因。千余年来统治着学术界的亚里士多德的演绎法,到这时才给动摇了。

笛卡儿(Descartes, 1596—1650)是法国的哲学家和数学家(首创解析几何学)。氏论科学方法分四个步骤:(一) 有明晰的观念,(二) 分析问题为若干简单因子,(三) 由简单因子推究复杂现象,(四) 所有因子都能解释,问题便算解答了。在哲学上,培根是经验派,而笛卡儿是理性派,但他们论科学的方法,却是一致的。

在从前雅典繁荣的时候,柏拉图的阿卡德米,亚里士多德的兰辛,都是结集师生研究学术的地方。到了 16 世纪,大学全为宗教的空气所笼罩,学说思想,不能自由,哪里能容科学的滋长?所以这时候的科学家,大半不主大学讲座,而结合学会,相聚讨论。波义耳第一个组织了伦敦的皇家学会(Royal Society, 1662),称为"无形的大学"(Invisible College)。波氏而外,如胡克、梅奥、惠更斯、马尔比基、牛顿,都是这会的最早会员。巴黎的科学会(Academie des Sciences),在 1666 年,柏林的帝国科学会,也在 1706 年先后成立。

科学家和大学

问题

一、从希腊到文艺复兴时代,欧洲文化的内容是什么?文艺复兴以后,文化上有什么新原素的产生?

二、近世各自然科学发展的次序是怎样?

三、古代的思想方法,和科学发达后的思想方法,有什么不同之点?

四、说明培根四种偶像的意义。

第七章
17世纪的教育

一、概说

<small>惟实主义训练主义的兴起</small>

自然科学,在16世纪,方在萌芽滋长。到了17世纪,却已如荼如锦,在学术上开了一个新的局面。至于古典文学的传授,到这时已历二百年,那文艺复兴时许多学者们批评创造的精神,早渐丧失,而只剩着一种机械的形式的练习。人文主义既衰落下来,在教育上自然也起了一种反动。于是注重人生和自然界实际知识的**惟实主义**,起来代替了人文主义。另外也有人标立新说,想保持人文主义的旧风,称为**训练主义**。本章分述这两派的教育,同时并把17世纪的宗教教育家附在后面。

二、惟实主义

<small>惟实主义的代表人物</small>

惟实主义最有力的代表,为培根、拉特克、夸美纽斯。但教育史家常以拉伯雷、弥尔顿、蒙田诸人为惟实主义的前锋。拉伯雷(Rabelais, 1485—1553)第一个讽刺人文学校的拘牵文字,肤浅空疏。弥尔顿(Milton, 1608—1674)著论(*Tractate on Education*）[1]，也反对仅有言文的形式训练，而主张学者们应从古代文献中，探求知识艺术的内容。这二人称为**人文的**惟实主义者。至于蒙田（Montaigne，1535—1592）注重应世所需的学识，他说学问不取记诵而贵实行，人家称他为**社会的**惟实主义者；而培根、拉特克、夸美纽斯则称为**感觉的**惟实主义者。

  培根论思想的方法，在上章述过了。他的教育学说，大部分在他所著的《学问的改进》（*Advancement of Learning*）[2]和《新理想国》（*New Atlantis*）[3]等书中。他很想综汇古今学艺，而使学者能融会贯通，这是当时泛智家（Pansophist）一派的企想。他的方法重在以观察试验的研究，来审查和归纳自然的现象，以发现其原理，而增进人类的幸福。他梦想的新社会中，有所谓所罗门院（Solomon's House）的，在那里研究着近世的科学，制驭自然，供人利用。凡生物种类的改良、冶金的进步、医药的新术、蒸汽机的发明、电力的传导等，都是所罗门院研究的问题，不啻现代一个研究院。他那些问题，在当时不过是奇想，而今日却都得了事实的解答，倒成了预言了。

  拉特克（Ratke，1571—1635）采培根的学说，想应用于实际的教育上，可惜事业没有成功。他的教学原则有很多可取的：如（一）一切教材要常复习；（二）须用现代语教授；（三）学习不应强制；（四）教学须先示实物而后加理论的解释；（五）学习应由直接经验去试探、搜求。

  夸美纽斯（Comenius，1592—1670）是奥大利[4]的摩拉维亚（Moravia）[5]人。幼年孤苦失学，16岁才开始学拉丁文。他

培根

拉特克

夸美纽斯

---

[1]　又译《论教育》。——编校者
[2]　今译《学术的进展》。——编校者
[3]　今译《新大西岛》。——编校者
[4]　即奥地利。——编校者
[5]　今属捷克。——编校者

秉性非常敏慧而坚毅，大学毕业后，便做了中学校长。那时恰当战争乱离的时候，他的妻子都死亡了。他又是信的新教，不久也被迫逐，从此永远地离开了他的故乡。他在飘泊的生活中，先投身于波兰的黎撒(Lisa)，任文科中学校长。著了《语学入门》(*Janua Linguarum Reserata*)〔1〕和《大教育学》(*Didactica Magna*)〔2〕两部书，声名很著了。后来曾应英国议会的召赴英，不过没有能发展他的志愿，便转赴瑞典，又编了几种教科书。不久仍归黎撒，编撰《事物图形》(*Obis Picturs*)〔3〕，为教科书附插图之始。他晚年的处境很苦，居于荷兰，荷人给他很深的同情和敬礼，享年80岁。

夸美纽斯以为人生最高的理想，在能和神同享极乐，教育便是达到这理想的工具。因此教育的目的，在循序渐进，从**知识**(Knowledge)、**道德**(Virtue)而达到**虔敬**(Piety)。他论**课程**，**采泛智**说，综合古今的知识，而以归纳法来整理分类。他对于教学方法，很有创见，摘举其重要的原则如下：

1. 教育应从婴儿期开始，以后每一阶段，都要适应儿童的年龄和能力；

2. 要按照级次去编定教材，并且要循序渐进，互相衔接；

3. 注意儿童正规的出席；

4. 教学应利用每天最好的时间，要防免疲劳；

5. 用**团体教学**来代替当时流行的个别教学；

6. 只教儿童**有实际价值**的事物；

---

〔1〕 今译《语言入门》。——编校者
〔2〕 今译《大教学论》。——编校者
〔3〕 今译《世界图解》。——编校者

7. **先示实物**，后教文字符号；

8. **先举事例**，后教原则；

9. **先求理解**，后重记忆；

10. 提示新教材，在儿童心理上，应先有**准备**；

11. 以温和、诱导、愉悦、兴趣来替代严厉的强制；

12. 勿用体罚。

以上第一点所说，按照学生年龄和能力来分教育的阶段，依夸美纽斯的计画，将全部**教育，划成四个阶段**，每一阶段六年，如下：

1. 婴儿期——家庭保育

2. 幼稚期——本国语小学

3. 儿童期——古文中学

4. 青年期——大学

这种分期的方法，和现代教育完全吻合，是很值得我们注意的。

惟实主义学校应用夸美纽斯的理想于实际教育事业的，有**弗兰克**(Franke, 1663—1727)的哈勒学校。他的弟子**黑克尔**(Hecker, 1707—1768)于1747年在柏林学校教现代语(旧时文科中学教的是拉丁文)、历史、地理、几何、算术、力学、建筑、宗教、伦理等，即**实科中学**(Realschule)之始。在德国中等教育上，惟实主义所产生的实科中学和人文主义的古文科中学相对峙。在英国，也有实科中学名阿卡特米(Academy)的创立。在美国，旧时文法学校也渐渐变更他们的课程；新**阿卡特米**渐渐添设起来，最早的是富兰克林(Franklin)在1743年所设的。至于各国的大学，也渐渐注重科学的研究。1694年德国创设哈勒大学

惟实主义的学校

德国的实科中学

英美的阿卡特米

(Halle),以德语教各种科学,为**新时代大学**之一。格廷根(Gottingen)大学随之。在英国,牛顿于 1669 至 1707 年间,主讲剑桥大学,从此剑桥成了研究数学、物理的中心。

三、训练主义

训练主义　　训练主义者,以为**教育的要旨在学习的历程,而不在所学习的内容**;在怎样学习,而不在所学习的是什么。所以一种特殊活动,假使选择和训练得当时,就能发生一种效力,随时应用,皆得其宜。因此与其教授许多科目,毋宁使学者集中精力在一二科目,使训练能够透澈。如古文学、数学都是最有训练价值的。这种见解的心理根据,在以心有若干的官能,须受某项特殊的训练而发展;其伦理的根据,在以为人类有若干恶性,须藉教育而铲除。

洛克　　这种学说的代表,有**洛克**(Locke,1632—1704)。他著有《人类悟性论》[1]、《教育杂感》[2]等书。他是经验派哲学者。他说人初生时,心如一张白纸,以后心的成长全视所习所染的怎样。所以训练儿童的习惯,增长他们的能力,教育是十分有效的。他把教育分成**体育**、**德育**、**智育**三部,(1)体育——他说健全的精神寓于健全的体魄,人们一切的幸福都建筑在健康的基础上。因此体格的训练非常重要。要使儿童能耐寒暑,习游泳和户外运动;衣服宜少而宽,食物宜简单而粗粝,床铺宜坚硬。(2)德育——他说体力的增长,在能耐劳苦,而心力也是这样。一切德性,要先在能室遏嗜欲和拂逆愿望;只有能服从理性的裁制的人,才是有德的人。(3)智育——他论课程,以数学

---

[1] 今译《人类理解论》(*Essay Concerning Human Understanding*)。——编校者
[2] 今译《教育漫话》(*Some Thoughts Concerning Education*)。——编校者

为最重要的科目,地理、天文、物理、历史等次之。学习的要务,在增进心的能力和活动。他尝说增长体力的原则,适用于增长心能。我们要写字、绘画、舞蹈的合法,必须勤练我们的筋腕肢体;我们要心思的长进,必须勤用我们的思考。他又说教育的责任,不在使学者精通某一种的学问,而在开发和运用其心灵,使能自求任何的学问。他所假定的训练效力的转移,直到现在还是教育学说上一个聚讼的问题。

四、宗教的教育家

继承波特·诺亚尔派学说的,有法人**费纳隆**(Fénelon,1651—1715)和罗林(Rollin, 1661—1741)。费氏以为教学应以愉悦而有兴趣为主;其方法,应当先示实物而后示名词,先理解而后记忆。他曾著过一部《青年女子教育论》[1],是女子教育的最先倡导者,可是他认女子的智力弱于男子,却和当时一般人的见解相同。他说女子的资质虽是比较的暗弱,不过我们却不能为了她们的暗弱而便弃之不顾,正须要教育来培植、扶持。因为家庭的幸福,全赖有明敏、精勤而敬虔的妇女。他论女子教育的课程,先重《圣经》故事、家政、读法、书法、算术,比较再深一点的历史、语言、文学还可以学;至于高深专门的学术,如政治、法律、神学等,那是男性的职业,不是女子所需要的了。**罗林**氏著过一部《学问论》[2],集古人教育学说的精粹,也畅论女子教育,大略和费氏相近。

费纳隆和罗林

除上面所述的两位教育家以外,还有上面已说过的**弗兰克**,他是德国新教中的敬虔主义者(Pietist),在哈勒大学当教

弗兰克

---

[1] 今译《论女子教育》(Les aventures de télémaque)。——编校者
[2] 今译《论教育》(Traité des etudes)。——编校者

授,看着当时贫穷失学的儿童很多,便用了他对宗教的热烈的信心,来从事于慈善的教育事业。费了三十年的心血,手创学校、孤儿院、书店、药局、工厂等许多机关,学生工人达四千人之多。夸美纽斯综合宗教的虔敬和科学的知识的理想,到费氏手里,可算是实现了。至于哈勒学校,用德语教授实用知识和技术而不用拉丁文,更成了德国实科中学的规范。

问题

一、文艺复兴,在教育上产生什么主义?近世科学的发展在教育上产生什么主义?

二、惟实主义的教育家,有几派?其代表的人物为谁?

三、列举夸美纽斯教育学说的要点。

四、人文主义和惟实主义在欧洲中等教育制度上,各有怎样的影响?

五、为什么我们说训练主义是想维持人文主义的余风?

六、训练主义的教育学说是怎样?

七、洛克分教育为几部分,各部分的要旨是什么?

八、弗兰克教育事业的意义何在?

第八章
平民政治与工业革命

一、18世纪欧洲的政治背景

  18世纪的前半叶,是欧洲君权最高涨的时代。当时普鲁士有腓特烈·威廉一世(Frederick William Ⅰ,1713—1740)和腓特烈大王(Frederick The Great,1740—1786)的先后厉行开明专制,奥大利有女王玛丽亚·特利莎(Maria Theresa,1740—1780)和约瑟二世(Joseph Ⅱ,1780—1793)的相继执政,都积极地扩张国权。在法国,路易十四(Louis ⅩⅣ,1643—1715)和路易十五(1715—1774)的威权,更是如日方中,全欧震耀。只有英国是世界宪政的鼻祖,距这时三四百年前,便开始了平民政治的运动。   *君权的强盛*

二、英国宪政的发展

  英国的宪政,起源于1215年的《大宪章》(*Magna Carta*)。这是贵族和僧侣,对君主争夺自由而获得胜利的约章。1295年,始召集国会,贵族、僧侣和平民的代表,一同出席。1333年,平民和贵族,始分院议政,自是下议院(平民院)便逐渐恢张权力,到1376年,始   *民权的胜利*

有弹劾内阁之权，1407年始有制定政府预算之权。到现在，下议院差不多握着英国最高的治权了。17世纪初年，詹姆士一世(James I, 1603—1625)倡君权神圣，终于引起了内战。克伦威尔起来革命，查理一世(Charles I, 1625—1649)被杀，詹姆士二世又被放逐，从此民权神圣，是不可侵犯了。

三、美国的建国

英人在美洲的殖民地，因于母国政府的苛税而又没有国会代议权，1774年，便联合草定《民权宣言》[1]，请求英王承认。英王自然不允，1776年便宣告独立，战争了几年，到1783年巴黎和约，北美合众国从此成立。1786年制《宪法》，成立政府，举华盛顿为总统。以一个绝无帝王统治的历史，特殊阶级的遗迹，而凭空的建设一自由平等的国家的，有史以来，美国是第一个了。在他们《独立宣言》的发端曾这样说："我们深信：一切人类，生而平等，天赋予生命，财产和享有快乐等不可侵犯的权利；人民为了谋取得这种权利，于是建设政府，予以正当的治权，所以治权是实在基于被治者的同意；任何政府，如违背了这种目的，人民有权变更或废止之，而根据人民安全乐利的原则，另建政府，组织治权。这些都是我们所信为明了的真理。"这是平民政治思想的一种表现。

<small>第一个自由平等的国家</small>

四、法国的革命

<small>法国的大革命</small>

像美国那样政治上的新局，欧洲许多旧邦没有不感到很强

---

[1] 即杰弗逊(Thomas Jefferson, 1743—1826)于1776年发表的《英属美洲人权概观》(*A Summary View of the Right of British America*)。——编校者

烈的刺激的。第一个受着直接影响的便是法国。路易十四、十五的专制淫威,早燃灼了法国人民革命的火炬。加以政治思想家如**孟德斯鸠**(Montesquieu, 1689—1755)、**伏尔泰**(Voltaire, 1694—1778)、**卢梭**(Rousseau, 1712—1778)等的鼓吹,到了18世纪后半叶,革命高潮,不能再遏。在1789年7月14日,革命的群众攻破巴士底大狱,始而还作君主立宪的企图,继而建立了民主政府。法国在1789至1799的十年中,占着世界革命史上可惊、可愕、可歌、可泣的一页。

五、工业革命

17世纪自然科学的发达,到了18世纪,应用到人生需要上去,便有机器的发明。起初只限于纺织一业。**哈格里夫斯**(Hargreaves)在1767年创**纺织机**,1769年得了阿克赖特(Arkwright)的改善而完成。本来**瓦特**(Watt)在1765年早有**蒸汽机**的发明,到了1784年卡特赖特(Cartwright)因之而发明汽力织布机。到冶铁的新法一出,机器的制造更便,**手工制造**至此几全**被机器制造替代**了。从此工厂日渐发达,家庭工业就衰落了。这生产方法的大变革,称为**工业革命**,是现代生活和文化上的**第一件大事**。

> 现代生活和文化上的第一件大事

问题

一、至今是君主国的英国,宪政发达得最早,试略举他立宪运动中的几件大事。

二、美国建国时的政治信仰是怎样?

三、法国革命是哪几种影响所促成?

四、何谓工业革命?他的原因是什么?

第九章
19 世纪

一、国家主义的勃兴

民族的国家　　梁启超氏曾有一段文字,把 19 世纪欧洲各国的政治趋势说得非常透澈,他这样说:

"今欧洲诸国,其建国最古者,不过数百年,其新者或仅数十年。新者勿论矣,即其古者当百年以前,其所以立国之具,且未大备。在国境内,而阶级与阶级相仇,地方与地方相斗,以今日严格的国家之定义绳之,虽谓未成国焉可耳。经十九世纪百年之锻炼,而此数大强国者,乃始能抟其国民为一丸。以国家为单位,而所属之人民为组成此单位之分子。国家譬则笔,人民则其所束之毫;国家譬则帛,人民则其所缫之丝;此所谓**国家主义**也。而以彼都百年来之经验,则以谓欲求国家机能之发达,必当建设于民族基础之上。如欲求良笔,务纯其毫勿使杂;欲求良帛,务均其丝勿使庞也。虽然,国于欧洲以十数,其民族大宗派三四,而小枝派亦且十数,一国中恒数族,而一族亦恒散居于各国。于是乎谋国之士,其国中有数族者,则思所以同化之而维系之；其一族散在数国者，则思所以联络而吸集之。……既以一民族组织一国家，苟其国家之容积与民族之容积相适合，而无复有一同族之民受治于他国，斯亦已耳。如其有之，则其外属之族姓，恒思内响；而其族之宗邦，恒思外吸，此自然之势也。"[1]

我们再一看事实是怎样。

自1877[2]年而后，拿破仑在法国革命的创痍中，建立起赫赫的新帝国，先后侵奥，侵普，征西班牙，征俄，终于动了天下之兵，为各国所败，逃亡孤岛。虽曾一度再起，但不旋踵又大挫于滑铁卢，不能复振。当他纵横驰骋，攻城略地时，到处封建王侯，绝没有顾到各国民族的历史。可是民族国家主义的伏流，却于此时为他所激起。拿翁败了，各国于1815年开维也纳会议，改造欧洲的地图，但也仍背着民族国家的原则。如波兰一部分归俄，那威[3]归瑞典；比、荷不同族，而强合为一国；意大利北部的伦巴底，威尼斯，又强分给奥；至于普鲁士、巴威、萨逊尼、维滕堡四王国[4]，同各州各自由邦为数达39，又强组日耳曼同盟[5]而以奥为盟主。这都伏着以后的祸源。果然到了1830年，比人自选君主，颁宪法，脱离荷兰而独立。到了1870年，更是19世纪欧洲史上最可纪念的一年，在那年意大利萨丁王埃马努伊尔和首相加富尔统一了全意，战胜了奥国，而定都于罗马。普鲁士王威廉一世和铁血宰相俾斯麦也于战胜奥国

拿破仑败后的欧洲

---

[1] 梁启超：《欧洲战役史论·序》，商务印书馆1921年版，第2页。——编校者
[2] 1877年有误，拿破仑(1769—1821)于1799年发动"雾月政变"并取得成功，自此成为法兰西共和国的第一执政者。——编校者
[3] 即挪威。——编校者
[4] 巴威、萨逊尼、维滕堡疑为今拜恩巴伐利亚(Bayern Bavaria)、萨克森(Sachsen)、巴登-符滕堡(Baden-Württemberg)三州。——编校者
[5] 即由俄、普、奥三国于1815年9月在巴黎成立的"神圣同盟"。——编校者

之后,向法人报复1806年法兵入柏林的旧怨,而开始所谓普法之战,终于奏凯于巴黎,在凡尔赛宫宣布德意志帝国的完成。普既胜法,法人承认三年内纳五十万万金佛郎〔1〕的赔款,尤其违反民族国家主义的原则,将法国的阿尔萨斯、洛林(Alsace, Lorraine)二州割让于德。这更**伏着后来的祸源**了。

中欧以外的民族国家运动 中欧以外民族国家的运动,也在继长增高。在中美、南美、西班牙属地墨西哥、委内瑞拉、秘鲁、智利等国,于1810至1825年间先后独立。在巴尔干半岛上,希腊于1829年对土耳其独立;而南斯拉夫民族的隶属于土耳其的,如塞尔维亚、门的内哥、罗马尼亚、保加利亚等国,因波斯尼亚(Bosnia)黑塞哥维那(Herzigovina)〔2〕二州叛土,共同起来援助,引起1879年的俄土战争,结果,土耳其失败。翌年,各国开柏林会议,德相俾斯麦为议长,承认门、塞、罗的独立,保则独立而仍纳贡于土,那时擅铁腕外交能事的俾翁,想结欢于奥,更悍然不顾民族国家主义的热潮,而令首先发难的波、黑二州,不得和塞、门诸州同时独立,而反被割于奥,**这又伏着后来的祸源了**。

东亚的日本 在东亚,日本也崛起而为世界一强国。明治天皇(1883—1912)登位后,废封建,撤藩阀,于1890年行宪政,1894年夺了中国的朝鲜,1905年战胜了俄国。从此欧洲列强,对着日本另眼相待了。

二、平民政治运动的继起

法国民主政体的确立 拿破仑逃亡以后,波旁王朝复辟,法国民主政治,屡蹶屡起。1848年第二度建设共和。1870年普法战后,第三度建共

---

〔1〕即金法郎。——编校者
〔2〕即黑山。——编校者

和,民治的基础从此便牢固而不可动摇了。

1848年是欧洲革命狂潮最汹涌的一年,不只法人再建共和而已,奥国也一哄而推倒专制魔相梅特涅,颁布新宪法;匈牙利也对奥独立,要求宪政;意大利诸邦,在那时还没有统一,也纷纷起来革命,而对奥独立;普鲁士也有制宪的运动。从此欧洲各国,无论是民主君主,几乎没有不承认民权,施行宪政了。

1848年欧洲的革命潮

宪政发展最早的英国,在18世纪,国会下议院的权力虽高,可是议员的选举有舞弊的,有行贿的。选举区的规定,远在14世纪,数百年来,土地的兴废,户口的变迁,早不是以前的面目,而代议额的分配却还如旧。以致所谓"腐败的市",户口虽少而议员额如故,新兴的市,户口虽繁而无代议权,结果下议院的议员易为少数地主豪绅所把持。1832年《改革法案》才重行分配选举区,1867年的《改革法案》,都市劳动者获得了选举权;到1884年的《改革法案》,农村劳动者获得了选举权;1917年的《改革法案》,妇女也获得了选举权了。

三、科学的进步

在18世纪,化学经**普里斯特利**(Priestley)、**拉瓦锡**(Lavoisier)等的研究而完全成立。在电学上富兰克林(Franklin)、伽伐尼(Galvani)、伏打(Volta)都有重要的发明。天文学有拉普拉斯(Laplace)创星云说,**赫歇尔**(Herschel)发现天王星。生物学则**布丰**(Buffon)、林奈(Linnaeus)、居维叶(Cuvier)都有新的贡献。

18世纪后的英国民权

到了19世纪,物理学化学上的发明,在**赫尔姆霍茨**(Helmholtz)的能力不灭定律,**伦琴**(Röntgen)的X光线,**居里夫妇**(Pierre Curie, Mavie Curie)的镭,安培(Ampere)、**法拉第**

19世纪物理化学上的发明

(Faraday)、麦克斯韦(Maxwell)等的磁电,**道尔顿**(Dalton)的原子说,**汤普森**(J. J. Thomson)的电子说,李比希(Liebig)的有机化学,拉姆赛(Ramsay)的气体发明。

地质学　　**莱伊尔**(Lyell)在1830年出版《地质学原理》,这是一部空前的巨著。在50年前,欧洲人的心理,以为地球存在,不过五六千年。六日创造的世界,一如《圣经》所说。现在地质学者,由地层岩石来考证,地球的年纪,至少在一亿万年,便是折半计算,也有5 000万年呢。

生物学　　同时,生物学者**达尔文**(Darwin)正从事进化论的发明。他积了20多年的研究,证明了(1) 物种的变异(Variation),(2) 物竞(Struggle for existence),(3) 天择(Nattural Selection),(4) 适存(Survival of the fittest)。他以为现有的物类都是几千万年逐渐变异而来的,所著《物种由来》(Origin of Species)[1]一书,经赖尔的敦促,遂于1888年出版了。那时恰巧**华莱士**(Wallace)自马来半岛探集标本归来,在途中寄了一篇《物种变异的趋势》的论文,其中关于物类繁殖竞存各节和达尔文20年来所穷思力索的若合符节。达尔文氏便一并寄给莱伊尔,请他刊布,以示不敢专美。莱氏感其雅量,便把他们两人的著作在林奈学会同时宣读。从此旧时基督教义中上帝创造世界和物类的传说,根本地推翻,思想也起了一个剧变。到了现在,进化的原则不仅限于生物的应用,凡社会、道德、政治、教育的演进,都用它来解释了。

医学　　此外,李斯特(Lister)始创外科解剖时所用的麻醉剂和防腐剂,**巴斯德**(Pasteur)发明细菌原理,都是现代医学上的大发明,为人类造无量幸福。

---

〔1〕今译《物种起源》。——编校者

四、工业的发达

机器的制造，到 19 世纪更加进步。商品的销行，也为了交通发达，愈加推广。首先应用蒸汽机于交通的，有富尔顿（Fulton）在 1807 年的始制汽船，斯蒂芬孙（Stephenson）在 1814 年的始制火车，莫尔斯（Morse）、库克（Cooke）、惠斯通（Wheastone）在 1837 年的同时发明电报，贝尔（Bell）在 1876 年发明电话。跟着海底电、无线电都继续的发明，真不啻缩千里为咫尺了。

工业先进国家，尤其是英国和德国，一般生活程度是提高了。但跟着过剩的商品生产，巨量的资本蓄积，便是国外市场的争夺和殖民地的开拓。这**伏着后来大战争的祸源的帝国主义**，也便是**资本主义**高度发展的必然结果。同时，国内工厂制度下的工人早已被剥夺了自己的生产手段，而只靠着工银生活。以前和贵族对抗而代表平民运动的市民阶级，这时占有了生产手段，又和劳动阶级成立尖锐的对抗。到德人马克思（Karl Marx, 1818—1883）等起来领导国际的工人运动，**社会主义**也逐渐抬头。这样，因生产技术的改革所引起全人类生活状况的急变，**伴生了各种思想和制度的急变，激成了世界政治和经济上几大漩涡**，其意义真是十分严重！

工业革命的重大影响

五、结论

本章和上章，叙述 18、19 两世纪人类生活和思想上的四大运动：曰国家主义（Nationalism）、平民主义（Democracy）、工业（Industrialism）和科学（Science），这是**近代教育制度和方法所产**

生的背景。所以这两章虽看似与教育无关,而实在是书中下列十三章的一个总序。

_{教育制度}　　教育决不只是少数教育者的事业,它是人类社会不可缺的一种机能。人类生活和思想有变迁,教育的制度和方法也随伴着适应、演进。近世各国教育制度的确立——由教会或私人管辖到国家管辖的转移,儿童就学的强迫,教育机会的均等——起初多以国家主义为原动力,同时也受着平民主义和工业发达的影响。(看第十至十四章)至于学校的课程和方法更受着科学和工业的支配。没有科学和工业,则现代学校或许还保留着宗教和古典文学的遗风呢!

_{教育学说}　　就是教育者,尽各有他自己的中心学说,而多少也代表他的时代、社会的生活和思想,手创一国教育制度的,如德国的洪堡(第十章)、法国的基佐(第十一章)、日本的森有礼(第十四章),都是显著的国家主义者。卢梭是平民思想的前锋(第十五章),裴斯泰洛齐、赫尔巴特、福禄培尔在教育目的上虽还带着宗教的理想主义的色彩,而在课程或方法上,已迎着科学和工业的新潮(第十六至第十八章);斯宾塞是科学教育的先导(第十九章);至杜威,更融合科学、工业与平民主义,造成一个教育学说的体系,为现时教育上最大权威(第二十章)。

问题

一、18 世纪以后,人类生活和思想上的四大运动是什么?

二、这四大运动,怎样是近世教育制度和方法的背景?

三、19 世纪科学的进步如何?

四、工业发达,对于人生有怎样重大的意义?

第十章
德国的教育

德意志联邦帝国,完成于1871年。她的各邦教育的发展是欧洲的先进,兹先述普鲁士教育的大要,以见一斑。

一、18世纪普鲁士教育的设施

普鲁士教育的新机,开始于1694年**哈勒大学**(Halle)的创建(参看第七章)。这是第一个新式大学。当时一般学者,不满意于旧大学里宗教的独断,思想的束缚的,都到这里来讲学。凡神、法、医、理各学部,都贯澈着批评的和研究的精神,首倡**"教学自由"**(Lehrfreiheit und Lernfreiheit)的原则;以为教授和学生在教学和研究上,不应受任何成见的束缚或外力的干涉,但当以无畏的精神探求真理,而服从之。这是大学学风上的一大革命,以后学术思想的进步,都从此发轫了。 新大学的建设

腓特烈·威廉一世(1713—1740)于1713年即位之始,颁布《学校管理法令》[1]。令父母遣其子女入学,违者重罚;贫寒者学费一概由国家资助。数年后,小学增设达1 000余所。 最早的教育法令

---

[1] 系指《普鲁士义务教育令》,于1717年由威廉一世颁布。是普鲁士第一个强迫实施的初等教育法令。——编校者

1737年,又颁布有名的《管理规程》[1],规定校舍的建筑、教师的资格、俸给、学费和政府补助金等项。

腓特烈大王(1740—1786)在1750年集中全国教会学校区,而以柏林区管辖之。1763年又颁布黑克尔(Hecker,1707—1768)所拟《学校规程》[2]。这是普鲁士**初等教育系统的起点。**

这规程中,明定儿童自五岁到13岁**强迫入学**,违者罪其父母。又规定学历、学费、毕业证书、教师资格和检定、教本、教法、学校管理等。

师资训练 黑克尔于1738年**始创师范学校**。于1747年和他所经营的实科中学(参看第七章)联络而设师范学校(Lehrerseminar)于柏林,政府很加赞许,拨给补助金而改为国立学校。又令国内小学延聘师范学校毕业生充任教师。自是各邦先后设师范学校,从事小学师资的训练。

二、耶拿的耻辱和普鲁士的复兴

19世纪初,是拿破仑极盛的时代。耶拿一战(Jena, 1806)普军几乎覆灭,割爱尔巴河以西的地于法国。腓特烈·威廉三世乃发愤图强,解放奴役,废除封建,实行地方自治,训练新军,振兴教育。他曾说:"我丧师失地,损害了国家对外的权力和光荣。现在只有努力教育,先发挥内在的权力和光荣了。"

国家主义的教育者 在这悲惨的空气中,拿破仑铁骑的监视下,忽然来了一个极沉痛激越的呼声,使民众感了极大的兴奋。这呼声是:"我们现在是已被征服了!但以后我们是否永远为正义而蒙着耻辱,

---

[1] 系指《一般学校令》,又称"管辖原则"。——编校者
[2] 又称《普鲁士普通学校规程》。——编校者

或永远便这样的失却我民族的荣誉,这却视我们的努力怎样。武力的战争已过了,接着是主义的战争、道德的战争、品格的战争了。"这就是前耶拿大学哲学教授**费希特**(Fichte,1762—1814)在耶拿陷落以后,赶到柏林作14次公开演讲《告德意志国民》中的壮语。他说民族的复兴要从教育上奋斗起。只要人人不自私自利,有坚固的爱国心,去启发心知,锻炼体魄,那末将来德意志的民族和文化是必然地领袖世界的。还有惟心派学者**黑格尔**(Hegel,1771—1831),说个人由国家而存在,国家并不是一个工具,它本身就是目的。所以国民对于国家,只有服从。在教育上,他排斥个性发展说,而主张对于儿童施以克己服从、有秩序、有规律的训练。更有哲学者**洪堡**(Wilhelm von Humboldt,1767—1835),自1809年任普鲁士教育部长,厉行国家主义教育。普于1813年联俄奥军大败拿破仑于莱比锡(Leipzig),过了二年,又联合英军败拿翁于滑铁卢。1870年普法再战,终于在巴黎奏凯,史家或说这也是普鲁士教育的成功呢。

费希特

黑格尔

洪堡

普鲁士教育部施政的第一步,便着手培养小学师资。派遣小学教师17人到瑞士大教育家裴斯泰洛齐(Pestalozzi)的学校里去留学,又请裴氏弟子齐勒(Zeller,1774—1847)、第斯多惠(Diesterweg,1790—1886)为柏林师范校长。精选师资,严格训练,不到20年,全国小学精神为之一变。

初等教育的改造

1812年,开始中学教师的检定考试;1826年,又规定检定合格者,要经一年的实习期(Probejahr)才得正式任用。同时大学也设教育学院(Pedagogical Seminars)来训练中学师资,赫尔巴特(Harbart)于1810年在柯尼斯堡大学(Konigsberg)始设教育学院,自是柏林等大学都先后设立。中学师资的程度因此便提高了。

中等教育的整理

高深学术的奖励　普鲁士在耶拿一败,几乎失去疆域的一半,并且失去学术中心的哈勒、哥廷根两大学。费希特曾把创建**柏林大学**的计画献于政府。洪堡氏竭力赞助他,1809 年拨定大学基金,并指定故宫改建学府。洪堡氏苦心经营,慎选教授,非于学术有很深造诣的不轻录用。又重申教学自由的宗旨,使大学能脱离成见的束缚而作真理的探讨。于是大师荟萃于柏林,如哲学者黑格尔、叔本华(Schopenhauer)、洛采(Lotze),心理学者费希纳(Fechner)和冯特(Wundt),化学者李比希(Liebig),及物理学者赫尔姆霍茨(Helmholtz)等,都是 19 世纪学术界的新光,而使柏林在世界大学中独放异彩。以后**美国、日本大学的兴起,都很受德国大学的影响。**

三、德国的学制

双轨的学制　德国各邦的学制是双轨的,小学和中学平行而不衔接。平民和中上级社会的子弟,分途就学:

(一)**国民学校**(Volksschule),八年毕业,儿童年龄自 6 岁到 14 岁。这是强迫教育,毕业以后,或就职业,或再入补习学校(Fortbildungschule)补习 4 年。

(二)**中学校**,九年毕业,收中上级社会的子弟,年龄 9 岁到 18 岁。9 岁以前先入中学预科(Vorsschule)3 年,毕业后升入大学。中学校约可分三类:

1. 古文科中学(Gymnasium)……前期古文科中学(Progymnasium)

2. 文实科中学(Realgymnasium)……前期文实科中学(Real Progymnasium)

3. 实科中学（Oberrealschule）……前期实科中学（Realschule）

上面第一类学校的学生，要学习希腊和拉丁文；第三类学校，学习现代语，注重数学和自然科学；第二类的课程是折中的，习拉丁文而无希腊文。上表三类学校，在上面的一项是九年制完全中学，下面的一项，是六年制初级中学。这样分科设校，而学生又很早地学习外国语，所以中学课程，往往不能适应个性，而又无法沟通。1892 年法兰克福（Frankfort）才有新中学（Reformschule）的创设，将三类课程混合编制，前 3 年，除德文外仅习现代语（法文），三年后分拉丁文、英文二组，拉丁文组再分希腊、英文两系。到欧战以后，德国学制，有极大的改革，在后面第二十一章中再讨论。

问题

一、普鲁士复兴中教育的领袖是谁？他们的主张怎样？

二、19 世纪初叶普鲁士教育上最重大的设施有哪几件事？

三、什么是双轨制？

四、德国国民学校儿童是什么年龄？强迫教育年期怎样规定？

五、德国中学校有几种？它们的起源是怎样？（参阅第四章和第七章）

第十一章
法国的教育

一、革命者的理想和拿破仑的法令

卢梭　　　　在18世纪后半叶法国革命的高潮中,教育理想家,有**卢梭**(Rousseau, 1712—1778)、罗兰(Rolland, 1734—1793)、狄德罗(Didert, 1715—1784)、塔列兰(Talleyrand, 1754—1838)、孔多塞(Condorcet, 1745—1794)等。卢梭的学说,在后面第十五章

罗兰　　　　详述。**罗兰**主张普及教育,由政府设专门委员会来掌理。为行政的集中,应设一中央大学来管理其他一切大学;设一高等师范学校来训练中学师资。使全国人民受民族精神的陶镕,而立

狄德罗　　　平民政治的基础。**狄德罗**是有名的《百科全书》编撰者,曾受俄女皇叶卡捷琳娜二世的委托,草订普及教育的计划,拟设一俄罗斯大学,为全国教育行政的中枢。这计画虽未实现,但后来法国的帝国大学院的创设却肇端于此。

　　　　　　革命时代的理想,在变动和纷乱中,无从实现,而那时所播下的种子,却到拿破仑帝制时代收获了。

拿破仑的教　　1802年拿破仑颁布《教育法令》[1]:分初等学校、中等学
育法令

---

[1] 即《公共教育基本法》。——编校者

校、专门学校、军事学校等,凡九章。规定小学由地方设立,而受中央的监督;中学由中央设立,地方筹给设备,其经费取之于学费和中央奖学金六千四百名额。国立中学(Lycee)以外,地方得设公立中学(College),而受中央的监督。专门学校设医校三,法校十,理校四,工校二,数学校一,史地经济学校一。法国的**学制,渐具雏形**。

1808年,下令设**帝国大学院**(Universite Imperiale)。这所谓大学院和一般大学不同,不是学府而是一个最高教育行政机关。大学院设院长1人,评议员26人,都由皇帝任命。院长下,设督学官若干人,分掌各级学校的视察指导。全国分27大学区(Academie),各区设一学长(Rector),学区评议员10人,督学官若干人,都由大学院长任命。除上述专门学校外,又设高等师范学校一所,培养中学师资。法国教育行政的集中和严整从这时开始了。

帝国大学院

二、基佐和费里的事业

1830年七月革命而后,路易腓力为帝,**基佐**(Guizot, 1787—1874)任教育部长。基佐是一个严正的国家主义者,他派高等师范学校校长**库辛**(Victor Cousin,1792—1867)到普鲁士调查学制。库辛归国,很称扬普鲁士初等教育的发达。因此他主张推广初级小学,并在六年初级小学之上,增设三年的高级小学。1883年提出法案于国会通过[1]。这是法国初等教育制度的完成。

1870年法国第三次建造共和后,有几件重要的教育法案,

初等教育制度

---

[1] 即史称《基佐教育法案》。——编校者

统称**费里法案**(Ferry Laws)，因为这些都是费里在教育部长任内所提出的。其主要的如下：

1882年**《强迫教育法案》**，规定儿童强迫就学的年岁，是从6岁到13岁。免除就学年龄，比小学毕业平均年龄，高一年，应特别注意。初等小学，一律不收学费。

<small>行政系统</small>　　1886年法案，厘订**教育行政系统**。教育部和最高评议会掌全国教育。评议员53人是代表的团体，凡教育方针、课程、教法、管理等项，部长须征询评议会的意见而后执行。部长以下，分初等、中等、高等教育三司办理。全国分为17大学区，(Paris, Aix, Besancon, Caen, Chambery, Clermont, Ferrand, Dijon, Grenoble, Lille, Lyons, Montpellier, Nancy, Poitiers, Rennes, Toulouse, Algiers)区设学长和大学区评议会。大学区评议会，也是代表的团体，学长为委员长，以(1)本区督学、(2)本区大学各学院院长、(3)大学各科教授每科公选代表1人、(4)中学教员公选代表6人、(5)国立中学校长1人、(6)公立中学校长1人、(7)省政务委员2人组织之。我国在民国十六年(1927)，中央设中华民国大学院，江苏、浙江、河北三省试行**大学区制**，就是仿照这个行政制度的。

三、法国的学制

<small>双轨的学制</small>　　法国学制也是双轨式。小学中学是平行的，而不是衔接的。平民和中上级社会的子弟分途就学。其制如下：

（一）**初级小学**(Ecole Primaire)六年毕业(6岁到12岁)，毕业后，可入三年或四年期的**高级小学**(Ecole Primaire Superieure)，或相当年限的职业学校(Ecole Practique)，或小学附设的一年期补习科(Cours Complementaires)。

（二）**中学**分国立中学(Lycee)和地方公立中学(College)。七年毕业，年龄是 10 岁到 17 岁。10 岁前，可入中学附设的四年期预科。在理论上，平民子弟入小学四年后(10 岁)可以转入中学，但是实际上，除去考得官费以外，是没有转学的机会的。国立中学和公立中学都是为升入大学的预备，惟前者的师资和程度尤严。中学前 4 年为第一圆周，课程分文理二组。后 3 年为第二圆周，中间又分前 2 年为一段，课程有(甲)希腊拉丁语、(乙)拉丁现代语、(丙)拉丁理科、(丁)现代语理科四组，最后一年为一段，课程分哲学和数学二组。

问题

一、拿破仑在法国教育制度上有什么永久的影响？

二、法国初等教育制度完成于何时？强迫的法律颁定于何时？

三、何谓"大学区制"？在法国其起源和变迁是怎样的？

四、法国的小学儿童是什么年龄？强迫教育怎样规定？

五、中学分几种？有什么不同？

第十二章
英国的教育

一、自由制

<small>国家教育演进迟缓的原因</small>

英国的教育和德法不同了。数百年来,它只是迂缓地、和平地演化,没有急剧的变革。直到19世纪之末,国家的教育制度还没有怎样整齐划一。所以这样,有几个原因:

(一)英人认教育是家庭和教会的事,国家不负什么责任。贵族们的子弟,幼而学,长而仕,有家庭管理着,感觉不到公家教育的需要。平民教育则由教会或慈善团体担任,也和国家像没关系似的。

(二)英国施行民治最早,没有开明的专制君主发号施令,统一行政。凡有兴革,都要等到代表舆论的国会辩论了而后决定。可是上议院历来是守旧的,他们以"愚民保教"为目的。

(三)最初政府所给教育补助金是分配于两大私人教育团体的。私人教育家有了特权,反对公家教育的统一。

<small>慈善学校</small>

所以在18世纪,英国的**初等教育全是"自由制"**(Voluntary System),政府是不过问的。最初各地设慈善学校(Charity School),继而有"日曜学校"(Sunday School)[1],为一位印刷工

---

[1] 即"星期日学校"或"主日学校"。——编校者

人雷克斯(Raikes)[1]所创办。还有一位鞋工庞兹(John Pounds),设立一所"褴褛学校"(Ragged School)[2]。这些都是个人发了大愿,凭着毅力去经营的。到后来私人自由设学的风气渐渐推到全国,才有组织团体、筹集经费的大规模的运动。

二、经济学者的教育论

但18世纪英国经济学者如亚当·斯密(Adam Smith, 1723—1790)、马尔萨斯(Malthus, 1766—1834)等,也已倡国家教育论了。斯密氏著《原富》(Wealth of Nation)[3],他以为从工业革命上看,分工日繁,工人的技能日简,他们自少至老在机器下做奴隶。如果不增高他们的知识,鼓舞他们的精神,那末,"内之则瘵其心德之勇,以即戎御侮之事为抵冒艰险而可憎;外之则梏其筋力之强,以出作入息为安,无发强刚毅之有执。"[4](见严复译:《原富》)所以平民教育的普及,更加急要。从平民政治上看,他也反对当时政家"愚民"的手段,他说:"被教有道之民,常乐循理而好洁清,人人自好,重其上而亦为其上所重。善政之行也如流水,不崇朝而治已成,即有朋党相阿,与上为忤,彼民亦有以辨其是非之真,审其公私之实,而奸民无由煽。故自由之国如吾英者,政府之不倾,视国民之共喻其法意。则求民智之日开,而毋以轻心瞆言论政者,固吾国家最切之事也。"[5] **马尔萨斯**著《人口论》(Essay on Population),说食物的增加成数学的比例,而人口的增加却为几何的比例。人口自然

亚当·斯密

马尔萨斯

---

[1] 雷克斯实为印刷商兼杂志主编。——编校者
[2] 即"乞儿学校"。——编校者
[3] 全名为《国民财富的性质和原因的研究》。——编校者
[4] 亚当·斯密著,严复译:《原富》,商务印书馆1929年版,第27—28页。——编校者
[5] 亚当·斯密著,严复译:《原富》,第37页。——编校者

的限制是贫穷、罪恶和饥荒。所以慈善事业是无补的。与其把许多钱拿去救死恤贫，倒不如把这钱去推广教育。

三、19 世纪初的慈善教育

十九世纪初，**贝尔**(Bell，1753—1832)和**兰格斯特**(Lancaster，1778—1838)同创**教生制**(Monitorial Instruction)[1]。将学生 10 人分成一组，而选择其中一个最聪颖的做教生。在开始授课的时候，教师先教教生，然后教生再去分别教各组学生，这样一个教师，在一个讲堂，可同时教三四百人，比了旧时的个别教学，省时省费。估计每一学生每年仅需 4 先令半的费用，这在教育上是一大经济。一时教生制便大大地盛行起来。但贝尔和兰格斯特二人所属教会的派别不同。贝氏是国教派，国教中坚份子都拥护他，组织国教平民教育促进会(National Society for Promoting Education of the Poor in the Principles of the Established Church)，一月之间，筹款至 15,000 镑。各地多设分会，创师范学校，训练师资，竭力推广。兰氏方法为自由派所采取，设英国内外学校会(British and Foreign Society)以扩充其事业，这便是当时的**两大教育团体**。

> 贝尔
>
> 兰卡斯特
>
> 欧文

此外还有**欧文**(Owen，1771—1858)，本是苏格兰纱厂厂主，但他又是社会主义的创始者，很热心于劳工幸福的增进。**他始创幼稚学校**，收 3 岁以上的儿童。上述两大教育团体，也取他的方法，而在学校里添设幼稚班。

四、1883 年后的国会和教育

> 重要的教育法案

1883 年，国会通过一法案，每年拨给补助金 20,000 镑，为

---

[1] 即导生制。——编校者

添建小学校舍之用,分配给上述两大教育团体。

1870年,格拉德斯通(Gladstone)为首相,又在国会通过一法案,虽承认私立学校的存在,而同时分全国为若干学区(School Districts),每区由地方选举教育董事会(School Board),有征收教育税和开设小学之权。其所设学校,称公立学校(Board School)。私立学校要改公立的,得董事会的通过,可以移转。

强迫教育法令,颁布于1880年,其初以11岁为免除就学义务年龄,1899年改为12岁,小学一律不收费。

中等教育的受政府管辖始于1894年的勃拉斯委员会(Bryce Commission)。委员会报告,主张把地方的税收来增设地方公立中学,受中央的监督;又拟在中央设教育部(Board of Education),以内阁阁员为部长,统一全国教育行政。教育部于1889年设立。

国家教育制度,到1902年才完成。那年通过贝尔福教育法案(Balfour Act),将小学,中学,私立公立各校,统一管理。私立学校也得分享地方教育的税款;扩充教育税,采取"以国家的财力教育国家的子弟"(The Wealth of the State must educate the Children of the State)的原则,教育补助金,增加到每年800万镑。

<small>国家教育制度的完成</small>

五、英国的学制

英国的学制,最不整齐。实际上也是双轨式。平民所入的小学和中上阶级所入的中学,是平行的,而不是衔接的。两系的学校如下:

<small>双轨的学制</small>

(一)**小学**(Elementary Schools)七年毕业,年龄是7岁到14

岁。3岁到4岁的儿童,可入幼稚学校。小学毕业后,可以入相当年期的**高级小学**(Higher Elementary Schools)或职业学校。小学生中特别聪颖的,在12岁前,可考得官费,转入中学肄业。

（二）**中学**(Public or Grammar Schools)六年毕业,年龄是10岁到18岁。未入中学前,在家庭或入私塾准备;9岁以上,则可入中学预科。中学毕业生升入大学。

问题

一、英国国家教育制度为什么完成得那样迟缓？

二、19世纪初,英国私人教育有什么有力的组织？

三、英国强迫教育令颁布于何时？

四、英国教育行政的系统在什么时候才确立？

五、略述英国的学制。

第十三章
美国的教育

一、独立战争后教育的衰萎

北美13州殖民地在英国统治下,本来有英国教会和慈善团体自由设立的教育机关。到了独立战争以后,旧有的事业都被战争的狂飙摧毁了;在战神驰骋的地方更是师生流散,学舍倾圮。政治领袖们,奔走着呼号着:"制宪,统一!"也听不到教育的呐喊。所以自1776年到18世纪末,美国教育是很衰萎的了。

战争的影响

二、19世纪中的萌动

1810至1830年之间,美国教育的新芽才从瓦砾灰烬中萌发出来。这萌发的原因也很多:(1)国内起了一种新教育运动,如日曜学校、兰格斯特教生制、幼稚学校,渐渐引起了大众的注意和兴趣。(2)工业革命后,市场兴起,人口逐渐集中,渐渐感觉到公共教育的需要。(3)宪政进步,选举权普及,一般人民有教育的要求。(4)阶级自觉,劳动者不甘受慈善家所施的贫民教育,而起来要求"以国家的财力教育国家的子弟"。19世

萌动的原因

纪中教育的演进可以分下列六点来说：

（一）教育税法的制定

本来各州的学校经费多出于政府拨给的地产、地方税、特许营业税、银行奖券等。例如康涅狄格州(Connecticut)在1774年以酒税充学校经费；纽约州在1779年发了4次奖券，筹了教育费10万圆。至于中央的拨地产给各州，始于1802年的俄亥俄(Ohio)州，以后有一新州加入合众国，即受中央土地的拨给，作小学经费和州立大学基金。1825年以后，觉得这种杂税的收入，不足发展教育，各州于是有直接征收教育税的运动。威斯康星(Wisconsin)州1845年的《州宪法》规定地方受州政府的教育补助金的，应自征教育税，税额相当于州政府补助金的一半。从此**地方直接征收教育税**成为定制了。

（二）慈善教育的变革

贫民小学的观念起于阶级的社会，与平民精神本不相容。一个国家有教育国民的义务，无所谓慈善；而身受这种慈善教育的实惠的人，自己也不甘自侪于贫民之列。改变慈善教育的办法，一面就是施行教育直接税，一面规定**小学一律免费**。起初各州多有行就学捐(Rate-bills)的，凡有子女就学的家庭，按着子女的人数，纳捐以偿学费。自1834年宾夕法尼亚(Pennsylvania)州废就学捐以后，各州相继废止，小学校一律不征收学费。

（三）行政的集中

州政府对于地方学校的视察指导，始于1812年纽约州的设州教育局长(State Superintendent of Common Schools)。马萨诸塞州(Massachusetts)于1837年设州教育局(State Board of Education)，贺拉斯·曼(Horace Mann)便是第一任局长。罗得岛(Rhode Island)也于二年后设同样的机关，以亨利·巴纳德

(Henry Barnard)为局长。从此**各州教育行政,都有系统的组织**了。

(四) 教会学校的废除

最初教育,多由教会管理,政府的补助金,教会学校也得分享。从公家教育的系统完成后,教育才确定为国家的职掌。同时,信仰自由的原则既为一般人所公认,那末,学校也不应限于某派教义的宣传。贺拉斯·曼在麻州教育局长任内,很坚决地抱这种主张。所以当时有"公立学校是无神学校"的谤语。但氏绝不为所动,他奋斗的结果,终于使麻州在 1866 年通过一宪法修正案,凡地方教育税,专为地方公共学校之用,宗教团体绝对不得分润。从此各州多有这种限制,**宗教教育,自是衰微**了。

> 教会学校的废除

(五) 公立中学的推广

19 世纪中年,各州的小学已经普及了。小学毕业生升学的,可入私立的"阿卡特米",但是公立的免费的中学还很少。最早的公立中学创设在麻州的波士顿,称 English High School (1821)。不久麻州颁布法律,凡人口 500 家的城市,设公立中学一所。纽约州为了州长克林顿(Dewitt Clinton)的热心,也先各州而有公立中学的创设。到了 19 世纪后半叶,各州就遍设公立中学(High School)了。

> 州立中学的推广

三、教育运动的领袖

这教育运动中的领导者是谁呢?我们至少要知道卡特、贺拉斯·曼和巴纳德三氏。

卡特(J. G. Carter, 1795—1849)是一个实际的教师,生平对于师范教育,鼓吹尤力,所以有人称他为"师范学校之父" (Father of the Normal Schools)。他自当选为麻州议院议员后,

> 卡特

更努力于教育法律的创订:凡地方教育委员会的设立、每人口 500 家应设一公立中学的规定,都是氏所提的法案。他最大的成功,是 1837 年州教育局(State Board of Education)法案的通过,州教育行政的统一自此始。

贺拉斯·曼 贺拉斯·曼(Horace Mann, 1795—1859)自从麻州教育局,经议院剧烈辩论而产生后,一般人都以为卡特氏要任局长了。可是大家更推重议长贺拉斯·曼氏。氏感于公义,也就放弃了他的法律业务,而献身于教育。麻州教育,从此为全美各州之冠。氏为人忠诚而有果断,识见远大。他每年周历各地,作教育的宣传;主编麻州《教育杂志》,每年终发表常年报告书,成为当时教育思想和方法的宝库。氏鼓吹教育机会的普及,注重青年品性的陶冶、生活效率的增进,而不徒取文雅博古。关于学校物质的设备,如建筑、采光、换气、校具等,都很潜心研究。课程重实用,方法主合于科学原则。广设师范学校,造就师资。他做了 12 年的教育局长,教育经费超过以前一倍;教师薪俸提高到 62%;增设公立中学 50 所;图书馆、教师讲习会等的研究团体,逐年都有扩充。至于精神上的感化、学说思想上的诱发、无形中的伟业,更难计算。

巴纳德 巴纳德(Henry Barnard, 1811—1900)是一位学问家。少年时游历欧洲,关于各国教育制度和学说研究得很精切,曾一任康涅狄格州教育局长。他的贡献在于言论和著作。他曾想联合教育界创办全国教育学报,可是帮助他的人很少。于是在 1855 年独立经营一杂志,名 *American Journal of Education*,继续出版,历三十年之久,成书 31 巨册,专刊 52 种,斥家资五万余圆,这种宏愿,真值得敬佩。1867 年任**美国中央教育局第一任局长**(United States Commissioner of Education),搜辑关于行政、管理、教学、教育经费、教育法律、校舍建筑、设备,各种资料,分类编成专刊。直到现在,中央教育局还是编纂这种材料和统计的中心。

四、美国的学制

美国学制是单轨的。小学(Elementary School)八年毕业,年龄 6 岁到 14 岁,这是强迫教育。中学(High School)四年毕业,年龄 14 岁到 18 岁。(近年改八四制为六三三制,见第二十一章)

单轨的学制

问题

一、英国式的慈善教育,为什么在美国不能存在?贫寒儿童就学问题,在美国怎样解决?

二、各州教育行政机关,怎样地创始?这运动中的领导人物是谁?

三、美国中央教育局是什么机关?最早任局长的是谁?他的贡献是什么?

四、美国的学制和欧洲各国的学制,有什么不同之点?

第十四章
日本的教育

一、维新以前

日本文化传自我国 　日本神武天皇的开国,距今约二千五百年(前660),直到现在,还戴着"万世一系"的皇室。日本的文物制度,本传自我国。它在我国魏晋以前,文化上没有什么可记。晋武帝末年(285),朝鲜人王仁到日本献《论语》十卷、《千字文》一卷,日本从此有了文字和儒学。以后时常遣使到朝鲜求百工技艺。梁元帝时(553)佛教始传入日本。隋炀帝大业三年(607),日本遣使者小野妹子来聘,并同着高向玄理僧旻来留学。学成归国,授博士,襄赞朝政。唐太宗贞观四年(630),又遣犬上御田锹、药师惠日来聘,自后来华留学的更多,传习儒学的,有粟田真人和创片假名的吉备真备;研求佛典的,有僧人道昭最澄和创平假名的空海等。那时日本的政教也便袭了唐代制度的模型。

古代教育 　文武天皇时,布《大宝法令》,其学校有大学和国学:大学教王公子孙和史官弟子,设在京师;国学教郡司的子弟,各国设一所。那时京师也有私学,如弘文院、文章院等,可是平民却没有教育可言。日本民族,勇武刚健,对于忠孝的道德观念把持得很强固。从我国输入的文化,**儒学**则以孝弟忠信为本,这深契他们民族的精神。而**禅学**不立文字,直指本心,也正合他们所谓"武士道"的修养。

江户幕府时代(1603—1867),将军德川氏崇儒学。讲学之儒,有藤原惺窝、林罗山等。林氏世传家学,建学寮曰弘文馆,后改为官立,称**昌平坂学问所**,设大成殿,祭孔子。后来又遵明代朱舜水的规模,大修黉宫,分经科、汉土史科、本朝史科、刑政科、诗文科五部。其间出了许多儒学者:宗朱子之学的有木下顺庵、室鸠巢等;治王阳明之学的有中江藤树、熊泽蕃山等;不立宗派的有山鹿素行、伊藤仁斋、荻生徂徕、贝原益轩等。

江户幕府时代的教育

昌平坂学问所而外,有和学讲谈所、**开成所**、医学馆、讲武所等学校。开成所是最早讲习"洋学"的学校。所谓"洋学"以"兰学"为主,就是荷兰的文字和荷兰传入的科学知识。

普通人民的学校,有所谓**寺子屋**,原是一般僧人就山寺开门授徒的地方,课业以习字、读书、礼仪、武艺为主。和中古欧洲的僧侣学校差不多。到了江户幕府时代,凡小学通称寺子屋。幕臣、藩士、神官、僧侣都可以当教师了。

二、明治的初年

明治天皇于1867年践阼,幕府"奉还大政",定都江户,号为东京。维新之初,就改昌平黉为大学,总辖全国学事,这是**仿法国的"大学院"**的。明治四年(1871)**废大学,设文部省**,以大木乔任氏为文部卿,派理事官到欧美考察教育。五年(1872),颁布学制,敕令里说:"自今以后,必令全国之人民,邑无不学之户,家无不学之人。"学制共107章,其重要的规定如下:

明治初年学制

(一)分全国为8大学区,每区设大学校一所。

(二)分1大学区为32中学区,每区设中学校一所;全国共设中学校 256 所。

（三）分 1 中学区为 210 小学区,每区设小学校一所,全国共设小学校 53 760 所。

（四）每大学本部设督学局,置督学,加附属官员佐助之。奉文部省之意向,与地方官协议一切,以督率大学区中的各学校,检查其教则之得失,以及生徒之进否等事。

（五）每中学区置学区取缔 10 名至 12 名,分掌小学校 20 至 30 所,劝导区内人民就学。

（六）小学校分上下二等：下等小学,6 岁至 9 岁；上等小学,10 岁至 13 岁为卒业。

（七）中学校分上下二等：下等中学,14 岁至 16 岁；上等中学,17 岁至 19 岁为卒业。

（八）设师范学校,训练师资,为当今急务。

这个学制,显然地有模仿法国的痕迹。明治五年(1872),就昌平黉旧址设**师范学校**,自后大阪、爱知、广岛、长崎等师范学校相继设立。至于全部计划,在国是初定的时候并没有执行,尤其是 8 个大学的拟议更是没有实现。**东京大学**是合并开成所和医学校而成,还是到明治十年(1877)才设立的。

三、教育令和各级学校令

<u>学制的屡变</u>　明治十二年(1879),以学制过于划一,不合地方情形,就废止了,另颁**《教育令》**,凡小学校设置区域,教科、学费等,只规定大体,余委诸町村的协议,结果仍不很好。十八年(1885),森有礼氏为文部卿,又废《教育令》,更颁布**《大学令》**、**《师范学校令》**、**《中学校令》**、**《小学校令》**和**《学校通则》**。森氏笃守国家主义,学制学风都师德国。因师范学校初创,还没有严格训练,乃

派陆军大佐山川浩氏为东京师范学校校长，以最严重的纪律，锻炼生徒，使具有"顺良、信爱、威重"三德。森氏锐意整顿后的学制，略述如下：

（一）寻常小学校四年，为义务教育。卒业后入高等小学校，二年期卒业的，升入寻常中学校（女生入四年期的高等女学校）。寻常中学校五年卒业，升入高等中学校。高等中学校二年卒业，入大学。

（二）高等小学校，有四年期的，卒业后，只能升入实业或师范学校，不得升入中学。

（三）小学校市町村设立，寻常中学校府或县设立，高等中学校国立。

到明治二十七年（1894），又颁《高等学校令》，高等中学校改称高等学校（寻常中学校直称中学校），修业期三年。三十七年（1904），改颁《小学校令》，寻常小学改为六年，义务教育展长二年，卒业后，入中学校或高等小学校。高等小学校，就专为不升学者而设了。

四、教育敕语

明治二十三年（1890），芳川显正氏为文部卿，拜天皇《教育敕语》之赐，令各学校誊写副本，奉为准则。日本至今循守着的国粹主义的教育方针，就这样确定了。《敕语》里略说：

国粹主义的教育方针

> "朕惟我皇祖皇宗，肇国宏远，树德深厚；我国民克忠克孝，亿兆一心，世济厥美；此我国体之精华，而教育之渊源，亦在于此。汝臣民孝于父母，友于兄弟，夫妇主和，朋友有信，恭俭持己，博爱及众。进德修

业,以启发智能,成就德器。进而广公益,开世务;常重国宪,遵国法。一旦有缓急,则义勇奉公,以扶翼天壤无穷之皇运。是不独为朕忠良之臣民,亦足以显彰尔祖先之遗风……"

五、日本的学制

19世纪末的学制　　学制的沿革,已如前述。为求明了计,我们再将日本在19世纪末所行的学制说一说。

寻常小学校,六年卒业,年龄6岁至12岁,这是国民的义务教育。生徒修了寻常小学校后,分途就学如下:

(一) **高等小学校**(二年或三年期),或相当年期的乙种实业学校。高等小学校卒业后,得升入甲种实业或师范学校。

(二) **中学校**,五年卒业。(女生只得入四年期的高等女学校)中学校卒业后,得(1)升入高等学校,修业三年而入大学;或(2)入高等实业或师范学校。

和欧美学制的比较　　照这个制度,寻常小学和中学衔接,看似和美国的单轨制相类,而与德、法、英不同。但寻常小学卒业后,高等小学和中学的分途平行,却又是与法、英相像的了。

问题

一、试举日本文化传自我国的几项事实。

二、幕府时代的教育是怎样的?

三、日本初期学制模仿何国? 教育精神效法何国?

四、明治的教育方针是什么?

五、略述日本在19世纪末的学制。

第十五章
卢梭与其他自然主义者

我们以前历叙西洋的教育思想,到第七章夸美纽斯和洛克便停住了。在上面五章里,我们概括说明18、19两世纪中,几个国家教育制度的完成,虽也附带地提到他们教育领袖的主张,但不外乎国家主义教育的政策而已。至于这二百年来,教育者在理论和方法上的各种新试探,新发见,却没有叙述,这是本章和以下五章的专责了。

一国教育和政治的互相映照,互相策应,前几章已很够发明。近世教育解放运动的前锋——卢梭,也便是政治革命运动中的一个健将。我们就从卢梭说起。

一、卢梭

卢梭(Rousseau, 1712—1778)生在瑞士的日内瓦。他是很小便失去了慈母的,父亲是一位造钟表的工匠,很落拓不羁,所以他小时寄养在叔父家。他早慧而富于感情,喜欢阅读小说。曾学做律师的书记生,也曾学做雕刻师,却都为了行为失检被斥了。16岁,他开始走着漂泊的征途,到僧院去乞食。后来不知是什么因缘得了华伦夫人(Madamede Warens)的垂青,资助他学习文学和音乐。

卢梭传略

在她那里寄食10年,终于为了行为的不检又被斥了。36岁,他漂泊到巴黎,抄乐谱自给。1749年,他应第戎(Dijon)学院的征文,得了奖金,一鸣惊人,他的天才,始为当时的文家豪族所认识。后著一本小说名 *Nouvelle Heloise*,写他浪漫的情恋。1762年他的**《民约论》**(*Contract Social*)[1]和**《爱弥儿》**(*Emile*)[2]同时出版,名望大著。可是醉梦的巴黎,从此不是他的托足之地了。他先避地于普,后又以英大哲休谟(Hume)的援助,寄居于英。作**《忏悔录》**(*Confessions*),晚年的境遇很苦,常常忧虑敌人来杀害他。1778年死于巴黎的近郊,有人说他是自杀的。

自然主义　《民约论》劈头便说:"人是天生自由的,现在却处处都在锁练中。"[3]《爱弥儿》劈头说:"从自然的手中来的一切,都是善的;落到人手中的一切,却没有不是恶。"[4]他在政治上,在教育上,一律地反抗那个时代的社会。他的主张,只是"返于自然"(Back to Nature),所以人称他为自然主义者(Naturalist)。

卢　梭

---

[1] 今译《社会契约论》(*Du contrat social, principes de droit politique*),于1762年出版,后译为英文 *Of the Social Contract, Principles of Political Law*。——编校者
[2] 《爱弥儿;或论教育》(*Emile, or on Education*)简称《爱弥儿》,1762年首版于荷兰阿姆斯特丹,随即版于巴黎。——编校者
[3] 据早期《民约论》的几个译本来看(中江笃介译:《民约译解》,上海同文书局刻印1898年版;杨廷栋译:《路索民约论》,上海文明书局1902年版;马君武译:《足本卢骚民约论》,中华书局1918年版),此处疑为作者从英文迻译。今译可参见何兆武译:《社会契约论》,商务印书馆1982年版,第8页。——编校者
[4] 据早期由魏肇基译《爱弥儿》(商务印书馆1923年版)来看,此处疑为作者从英文迻译。今译可参见卢梭著,李平沤译:《爱弥儿》(上卷),商务印书馆1978年版,第5页。——编校者

卢梭到底不是教育者。在他浮浪的生活中，他只凭着他的灵敏的想象，曼妙的文辞，尽量地抒写他对于时代和社会的怨愤，对于"自然"的爱好，对于平民的深厚的热情。但他那《爱弥儿》一本小说，竟成了后来教育学说的"金科玉律"！

《爱弥儿》描写一个理想的儿童所受的理想的教育。依着年龄阶段，共分为五篇。（一）**1 岁到 5 岁**的教育，应该是消极的。只顺着本能自然的发展，而不使受社会的影响。方法重游戏和体育；狭窄的衣服，户内的生活，是要不得的。应该竭力去接近自然，多度乡野的生活。卢梭说："人们的作恶，便是为了体弱；若是身体强了，自会进于善了。"[1]因此体格的训练在这时期最为重要。（二）**5 岁到 12 岁**的教育，注重手足感官的训练；学习游泳、跳跃、忍耐寒暑，以权度、计算、测量、图画等自然活动养成感官的敏确。随他的自然兴趣，不可加以干涉。文字和书籍勿用。德育方面，只靠自然的惩罚，不加什么教训。（三）**12 岁到 15 岁**，因儿童的好奇性，施行智育，使注意自然现象，引起求知的欲望，让他自动地探求、发明和推考；受地理、博物、图画等实物教授，或流览山水，游玩森林，观察星辰，识别花草，事事须求实验，不用文字符号。所读的书，只有《鲁滨逊漂流记》。在这时期，应学习手工职业。因受了自然惩罚，渐能养成节制、忍耐、镇定、勇敢许多德性。（四）**15 岁到 20 岁**，爱弥儿的身体强壮了，感官灵敏了，情欲也开始萌动了。这时期应当施行感情和道德的教育；使他由爱己而爱人，了解人群的关系。凡青年易犯的欺诈科虚悖等恶德，一方使他由自己经验，知道其恶果；一方也把历史上的先例诏示他。"凡可以从经验

爱弥儿

---

[1] 据早期由魏肇基译《爱弥儿》（商务印书馆 1923 年版）来看，此处疑为作者从英文迻译。今译可参见卢梭著，李平沤译：《爱弥儿》（上卷），第 25 页。——编校者

中得到的,不要到书本中去求。"[1]因为青年判断力不强,切不可以用宗教来束缚他自由的思想。(五)**女子教育**,以爱弥儿的妻索菲(Sophie)的教育为例。对她的训练,重体格、手工、家事;以音乐、舞蹈来培养她的美感;以宗教的信仰,来规范她的行为;以柔顺娴淑为她德性的标准。至于哲学、科学在卢梭看来,不是女子所需要的。

教育原则　　帕克氏(Parker)归纳《爱弥儿》书中所含教育的原理为六点:

(一)**儿童生长的程序**　旧时教育,视儿童为成人的缩影,用成人的方法来教育儿童。卢梭却具灼见,视儿童的生长为一个历程;一切教材教法,应当适应他各时期身心长育的程度。

(二)**体力活动的重要**　幼稚教育,以发展体格、训练肢体感官为主。这是后来裴斯泰洛齐、福禄培尔所依据的。

(三)**感觉的训练**　卢梭排斥书本,特重直观,在这点上,裴斯泰洛齐和杜威都受他的影响。

(四)**思想的发展**　旧时学习,偏重记忆。卢梭却独重自动的探求和思考。

(五)**自然现象的观察**　卢梭主张实物教授,而力避文字符号的学习。凡简单的物理、天文、地理、几何等,都从环境中用实物来教学。

(六)**兴趣做学习的动机**　卢梭以儿童好奇性做学习的出发点。非儿童感着兴趣而认为有价值的,不要勉强去学。

卢梭学说的分析　　孟禄氏(Monroe)说卢梭的**"返于自然"**含有三重意义:(一)社会的——卢梭愤恨当时社会的虚伪变诈,一切文物、制度都成了罪恶的源泉,非荡涤净尽,另辟一单纯朴质的生活,则

---

[1] 参见卢梭著,李平沤译:《爱弥儿》(上卷),第354页。——编校者

理想的社会不能实现。(二)心理的——教育要顺着儿童固有的本能和材性,也要依据他的自然成长的程序。(三)物质的——教育要多和自然界接触,利用儿童的好奇性去从事自然现象和势力的研究。这三重意义,在卢梭的思想里是具备而混淆的。到19世纪的四大教育者,发挥其心理的意义的有裴斯泰洛齐、赫尔巴特、福禄培尔,发挥其物质的意义的有斯宾塞。(有人称前者为心理的教育学派,后者为科学的教育学派。)他们的教育学说,待下面几章里,依次叙述。

二、泛爱派的教育者

《爱弥儿》在卢梭只是一种幻想,或可说是一种预言。但感动了许多教育者的热情,刺激了他们的深思,引起了他们的努力,直接实行他的学说的有德国的巴泽多、萨尔兹曼、罗霍等泛爱派教育者。

  巴泽多(Basedow, 1723—1790)受卢梭的影响,著《小学教本》(*Elementer Werk*)和《方法论》(*Methodenbuch*)二书;又募款设泛爱学校(Philanthropinum),凡贫苦的儿童每天读书2时,工作6时,富家的儿童,作业恰相反,教各种手工、科学,注重体育和游戏。各科教学,都用谈话、图画、游戏、表演等方法,以引起学习的兴趣。一时德国遍设泛爱学校,成了一种运动。 〔巴泽多〕

  萨尔兹曼(Salzmann, 1744—1811)原是巴泽多的助手。后来他在乡村自设泛爱学校:有山谷川原的自然环境,教农艺饲畜,注重体育游艺,以实物教学各种自然现象,都依着巴泽多的方法。 〔萨尔兹曼〕

  罗霍(Von Rochow, 1734—1805)用巴泽多和萨尔兹曼的方法,专致力农民的教育。他于农民因灾歉、疾疫而得的苦痛, 〔罗霍〕

知道得很详细。而探究其原因,在于农人知识技能的缺乏。所以他很悲悯地经营一所农村小学,实施自然教学法。曾贯串农艺、家事和公民的知识,编《儿童故事》多种。教育是改善生活,增进幸福的工具,这一点以前没有人比泛爱派再感觉得更真切的。

问题

一、《爱弥儿》的内容是怎样?

二、卢梭的思想包含哪几项重要的教育原则?

三、分析"返于自然"的三意义。

四、19世纪四大教育家(见下列四章),有的把他们分作两大派,有什么根据?你看妥当吗?

五、略述德国泛爱学校的运动。

第十六章
裴斯泰洛齐

一、传略

裴斯泰洛齐(Pestalozzi,1746—1827)是瑞士的苏黎世(Zurich)人,少时入学习神学,为了不喜宣讲,改学法律,又因病而辍业。他从小是多病多感的人,偶然读着卢梭的《爱弥儿》,大受感动,遂有志于农业和教育,购荒地命名为新野(Neuhof)[1],半耕半读,度着隐者的生活。用卢梭的方法,自教其子,作《父之日记》(A Father's Journal)。他看乡里失学的儿童很多,于是募金设了一所**贫儿学校**,课程包括手工(纺纱、农艺)和读、写、算等科,儿童五十余人,教养兼施。他本没有经营农事的才干和经验,不久他的农场和学校都惨败了。1781年,他在穷困中,开始文字的著述,初成《隐者夕话》(The Evening Hours of a Hermit)[2];又作小说,名**《雷那与葛尔特》**(Leonard and Gertrude)[3],书中描写葛笃德的感化其夫和教育其子女,至于一乡的人,都受她的影响;隐隐表现他以教育改

---

[1] 即新庄。——编校者
[2] 今译《隐士的黄昏》。——编校者
[3] 今译《林哈德与葛笃德》。——编校者

进社会的思想。又著**《葛尔特教子记》**(*How Gertrude Teaches Her Children*)[1]。1799年斯坦兹(Stanz)遭兵燹,灾民遍地,氏得了政府的补助,就寺院设一孤儿院,招了八十个孤儿。原想照新野学校的办法,注重劳作,兼及读书,无奈手工既没有设备,读书也没有课本,困难重要。氏的直观和口语教学法,也就从这里因事实上的必要而更加锻炼成功。氏夙夜忠勤,儿童都为他所感动。可惜6个月后,法国的军旗又招展到斯坦兹来了。孤儿院突然停顿,氏只得和那班孤儿挥泪而别了。氏于小学教育上最好的成绩是后来在**布格多夫**(Burgdorf)所得到的。他那时已是五十岁以上的人了,但到底奋斗不懈,在布格多夫五年,设立了小学校和师范学校,成熟了语文、数学、地理、自然等科的直观教学技术,训练了许多从外国派来留学的教师。

裴斯泰洛齐

---

[1] 今译《葛笃德如何教育她的子女》。——编校者

1805 年以后,任**伊弗东**(Yverdun)学校校长,继续布格多夫的试验,凡二十年。晚年归新野,82 岁逝世。

二、氏的学说

（一）教育的目的

1. **教育是儿童发展的过程**　氏曾说:"教育是人类一切知能和才性的自然的、循序的、和谐的发展。"[1]他受了卢梭自然主义的影响,本儿童固有的知能,培养自发的活动。所以他认教育便是儿童发展的过程。　　　　　　　　　　　儿童发展

2. **教育是社会改进的工具**　氏慨念当时瑞士农村的贫穷堕落和一般农人的失学,想施行劳作教育和知识教育,谋根本的救疗。他的眼光常注射在社会的改进上。　　　　社会改进

（二）教育的方法

1. **直观法**　氏推绎卢梭感觉训练和自然观察的方法,名其教学法曰 Anschaungsunterricht,译为直观教学法。就是要儿童从经验中实物的观察,得到清楚的知识,同时也得到口语的训练。不像普通学校的生徒,单凭书本上得着一些模糊的观念,或竟是毫无意义的文字符号。这是**从具体到抽象的原则**。　　直观法

2. **归纳法**　他的教材编制采"归纳法"。就是将各科的知识分析为简单的原素,排列组织,由浅入深,由简入繁,循序地引起儿童的兴趣和理解,再逐步加以反复练习,使所得知识,把住得更坚牢。这是**从简单到复杂的原则**。　　　　归纳法

3. **慈爱精神**　氏的学校,无论在教学、训导或养护上,都贯澈了慈爱的精神,这是和当时的小学校最不同的。他自己描摹　　慈爱

---

[1] 裴斯泰洛齐:《葛笃德如何教育她的子女》。参见夏之莲等译:《裴斯泰洛齐教育论著选》,人民教育出版社 1992 年版,第 29 页。——编校者

他在斯坦兹孤儿学校的生活,说:"我和儿童们,饮食与共,起卧与俱,生活上几乎没有须臾的相离……他们康健,是我的欢愉;他们疾病,是我的愁苦。我在他们中间伏卧着,朝起必较早,夜寝必较迟。在他们熟睡以前,我给他们虔心的祈祷。"[1] 具有这样的慈爱,真不愧称为"孤儿之父"了。

职业教育

4. 乡村职业教育 裴氏早年有志于农业教育和农村改进,可是从新野学校失败以后,他注全力于小学各科教学法的完成却和师资的训练,再没有机会来重行尝试,终于是"有志而未逮"。幸而他的理想,燃烧着一位实行家——费林别尔格的热情,使他成就了近世乡村职业教育和师范教育上第一桩事业。

三、氏的影响

直观教学和归纳教材,怎样成了初等教育的信条;布格多夫和伊弗东,怎样成了各国教育信徒巡礼的圣迹:这是老人健在时亲见着的了。他死后,他的学说,更发生很广远的影响。就各国分述如下:

费林别尔格的乡村教育事业

瑞士 裴氏的大弟子**克鲁齐**(Kruesi),任 Gais 师范学校校长十余年,最能传裴氏的学说。上述的**费 林 别 尔 格**氏(Fellenberg, 1771—1844),在 1806 至 1844 的 38 年中,经营附近瑞京的好威(Hofwyl)乡村教育事业,所办的好威学校,占地六百英亩,包括农具制造、纺织、印刷等几大工场,农业、工业、文科、实科、师范各个学部。**裴氏职业教育和农村改进的理想,又大部分实现**。而此好威学校更不但为瑞士教育的重心,并也是 19 世纪各国职业和师范教育的模范。

---

[1] 裴斯泰洛齐:《与友人谈斯坦兹经验的信》。参见赵瑞瑛译,陈书、罗炳之校,载张焕庭主编:《西方资产阶级教育论著选》,人民教育出版社 1979 年第 2 版,第 198—199 页。

英国 裴氏方法的传布到英国去,是**梅奥**氏(Mayo, 1792—1846)的力量。梅氏在 1816 年留学伊弗东,兼助理;归国后,与其妹自设学校,实施直观教学法,裴氏的学说,便在英国流行了。

梅奥

美国 裴氏的学生**内夫**(Neef, 1770—1854),在 1806 年应聘赴美,设学校于费城,以后又到西部各州推行其教学法。巴纳德氏(Barnard 见第十三章)主撰《美国教育杂志》,对于裴氏学说,更竭力介绍。其大规模的试验是 1860 年的奥斯威戈运动(Oswego Movement)。那时**谢尔登**(Sheldon, 1823—1897)任奥市教育局长,令全市学校,实施裴氏的教学法,到英国购买裴氏教材教具;又设师范学校,聘克鲁齐的儿子为师范学校校长,宣传推广,不遗余力。

内夫

谢尔登与奥斯威戈运动

德国 但是裴氏最伟大的影响,还在于他的启发了后来德国两大教育者——**赫尔巴特**和**福禄培尔**——的教育思想。待在下面两章里继续叙说。

赫尔巴特
福禄培尔

问题

一、裴斯泰洛齐氏的小学教育与师范训练事业,成功于他一生的什么时候?当时直接发生的影响怎样?

二、分述氏对于教育目的和方法上的贡献。

三、氏最早便有志于乡村改进与职业教育,他成功了没有?

四、什么是好威学校?什么是奥斯威戈运动?

第十七章
赫尔巴特

一、传略

赫尔巴特(Herbart, 1776—1841)是有幸运的家世的；他的父亲是一个学者，母亲也是十分智慧而贤能，所以从小有很好的家庭教育。他喜欢研究数学和哲学；曾入耶拿大学，受当时唯心派的熏陶。1796年到瑞士[1]，为私家教师，才感着教育的兴味。曾游布格多夫，参观裴氏教育法，大为叹服。回德后，受格廷根(Göttingen)大学博士学位，任助教，著**《教育学》**(*The Science of Education*)[2]。1809年升柯尼斯堡(Konigsberg)大学哲学教授。大哲康德曾在这里主讲座，氏以少年踵其遗轨，很为学术界所羡称。1833年，回格廷根大学，著《教育学大纲》(*Outline of Educational Doctrine*)[3]。此外另有许多哲学的著作。氏在柯尼斯堡时，曾创设**教育学院**(Pedagogical

---

[1] 据李其龙:《赫尔巴特》,赫尔巴特于1797年初接到友人邀请他到瑞士担任家庭教师的信,随后前往。载赵祥麟主编:《外国教育家评传》(第二卷),上海教育出版社2003年版,第36页。
[2] 今译《普通教育学》(*Über die ästhetische darstellung der welt als hauptgeschäft der erziehung*)。——编校者
[3] 今译《教育学讲授纲要》(*Umriss von pädagogischen vorlesungen*)。——编校者

Seminar)[1]和实习小学。教育学术的渐成体系,大学的有教育学科和试验学校,都是从此开始的。

赫尔巴特

二、氏的学说

(一) 教育的基本

1. 伦理的 赫氏以为"**教育全部的目的,是道德。**"而所谓道德,是"**由内心自由的观念,成为永久的实在。**"氏认意志非定命的,也非自由的,不过是经验的积累,一切行为,能遵内心之所确信,而判断其当与不当,使永久表现于行为的,便是道德。陶冶道德的品性,使各个人成为有益人群的分子,便是教育最高的目标。

道德是教育的目的

2. 心理的 氏反对当时的官能心理论(Faculty

类化是心的作用

---

[1] Pedagogical Seminar 实为"教育学研讨班",Seminar 为大学教育的一种组织形式。——编校者

Psychology），以为心的作用是整个的、统一的；不可分析成为观察、推理、记忆等单独的官能。人心本来如同白纸，只有一种顺应环境的作用，而心的发展，便是以心和环境接触时所得的观念为基础。这些观念相互结合，更生概念和判断、推理等许多作用。观念的来源有二：一是经验，是人和自然的接触；一是社交，是人和人群的接触；这些都是从顺应环境得来。所以**心的特征，是类化**（Apperception），那就是说，它所得的观念能相互结合，而**用旧的观念去解释和融化新的观念**。氏既否认心有原始的、与生俱来的能力，而以为它的作用全由于外界接触而得的观念，那末，决定所得观念的教育，其功用愈大，而责任也愈重了。凡品性的涵养，知能的陶冶，几乎全与遗传无关，统由教育和环境支配了。这是赫氏和他的一派学者，特别信仰教育效力的一个原因。

（二）教育的方法

1. **管理**（Government） 管理，指幼童教育法而言。其主要目的，在使儿童常常有事做，免除粗暴的行为，而养成有秩序的活动。其方法，有课业、监护、命令、禁止、惩责、劝导等。重在以适当的威严和慈爱，养成儿童良好的习惯。

2. **教学**（Instruction） 教育的全部目的是道德，而教学的直接目的，尤在于**多方面的兴趣**（Many-Sided interest）。教学的方法，就在运用心理上统觉的原则，以发展多方的兴趣，可分为几个步骤，或**形式的段阶**（Formal Steps）如下：

<small>多方面的兴趣

教学之形式的段阶</small>

（1）**明了**（Clearness）：引起旧观念，作解释新观念的准备。

（2）**联络**（Association）：提示新事实、新观念，使与旧观念联络。

（3）系统（System）：由统觉而新旧观念统合成新的系统。

（4）方法（Method）：从所得的新观念，反复练习，使能自动地应用。

这四个步骤，后来经氏的学生齐勒（Ziller）莱因（Rein）更演为五段，便是"普通教学法"的创始。

3. 训练（Training）　训练和管理是异样的，管理不过藉外力来裁制儿童的行为，训练却要注意内心，以养成其德性。道德教育是靠着适当的训练才得完成的。

三、氏学说的继承者

在**德国**，传布赫氏学说的分为两派：一派是由齐勒领导的，以莱比锡为中心；一派是斯托伊、莱因领导的，以耶拿为中心。

齐勒（Ziller，1817—1882）是赫氏学说的宣传上第一个有功者。他曾为文科中学教师，后任莱比锡大学教师，著作很多，对于赫氏的学说，也很有补充和新的诠释。除教学的段阶在下面说明外，他还有教材中心（Concentration）和文化时期（Culture Epochs）两种理论。赫氏对于教材的排列，向来主张有统一的联络，使学者易于领会而有兴趣。齐勒因而倡中心统合说，以文学和历史为一切教材的中心。赫氏对于教材的选择，又曾主张分期以适合儿童的兴趣。齐勒因而又倡文化时期说，以为儿童的发展，恰恰依着人类进化的顺序。儿童在个人生活中，复现着人类生活的过程。他根据这个原则，编定小学8年的教材——由渔猎、畜牧、农业、家庭工艺而进于机械工业。

齐勒

斯托伊　　　**斯托伊**(Stoy，1815—1885)任耶拿大学教授，主持教育学院。他是实践而谨守赫氏学说的一人，不像齐勒的偏于理论，多所附会。

莱因　　　　**莱因**(Rein，1847—1929)采取了齐勒、斯托伊的教材中心、文化时期诸说，变通而融贯之，完成了五段教学法的形式如下表：

五段教学法

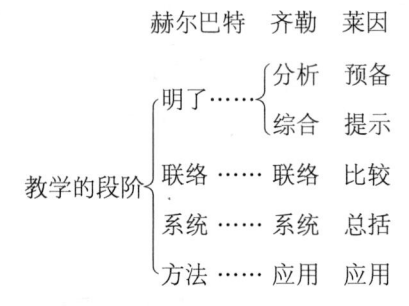

	赫尔巴特	齐勒	莱因
教学的段阶	明了 ｛分析 　　　综合 联络 系统 方法	分析 综合 联络 系统 应用	预备 提示 比较 总括 应用

四、氏的影响

近代教育学的体系，普通教学法的程序，都是赫氏所造成；而五十年来对于教育最有贡献的德、美二国，尤其深受他的影响。他的学说在德国的传播，已如上述。我们再看美国怎样接受他的教育主张。

美国教育研究的运动是以留德受业于莱因的许多学者为领袖的。如**德·加谟**(Charles de Garmo)、**麦克默里**兄弟(Charles A. and Frank M. McMurry)都很努力介绍赫氏的学说。德·加谟所著《方法的要旨》(*The Essentials of Method*)，麦克默里兄弟合著的《教学法》(*Method of Recitation*)，又其兄所著《普通教学法》(*General Method*)，在二十年前，都是很风行的师范教本。美国最重要的教育研究机关是全国教育科学研究会(National Society for the Scientific Study of

Education),在 1892 年初创时原称为全国赫尔巴特学会（National Herbart Society）[1]。会里《议事录》的首三期,全是讨论赫氏的学说,如中心统合、兴趣、类化、道德教育等问题。到了 1895 年才改用现行的名称而发刊《年报》(*Yearbook*)的。

问题

一、赫尔巴特氏对于教育上的贡献是什么？

二、氏的教育学略分几部分,其要点是什么？

三、试说明氏的心理论和教育方法论的一贯。

四、五段教学法是怎样演进的？

五、齐勒对于氏的教育学说有什么补充？

六、美国教育所受氏的影响有什么例证？

---

[1] 1892 年,由莱因的美国弟子和私淑弟子德·加谟、麦克默里兄弟等发起,在美国组建"赫尔巴特学社"（Herbart Club）。1895 年,又仿照耶拿大学成立了"全国赫尔巴特教育科学研究会"（National Herbart Society for the Scientific Study of Education）,简称"全国赫尔巴特学会"（National Herbart Society）。杜威当年也是这个学会的理事。1901 年,全国赫尔巴特教育科学研究会又改名为"全国教育科学研究会"（National Society for the Scientific Study of Education）。1910 年,再改为"全国教育研究学会"（National Society for the Study of Education, NSSE）。参见瞿葆奎编著:《教育学的探究》,人民教育出版社 2004 年版,第 481—482 页。——编校者

第十八章
福禄培尔

一、传略

福禄培尔(Froebel, 1782—1852),幼年受了后母的虐待,没有快乐的家庭,因此他常是在森林旷野中遨游。那森森的树木,峥嵘的怪石,都是他童年的侣伴。他的神秘哲学,实在反映着他儿童时期的生活。曾入耶拿大学,习数学,中途辍业。为了一位友人的相劝,决心研究儿童教育。做法兰克福(Frankfurt)学校的教师,采裴斯泰洛齐的教育法,很精心地探讨了一下。后赴瑞士伊弗东;亲受业于裴氏,并任裴氏的助教,关于儿童游戏、音乐和自然科等,更有深究。不久又入大学,习自然科学,又服了一年兵役。1816年,自己在乡村设了一所学校,招自己的子侄五人施以理想的教育,并著《人的教育》(The Education of Man)一书,但是"曲高和寡",不为当时人所了解,学校不久便停闭了。他又到瑞士,当学校教师,以1827年回德[1],设幼儿学校于勃兰根堡(Blankenburg)的森林中,教养3

---

〔1〕 1829年福禄培尔创办的学校由于被怀疑鼓吹革命,引起政府不满而被迫停办,他本人也逃到瑞士。1834年至1835年,福禄培尔在瑞士布格多夫担任一所孤儿院的院长。1836年返回德国,转向从事入学前幼儿的教育工作。1837年,他在家乡附近的勃兰登堡开办了一所学龄前儿童教育机构,并于1840年将其正式命名为"幼儿园"(Kindergarten)。——编校者

岁到 7 岁的儿童。他历年所制的教材教具始在这里试用。他以为儿童好像正在生长的树木,学校是他们的园地,而教师便是园丁,所以他的学校,称为**幼稚园**(Kindergarten)。那时福氏已有 55 岁了。从此努力于幼稚园的运动,凡十余年,著**《幼稚园教学法》**(*Pedagogics of the Kindergarten*)、《发展的教育》(*Education by Development*)、《母之游戏与儿歌》(*Mother's Play and Nursery Songs*)[1]等。中间又在德累斯顿(Dresden)和利本施泰因(Liebenstein)先后设**幼稚师范学校**(Kindergarten Training School)。1851 年,因他的侄子参与社会党的嫌疑,幼稚园遭政府的封闭。他直到暮年,还很喜欢和村童游戏,而不忘情于幼稚教育。他的墓碑上这样题着:"来！让我们和儿童们一起生活！"

> 幼稚园

二、氏的学说

(一) 教育的原则

福禄培尔受唯心派哲学的影响,以"万有一体"(Unity)为其学说的基本概念。他以为神是一自觉的精神,乃人与自然所从出。所以人的精神和自然界的物是一体,人与自然之于神也是一体。这神秘的一体说,演成他方法上的象征主义(Symbolism),他以为从自然的观察可得到精神的了悟。儿童玩着圆球,可以悟到浑涵的一体;玩着立方体,可以悟到一体的万殊;以此类推,他所制幼稚园的一切恩物大半含有象征作用。关于实际教育的原则,他有最着重的三点:

> 万有一体说

> 象征主义

　　1. **自然的发展**。在万有一体的演化中,教育也占着一个地

> 自然的发展

---

[1] 今译《慈母曲与唱歌游戏集》。——编校者

福禄培尔

位。这教育不过是一种过程，使个人因此可以认识自己所属的一体。个人的发展，本来是自然演化所必然，所以氏同意于卢梭的意见，以为教育"应当是消极的、顺应的；不应为限制的、干涉的。"[1]

动作的表现　　2. **动作的表现**。在这种自然的发展中，儿童的学习不应当限于机械的模拟或仿效，而应当**利用儿童自发的活动**（Self-activity）。由塑型、制物的创造的活动而得的发展，胜于仅靠了文字符号所得的知识。因为要"从行动中学习"——行中求知——所以手工在教育上有很重要的价值。

社会的参加　　3. **社会的参加**。儿童在学校园地中生长发育，学校就是儿童生活的社会，在简单的互助活动中，发生共同的兴趣，担负共同的责任，参加共同的生活，从而学习社会的关系，而得到道德

---

[1] 参见福禄培尔著，孙祖复译：《人的教育》，人民教育出版社1991年版，第6页。——编校者

的训练。这是教育之社会的、道德的意义。

（二）幼稚园的方法

幼稚园教育法,包含上述的三种原则。儿童自发的活动,最早的一种便是游戏。幼稚园的目的,是供给儿童有教育价值的、有组织的游戏。它的活动分三部:(1)唱歌,(2)姿势,(3)制作。由这些活动中,也附带地得到语言文字的运用。实施时,各个活动要尽量联络,如教师讲了故事以后,便叫儿童用口语复讲,再用手势和唱歌表演出来,从各种手工制作表现出来。福氏所用的教材教具,有①《母之游戏与儿歌》,② **恩物** 和 ③ **作业**。《母之游戏与儿歌》,是一本小书,中间有 50 首歌,各附加图画和说明。这些歌,都是唱着简单的游戏,如"捉迷藏";或工艺家事的模仿,如"做木匠"、"做糕饼"之类。恩物和作业则为筋肉活动的材料。凡运用而不改变形式的为恩物,如球体、立方体、圆柱体和各种形式、各种大小的积木等。凡运用而改变形式的为作业,为纸、沙、黏土、木工等。福氏以后,幼稚园的教具都注重他的所谓"作业",因为这些更有自由表现的功用。

> 游戏恩物与作业

三、氏的影响

福氏逝世后,他的朋友别劳男爵夫人(Baroness Von Bulow)尽力宣传幼稚园教育法,遍游各国;于 1867 年组织福禄培尔协会(Froebel Union),设立幼稚师范学校,发刊幼稚园书报。她的努力,推进了欧洲的幼稚园运动。在美国,皮博迪女士(Elizabeth Peabody)于 1860 年始设幼稚园于波士顿,1873 年圣路易市始正式把幼稚园列入小学校的系统,以后各市都仿行了。

> 幼稚园的运动

一般教育的原则

但福氏在教育上的影响,并不以幼稚园为限。除了他的神秘哲学以外,他的**教育原则都为现代小学方法所依据**。即就幼稚园而说,它所注重的游戏与手工的价值也为现代一般教育上所充分承认。游戏和手工,在福氏以前固然已有人倡导过了,但前者常只看作体格的训练,而后者认为职业的必要。至于将游戏和手工当作教育的方法,当作儿童自发活动的表现,这却不能不说是福氏的创见。后来在这个意义上发挥而应用的为美国的**杜威**氏(见第二十章)。

问题

一、列举福禄培尔的重要教育原则。

二、福氏幼稚园的方法大体是怎样?

三、欧美幼稚园发达的经过如何?

四、游戏与手工教学,从前早有人提倡了,为什么可说是福氏的创见?

第十九章
斯宾塞

一、传略

斯宾塞(Herbert Spencer, 1820—1903)，英人，少时体质羸弱，没有受学校教育；13岁，习希腊拉丁文与数学、机械学及建筑工程学；拟入剑桥大学，未果；17岁，执业为土木技师。氏博览群书，丝毫没有荒怠，常常提出政治经济的论文，在报章杂志上发表，曾任《经济杂志》(*The Economist*)的助理编辑。执笔的余暇，更潜心于学问。著**《教育论》**(*Education: Intellectual, Moral, and Physical*)及《综合哲学》(*Synthetic Philosophy*)。所谓综合哲学，其意在应用进化论的原则，推究社会人生的各种问题，自成一个系统。共分《哲学原理》、《生物学原理》、《心理学原理》、《社会学原理》、《伦理学原理》五编。这种巨著的刊行，不是不事生产的斯氏所能胜任，所以他曾去请求政府补助，但没有成功。终于竭毕生心力，惨淡经营，于1896年全部出版。那时他已是76岁的老翁了。

二、氏的学说

氏的教育目的，为**"完美生活的预备"**。其《教育论》首章，《论

教育的目的

斯宾塞

什么是最有价值的知识》。氏以为知识价值的标准即在满足生活的需要。他说:"生活之术为何？实为吾人之最要问题。吾所谓生活之术者,固就其广义言之,非但限于物质已也。于任何情形下,当任何事务,其制行之正法为何？此问题之广大,诚足以包含一切。更分析言之,何以治身,何以处心,何以临事,何以立家,何以尽国民之义务,何以用天然之美利,何以用吾人能力于最有利益之处以使人己交利？要言之,何以为完美之生活？此真吾人所应知,亦教育之所当授予者也。"(据任鸿隽氏译,下同)[1]氏因将人生活动,分做5项,依其重要之序次,为:

<u>人生活动和知识的评价</u>

（一）对于自我**生存**有**直接关系**的活动；

（二）对于自我**生存**有**间接关系**的活动；

---

[1] 参见胡毅、王承绪译:《斯宾塞教育论著选》,人民教育出版社1997年版,第58—59页。——编校者

(三)关于**种族繁殖**的活动;

(四)关于维持**社会**和**政治**关系的活动;

(五)**休闲**时间的利用和满足兴趣的活动。[1]

更照这5项活动而区分知识为5类,依其重要之序次,为:

(一)生理学、卫生、救护;

(二)文字、数学、科学(机械学、物理学、化学、天文学);

(三)生理学、心理学、儿童保育;

(四)历史学、社会学、政治学、伦理学;

(五)音乐、美学、文学。

包含这五类知识而作适当比例的分配,那便是完美生活的准备。这是最显明的"功利主义"的教育观。

氏讥评传统的"人文主义",备极诙诡。他说,向来的教育,只是装饰,而没有实用。这也难怪,人事的进化,本来是装饰先于实用的。"个人处社会之中,常为社会所制,而社会之所须,常足使个人之所须,退处于无权……如何而能上人,如何而使人敬畏,如何而可告无罪于在上者,此实世间普通之争竞,而人生精力之大部分,即消磨此中。封殖之厚,居处之奢,衣服之美,出辞吐气之华贵,凡皆以为屈服他人之具……岂特生番之酋,身施画彩,颅骨累累悬腰间,意以威不如己者;璇闺之女,艳妆曼容,矜才炫能,意在求售而已哉?彼学士史家,哲学大师之用其学问,亦如是则已耳……而吾人教育之性质,则据为准则。

_{功利主义对人文主义的抨击}

---

[1] 参见胡毅、王承绪译:《斯宾塞教育论著选》,人民教育出版社1997年版,第58—59页。——编校者

所求者非最有价值之知识,而为最投人好,最受人敬,最易取高位,最为人尊畏之知识。盖吾人终身所注意者,非成人与否之问题,乃他人对我如何之问题。于是教育所注意者,亦不在知识内具之价值,而在其外界对人之影响。用此观念与言教育之直接效用,是不啻野蛮人之凿齿涅爪,而谓切于实用也!"[1]他讥刺学校中的不注意于儿童保育的知识,说:"吾人试设想数千万年后,人类历史,经巨灾浩劫,无一存者,惟学校课本数册,或大学试验卷数本,偶然落于将来人类之手。彼时赏鉴家玩味之余,必有疑古人读是书者,绝无作人父母之意,为之索解而不得。彼必曰:'是必为彼时独身者之教科。彼辈之所预备者,诚多而精矣,而尤以预备读古国及他国人之书为最著(似此种人,本国语言中,无可读之书也者。)尤可怪者,书中于养子之术,乃略未道及。夫养子之术,为人类责任之最大者,彼辈虽愚谬,不应于此重要之教育,一切放弃之也。意者此其为彼中僧侣之教程乎!'"[2]这样峭刻尖利的批评,对于旧教育是毫不宽容的。

教育的方法　　《教育论》的首章是氏的课程论,而以下三章,分智育、德育、体育,则为氏的方法论。关于**智育**,他提出 **5 个原则**,为:

(一)从简单到复杂;

(二)从具体到抽象;

(三)从经验到理性;

(四)使儿童自己观察,自己推理,养成自动的学习;

(五)使儿童对于学习发生快感。

---

[1][2]　参见胡毅、王承绪译:《斯宾塞教育论著选》,人民教育出版社 1997 年版,第 55—56、71 页。——编校者

这不过推阐裴斯泰洛齐的学说,并没有什么发明。关于**德育**,他主张"自然的惩罚",以为人为的惩罚不能公平。教师激于一时的感情,惩罚每不能适当。如果儿童不了解时,转生反抗而不能服善。不如自然的惩罚,结果随行为而定,无宽严之分,使儿童不得不服从、改正。这也不过复述卢梭的理论而已。关于体育,氏却不采取往时洛克训练主义的专重耐劳习苦,而力言儿童需要适当的营养、衣服、运动、游戏。又教学时间,不宜过长,教材更不宜过艰,以防免儿童身心的疲劳。

三、氏的影响

斯宾塞氏显豁地标出功利主义的教育目的——生活的预备。而依生活的需要,重新估定各科知识的价值,独重科学,于学校课程的改造,有极大的功劳。他对于旧教育的痛击,唤醒了当时人们对于人文主义的迷恋。至于他的方法论,也可以算得是前人学说的很好的综合。

问题

一、斯宾塞氏的教育目的是什么?

二、氏所估定的生活需要和知识,照他的序次,是哪五项?

三、氏对于知识的教学有哪五个原则?

四、略述氏对于人文主义的教育的批评。

第二十章
杜 威

一、传略

杜威(John Dewey, 1859—1952)生于美国佛蒙特州的柏林顿(Burlington, Vermont),肄业于佛蒙特州立大学和约翰·霍普金斯(Johns Hopkins)大学,以1884年在后者受哲学博士学位。先后主讲于密歇根(Micgigan)和明尼苏达(Minnesota)大学,那时他是一个青年的哲学家。1894年,任芝加哥(Chicago)大学哲学与教育学系主任,始创立**试验学校**,以实现他的新教育理想。他在这里研究、实验、著作,历十年。成**《学校与社会》**[1]、《儿童与课程》[2]、《教育上的兴趣与努力》[3]等论文集,风行一时。从1904年直到现在,任哥伦比亚(Columbia)大学哲学教授,著**《思维术》**[4]和**《平民主义与教育》**[5]等书,我国都有译本。氏以1918年到日本和我国讲学,又曾任中华教

---

[1]《学校与社会》(The School and Society)。——编校者
[2]《儿童与课程》(The Children and the Curriculum)。——编校者
[3]《教育上的兴趣与努力》(Interest and Effort in Education)。——编校者
[4] 今译《我们怎样思维》(How We Think),1910年初版时为此名,1933年再版时改名为 How We Think, a Restatement of the Relation of Reflective Thinking to the Education Process。——编校者
[5] 今译《民主主义与教育》(Democracy and Education)。——编校者

育文化基金会董事之一,我国新教育的跃进,氏很有功。关于逻辑和哲学,著书很多,这里不赘。

杜　威

二、氏的学说

(一) 哲学的基本概念

杜威氏在哲学上是一个实验主义者(Pragmatist)。**实验主义**,是**受着科学方法和进化论**的影响而形成的。实验主义者,对于"认识的问题",以为观念或理论都不过是应付环境、解决困难的工具,其正确不正确,就看它有没有这个功用。我们的**思想**,也**发生于实际环境中的困难或问题**。我们是有了困难或问题要解决,才去探求一个有解答可能的假定,才去试验这假定的合不合于事实。经过若干次往复的探求、试验,然后得到一个正确的结论的。思想的历程,永远是这样的探求和试验。

<small>试验的思想观</small>

进化的人生观

实验主义者对于"宇宙和人生的问题",以为宇宙不是静止的、完成的,而是常在绵延的演化、创造之中。人生经验,便是对于环境的不断的适应和控制。**人生的历程是"生长"**(Growth),是经验的不断的改组,而同时它的目的呢,也就是生长。因为生长不应有限制,所以不能于它的历程以外有什么固定的目的。

工业社会与平民主义的背景

这种哲学,还有它的时代的背景,就是**工业社会和平民主义**。思想是解决问题的探求,人生经验是环境的不断的控制,这在工业社会里是最显露的事实。而在那宇宙的绵延演化之中,连人类也从原始物种进化而来,那里还有什么人和物、心和身等二元的阶级。那末,凡寄附于这二元的阶级观念,如治人与被治、劳心和劳力、人文与功利等,也可以一扫而空。这样,进化论与平民主义又不期而起了共鸣。

(二)**教育上的应用**

上面几点说明了,我们就不难了解杜威氏的教育学说。

教育是经验的改组

氏说:"**教育是经验的继续不断的改组,这改组,使经验的意义更加丰富,使主持后来经验的能力更加增加。**"[1]这个历程,只是无限制的生长,不能有预定的目的。教育是现在的生活,不是将来生活的预备(Education is life, not a preparation for living)。

学校是社会生活的雏形

可是教育与生活,不能打成一片,除非我们能**使学校变成社会生活的雏形**(The school should reproduce the typical conditiens of social life.)。在旧时农业社会里,儿童倒能于家庭生活经验中,得到生活的技能和知识;也能从实际工作的参加和互助中,发展他们的品性。但是工业革命以后,都市和家庭

---

[1] 参见赵祥麟、王承绪译:《杜威教育论著选》,华东师范大学出版社1981年版,第159页。——编校者

已失去那样的教育的功能,而一般学校,竟还没有适应这种环境的变迁,而弥补这种缺陷,还只是"读书"、"听讲"的地方,对于社会生活的教训,思想能力和品性的培养,丝毫不去顾到。他的理想的**学校只是像一个家庭**;儿童在那里生活着,便自然地操习技能,探求知识,养成劳动、秩序、分工、互助的习惯,而获得对于人己的权利与个人对社会应有的牺牲和责任的体认。这样的学校,也就是平民主义的社会的缩影了。

但是学校要能这样社会化,先须有儿童所能做的**社会的代表作业**。最好的便是**纺织**、**裁缝**、**烹饪**、**木工**了。这些是衣、食、住的基本技能,是人类控制自然的最低工具。我们不要误会杜威氏把儿童学校变成职业学校了。因为这些手工可取的不是它们的功利的价值,而是它们所含最充实的人文的意义。我们试举纺织裁缝为例:儿童从手中所有很粗糙的棉麻原料,要解决"衣服从那里来的"问题。他们想着,谈说着,终于从尝试错误的中间发明了简单的机械,纺成了纱,织成了布,制成了衣服。这样努力的成功,于他们是多么的喜悦!在这历程中,他们要研究棉花的来源、地理上出产的分配、机械的构造、人类文化史的演进;要运用谈话和写读,要鉴赏美的形式和制作,尤其要从共同活动中学习分工、互助、计划和组织,这是自然、社会、语文、美术、公民各科教学联络的大单元。这是**生活化的课程**。这是**问题教学法**(Problem method)。

总括杜威氏的教育原则,我们最好引用他自己所说的话。氏于1896年在芝加哥创立试验学校,曾列举以下3个原则:

教育原则的自述

1. 学校的主旨,在训练儿童,做合作的、互助的生活;

2. 一切教学的出发点在儿童的本能的态度和活动,而不在固定的教材;

3. 这些本能的态度和活动应组织之、指导之,以成合作的生活;利用之,使营合于儿童程度的成年社会代表的作业。有价值的知识只有从创作的行动中获得。(见《学校与社会》)[1]

三、氏的影响

现代教育的中心思潮　　晚近三十年来,"平民主义的教育"、"教育即生活"、"学校即社会"、"行中求知"(Learn by doing,"做学合一")等口号,几乎时时在教育者的舌尖和笔尖流露。学校的课程和教学的方法,一天天的生活化、社会化、行动化。杜威氏的学说,遂成为现代教育的中心思潮。

克伯屈氏的设计教学法　　在方法方面,他的信徒更从**"问题教学法"**推进一步,而成为**设计教学法**。鼓吹得最力的,是**克伯屈**氏(Kilpatrick 所著《教育方法原论》,有译本)。克氏设计的定义是:"志愿的活动(Purposeful activity)——以志愿决定目的,指导行动,供给动机的活动。"照克氏的意思,教育只是一种试探,一种发现;决不能预定什么目的或教材。所以传统的课程,毫无教育的作用。向来学校里各学科,如语文、历史、地理、自然、手工等的划分,全该废弃;而以具体志愿的活动为混合组织各科教材的单元。设计不是一个新名词;在以前农业,工业,家事等科教学中,已早应用设计的方法。可是到克氏才普遍化了,而给予一个新意义。

---

[1] Dewey, *The School and Society* (《学校与社会》), Illinois: the University of Chicago Press, 1916.

第二十章 杜 威

我们回忆,第十七章里,所述赫尔巴特的多方兴趣的目的、五段教学的方法,在19世纪末,怎样成了教育的金律。但是杜威氏的学说代兴,赫尔巴特氏的势力就衰歇下来了。旧时的课程因为不是儿童所感觉需要的,所以教师一方面故意刺激他的兴趣,一方面又强制他的努力。这"兴趣与努力"的问题,在杜威却不是这样看法。在家庭一般的学校环境中,课程是儿童生活的自然活动。兴趣呢,这些活动,本来是他们本能的趋向。努力呢,也无非依这趋向,因成功而得到他们的满足。**兴趣与努力,乃是一整个历程,而没有什么矛盾**。至于儿童不感课程的需要,而教师故意刺激或诱引其兴趣,这如吃苦药而加上一层糖衣,是杜威所反对的。思想的历程,杜威也另有他的看法,并不是呆板的归纳或演绎,而是问题所引起的探求和试验。所以问题教学法也就革了五段教学法的命。

杜威与赫尔巴特

我们再回忆第十八章里所叙述的福禄培尔的自然的发展、社会的参加、动作的表现三大原则。这些原则,杜威自己认为与他的原则有相同的地方。也许杜威氏受着福氏的启示吧!但杜威氏的教育学说乃是他的哲学上必然的结论,而这个哲学和福氏的哲学根本不同。所以**杜威与福氏**的关系,到底不是有意相师,而是**不谋而合**。

杜威与福禄培尔

杜威氏的教育,表面上似乎只着重"社会的效能"(Social efficiency),而它的出发点是儿童本能的趋向,实在同时顾着"个性的发展"(Individual development)。**在他的思想体系中,社会和个人早已没有二元的存在**。以前编著教育史的人称裴斯泰洛齐等为心理的教育学派,斯宾塞等为科学的教育学派,而把杜威列在社会的教育学派;这是不很正确的。在事实上,氏的学说,到了儿童本位的温情主义者手中,便只看见"个性的发展",而变成了"自由"、"放任",未尝不因误解而发生许多流弊,

所谓社会的教育学派

123

也未尝不因这误解而受社会的教育学者的指摘呢。

问题

一、实验主义哲学的基本概念是什么？

二、进化论和平民主义有什么相关？

三、别的教育学者都曾提出教育的目的，杜威为什么没有？

四、解释"教育是经验的改组"的意义，并举例说明。

五、略述杜威试验学校的课程和方法和它所根据的原则。

六、什么是设计教学法？

七、试比较杜威和赫尔巴特、福禄培尔的教育学说。

第二十一章
欧战[1]后各国教育的改造

在19世纪民族国家主义的空气中，英德两帝国，因资本制度发展的必然趋势，对国外市场和殖民地作不断的争竞。后来一方面德国和奥国联盟；一方面英国和法国、俄国携手——因法德是世仇，俄要扩张斯拉夫民族的势力于巴尔干半岛，又和奥的利害冲突。柏林会议(1878)以后，列强以所谓三国同盟（德、奥、意）和三国协商（英、法、俄）的对抗，而成几十年武装和平的局面。但战争的种子伏得深了，长得熟了，终于在1914年因奥塞失和，掀起了德、奥对英、法、俄等十余国的大战。在战争的4年中，欧洲各国壮丁几损失了一半；生产的职业抛弃了，生活的必需品也一天天的缺乏。在这经济的破裂中，俄国先于1917年起了革命，单独对德媾和[2]，创造了苏维埃社会主义共和联邦（Union of Socialist Soviet Republics），德国也于1918年起了革命，战争才告结束。美国参战时，总统威尔逊氏（Wilson）高呼着"为保障世界上平民主义的安全而战"，"为永不战争而战"；创痍的欧洲欢呼着这人类的救主。可是到了巴黎和平会

---

〔1〕即第一次世界大战。——编校者
〔2〕1918年，苏联同奥匈帝国、保加利亚和土耳其缔结了《布列斯特-立托夫斯克和约》。——编校者

议,这救主崇拜又成了幻影!但平民主义的理想,在这世界上,却要求进一步的现实化了。

我们在第十章至第十四章所述各国的教育,在大战争以后多少有一番改造。这**改造的中心趋势**,不用说,就是**教育的平民主义化**——阶级制度的废除和教育机会的均等。

一、德国

<small>基础学校</small>

德国革命以后,学制上最重大的改革,便是废止初等教育的双轨制,而建立一个国民共同的四年制小学校,称为**基础学校**(Grundschule)。凡 6 岁到 10 岁的儿童,须一律进这个基础学校。旧时中学所设的预科(Vorschule),收受 6 岁到 9 岁儿童的,便取消了。

基础学校毕了业,无力入中学的,继续入**国民学校**(Volksschule)4 年,到 14 岁毕业。以后一面就业,一面自然仍入补习学校读书。照旧制,国民学校的学生是无法转入中学的。这阶级现在也打破了。国民学校第三年级修毕,年龄 13 岁,而有颖才的学生,可以受试验、拔取,而升入一个六年制的

<small>创制中学</small>

创制中学(Aufbauschule);到 19 岁毕业,可以和旧制各中学的毕业生一样,入大学或专门学校了。

基础学校毕了业而直入中学的,仍如旧制,可以分别入九年制的古文科中学(Gymnasium)、文实科中学(Realgymnasium)、实科中学(Oberrealschule),或六年制的前期古文科中学(Progymnasium)、前期文实科中学(Realprogymnasium)、前期实科中学(Realschule)。但革命以后,除了上述三种九年制完全中学以外,又产生一种**德文科中**

<small>德文科中学</small>

学(Deutsche Oberschule),这是以德国文化、历史为中心的学校

和旧制中学的注重希腊、拉丁或现代外国语者不同。中学毕业的年龄,平均 19 岁。毕业后升入大学或专门学校。

还有一个特别的制度:中级社会的儿童在基础学校毕业以后,虽不能直进中学,而比较有力量可以受较国民学校优越些的教育的,那末,可以进一种六年制的**中级学校**(Mittelschule)。在中级学校毕业,平均是 16 岁,这和各前期中学的毕业年龄相同。所以它的毕业生也有转入完全中学的可能。

中级学校

以上基础学校、新制中学、德文科中学、中级学校,都是德国教育上崭新的产物。基础学校的精神在供给平民主义下共同的教养。其他三种学校也适应各种个别的需要,而谋教育机会的普遍。

德国的补习教育在战前已很有名。凡国民学校的毕业生,不能升学的,都受 4 年的补习教育。德意志新《宪法》第 145 条,除规定强迫教育期为 8 年外,同时更规定 18 岁以下的**青年的补习教育为强迫**。至于 18 岁以上的成人教育,则《宪法》第 148 条,又有民众教育,包括**民众高等学校**(Volkshochschule),中央与地方政府均应促进的规定。这也是可以表现德国教育的新精神的。

补习教育与成人教育

二、法国

战后法国教育上顶"甚嚣尘上"的一个问题,也是初等教育的双轨制怎样可以废除。旧时初级小学(Ecole Primaire Elementaire)6 年毕业,儿童从 6 岁到 12 岁入之,是为平民子女设立的;中上级社会的子女,便从 6 岁起进中学的预科,到 10 岁进中学,这是第十一章里已说过的。近年另起的一个运动,是要把小学的六年作为全国共同的教育,而称这学校为**单一学**

单一学校运动

校（Ecole Unique）。这个改革牵涉到中学的改组、中学一部分教育的免费和中小学衔接的许多问题。1924年，教育部设立学制改组委员会，积极地企图它的实现。法国**强迫教育**，1882年的法律，早曾规定为 7 年，但**没有能严厉执行**；照委员会的意思，还应延长一年，就是到儿童 14 岁的年龄。这些新计画大部分为了战后财政困难，所以虽然在国会里经过很多次的辩论，而截至本书付印的时候，还没有什么确定办法。

小学与中学的混合编制

照旧制，初级小学 6 年，毕业者得升入高级小学 4 年，但不能升入中学。而中学的预科 4 年，固然相当于初级小学的前 4 年，中学本科的前 6 年，也相当于初级后 2 年和高级小学。徒因小学免费，而中学是征收学费的，小学课程，只有现代语，而中学是注重拉丁和希腊的，以致小学生中，就是有天才也很难转入中学。1924 年教育部令，所有中学预科与小学的相当年级混同编制，也收受免费生，同时较大的中学，多附设高级小学。1927 年制定法律，凡混合编制的中学前四年一律免费。这样，再加上中学课程的相当的改组，**中小学是沟通**了。在单一学校未实现以前，双轨制的弊害一部分是补救了。

补习教育与成人教育

初级小学毕业而不升学的青年，旧时原有"成人教育班"（Cours d'adultes）的设置。不过没有强迫的法律规定。维维亚尼氏（Viviani）于 1917 年，迪科氏（Ducos）于 1921 年，先后提出议案于国会，规定强迫补习教育至 18 岁为止，都因财政上没有办法未能通过。只有 1919 年阿斯捷氏（Astier）法案，规定大城市工商业中的青年，在 18 岁以下，应入**强迫职业补习班**（Cours professionnels obligatoires），是实行了。至于像德国、英国，它们所谓"成人教育"，都指 18 岁以上的人所受相当于高等教育的一种补习教育，这在法国还没有什么规模。

三、英国

战后英国教育上最重大的一件事是1918年国会通过的**《费舍法案》**(Fisher Act)。那时费舍氏(H. A. L. Fisher)任教育部长,提出这法律草案,故名。本来英国教育由私人自由经营,制度很不整齐。这法案成立了,才有一个比较完整的组织纲要。而这法案中最重大的一个改革就是把强迫教育免除就学的年龄,从12岁延长到14岁,各地方按照经费情形,并且得更延长到15岁。英国儿童,5岁入学,从前强迫教育令定12岁为免除就学年龄,共是7年的强迫教育。现在则延长为**九年或十年的强迫教育**,在这点上,可为各国之冠了。

强迫教育年期的增长

自工党政府成立,有"中等教育普及"(Secondary education for all)的运动。但因格于保守党的节约政策,无法实行。不过在事实上,英国双轨的学制也有它的救济。小学校的儿童在11至12岁的时候,受一种考试,成绩最优的得免费升入中学。照1928年的统计,全国中学免费生额占全体学生额40%。

中等教育普及的运动

《费舍法案》还有一个重要的规定,就是18岁以下的青年,应受**强迫的补习教育**。虽因财政的困难至今没有能切实执行,而各地方日开或夜开的补习学校,却发达得很快。至于18岁以上的成人教育在战前已很有基础,这也因为工业繁兴以后,劳动者因自觉而起知识的要求。最初只是私人和教会的慈善事业。1842年,有牧师名培雷(Bayley)始创**民众大学**(People's College)于设菲尔德(Shefleld)。1854年莫里斯氏(Maurice)又设**劳动大学**(Working Men's College)于伦敦。同时,那些宫墙数仞的大学也喊着"到民间去"而有**大学推广**(University Extension)运动,组织校外的"辅导学级"(Tutorial Classes);最

补习教育与成人教育

早是1873年剑桥大学开始的,到1903年,曼斯布里奇氏(Mansbridge)联络这各种机关和活动,创立**劳动者教育协会**(Workers Educational Association);1919年,氏又联络各国成人教育机关,而组织**世界成人教育协会**(World Association for Adult Education),于是成人教育范围更扩大,精神也更蓬勃了。

四、美国

<small>初等中等教育的改制</small>

美国向来的学制是小学8年,中学4年,在第十三章已说过了。小学入学年龄是6岁,到14岁毕业。据心理学的考查,儿童到十二三岁,已达青年或成熟期,把他们和幼稚的儿童并在一起教学,很多缺点。又中学4年,年限太短,课程不易完备;而小学8年,年限太长,时间不经济,和中学也不易衔接。而且依统计的结果,儿童因为小学课程的单调、贫乏,只要一达法律上免除就学的年龄,便退学了。这退学的人数,调查起来以小学七八年级的学生为最多。最后,美国小学的惯例,教师是级任的,不分科的,所以就是在高年级,教师也不能很优良。为这种种缺点的补救——顾到青年期身心长育的特征,经济小学时期而谋中小学的衔接,减少退学的人数,改善教师和教法——也为着其他教育上的便利——如为适应青年个别的需要而施行选科制和开始职业准备等。在本世纪的开头,就有中小学改制的运动,把小学缩短为6年,而把小学第七、第八两级和中学一级,合组为初级中学;余中学三级为高级中学。这样,**八四制变成了六三三制**。最早是1909年,柏克利市(Berkeley)开始设立初级中学,现在六三三制,已差不多普遍了。我国于民国十一(1922)年所颁布的"新学制"也取法于此。

美国教育行政权操于各个州政府。中央教育局(Bureau of Education)只管调查、统计和报告的事务。大战中,国会曾有在中央政府设置教育部的提案,但没有通过。1917年,国会通过有名的**《史密斯-休斯职业教育法案》**(Smith-Hughes Vocational Education Act)[1],照中央地方分担的原则,由国库拨给各州政府以巨额的补助金,为改善和推广中等职业教育之用。设**中央职业教育局**(Federal Board for Vocational Education),为审核各州职业教育计画、分配补助金和研究设计的机关。1928年度,国库支出补助金达7,472,221圆。以行政权论,职业教育局比教育局的力量大得多了。

职业教育与中央负担

《史密斯-休斯法案》包括14至18岁青年职工的**强迫补习教育**规定,这是应该特别提出注意的。对于成人教育,则美国各大学,尤其是州立大学,都有很大规模的推广事业。私人经营的成人教育事业则以基金300万圆的纽约库伯学社(Cooper Union)为最著名。其研究和宣传机关则有**劳动者教育局**(Workers Education Bureau)和**美国成人教育协会**(American Association for Adult Education)。

补助教育与成人教育

五、日本

日本于大正十四年(1925)国会通过普选案后,更要求人民教育程度的提高,一时盛倡8年义务教育的议论。但目前,因财力的限制没有能实现,只在补习学校的急进上谋一些补救。(见下)

强迫教育年期延长问题

中等教育阶段,有很大的改革。最重要的,就是**年限的缩**

中等教育

---

[1] 即《史密斯-休斯法案》,规定公立中学中必须开展中等农业职业教育。——编校者

短职业需要的适应。

大正八年(1919)改正的《学校令》,中学校四年级修了,即可投考高等学校。这样,中等教育(中学校和高等学校)全期缩为7年了。同时,高等学校也可以招收寻常小学校卒业生,而开设四年期的"寻常科",合三年期的"高等科"为7年一贯的大学升学预备,这和法制的 Lycee 更相似了。

职业教育 　中学校现在不全为升学的准备,而添设选修的职业科目;就是高等学校,也自设专攻科以养次级领袖人才。以前乙种、甲种的实业学校,入学资格和修业年限规定得太嫌呆板,所以又有大正十年(1921)公布、昭和六年(1931)又改正的《职业学校规程》。凡寻常小学卒业生,依职业的需要,而定年期的长短,可入二年至四年期的"职业学校",其比较严格的"实业学校"也同时存在。

向外发展和增进生产 　因为人口增加的速率和经济上"不景气"的恐慌,日本人不得不亟亟地企图向外发展和增进生产。准对着这目标,他们教育上,一方面励行传统的军国民教育,做向外发展的准备;一方面又力倡职业教育,以解救生产的问题。其效果呢,单看它在我国的东北侵略政策,就很可惊心动魄了。

补习教育与成人教育 　日本《实业补习学校规程》在明治二十六(1893)年就公布了。大战后,补习教育的呼声突高。大正六年(1917),临时教育会议有"特别奖励实业补习教育之普及,并从速使之成为全部或一部之义务教育"之决议。大正九年(1920),规程又改正一次。课程分前期2年,后期2至3年。同年统计,全国**实业补习学校** 14,839所,学生995,532人。关于成人教育,同《规程》规定修完后期课程,达到相当年龄,有相当学力或技能者,得入**高等实业补习学校**,这是中等以上的程度。此外,从平民主义和社会运动产生的**劳动学校**也很有些基础了。大正十三年

(1924),铃木文治、安部矶雄诸氏仿英国的先例,在东京有**劳动者教育协会**的组织。

问题

一、就下列二项,比较最近各国教育的制度:

(1) 强迫教育

(2) 补习教育

二、说明德国的"新制中学"、"德文科中学"、"中级学校",为什么表现平民主义的精神。

三、法国和日本中等教育近来有什么改变?

四、美国初级中学成立的理由是什么?

五、各国对于成人教育(包括劳动者教育),有怎样的设施?

第二十二章
教育的科学化

科学在近代人类生活和思想上所发生的巨大的影响,以前已再三说过了。从历史上看,它的发展的序次是由数学、天文学、物理学、化学、生物学而到心理学、社会学的。它的对象起先是自然的现象,到最后乃包括人事的问题。人事中像教育这样重要的也当然是它所要探究的一个对象。其结果,前此科学只占着教育的内容(即课程),到现在,却要支配它的程序和方法。换句话说,教育自身也**将成为科学**了。

一、儿童和教育的心理

最早用科学的方法研究儿童的,是英国生物学泰斗达尔文氏。他在1876年曾发表《婴儿的传记》(*Biographical Sketch of an Infant*)一文。后来法人佩雷斯(Perez)、德人普赖尔(Preyer),都有儿童心理的著作。而现代儿童研究的领袖人物实为美国霍尔氏。

霍尔　　霍尔(G. S. Hall, 1844—1924)在1883年就开始从波士顿小学儿童研究"入学时儿童的心理"(Contents of Childrens

Minds on Entering School)。[1] 他所得的结果,刊布在所创杂志 Pedagogical Seminary 里[2]。1904 年,他的杰作《青年心理》(Adolescence)出版。因他的努力,美国儿童研究社(National Association for the Study of Children)于 1893 年成立。[3] 自后英国于 1894 年,德国于 1899 年,法国于 1900 年,先后组织儿童研究社。研究的方法也由记载、说明,进于实验和统计了。

教育心理学的前锋要推美国桑代克氏。

桑代克(E. L. Thorndike, 1874—1949)的研究,从动物心理入手。他在动物心理试验中发明了许多工具,如迷津(Maze)、谜匣(Puzzle-box)、符号反应试验(Signa reaction experiments)等。现时教育心理上所有"感应结"(S→R bonds)、"学习律"(Laws of learning),都从这种试验归纳得来。空前的巨著《教育心理学》三卷(Educational Psychology),于 1913 年出版。

桑代克

二、智力和学力的测量

比纳(Alfred Binet, 1857—1911)是法国巴黎大学一位心理学教授。因为研究低能儿的问题,和他的朋友西蒙(T. Simon)发明一个《智力量表》[4]。他的许多试验,自己说,只用着"一

比纳

---

[1] 霍尔在 1878 年取得哈佛大学心理学博士学位后,就开始在波士顿从事儿童心理研究工作,并于 1882 年和 1883 年发表了两篇心理学论文:《儿童谎言的研究》(On Dealing With Children's Lies)和《入学儿童心理研究》(Contents of Children's Minds)。——编校者
[2][3] 1884 年,霍尔受约翰·霍普斯金大学资金资助成立美国第一个心理实验室。约翰·杜威成为最早使用此实验室的人之一。1887 年,霍尔创办了《美国心理学杂志》(American Journal of Psychology)。1892 年,霍尔创立了美国心理学会(American Psychological Association),并成为第一任主席。1893 年他创办了专门研究儿童心理和教育心理学的杂志《心理科学》(Pedagogical Seminary),此杂志后改名为《发生心理学》(The Journal of Genetic Psychology),至今在全世界都有着十分重要的影响。——编校者
[4] 即"比纳-西蒙智力量表"(Binet — Simon Intelligence Scale)。由比纳和西蒙共同编制,1905 年首次发表,1908 年、1909 年两度修订。它是第一个标准化的心理测验量表。——编校者

支笔，一张纸，和许多耐心。"他的量表，分为若干"智力年龄"，自 3 岁到 13 岁，共 56 个测验。

推孟 后美国斯坦福(Stanford)大学教授**推孟**氏(L. M. Terman)，经过 5 年的试验，又造成一个修正的"比纳-西蒙量表"。氏不用智力年龄计算，另采德国心理学者施特恩氏(W. Stern)的"智力商数"(Intelligence Quotient 简称 I. Q.)。其法以实足年龄除智力年龄，再乘 100(以百为中数，免除小数)，如下式：

$$\frac{\text{智力年龄}}{\text{实足年龄}} \times 100 = \text{I. Q.}$$

根据 I. Q. 得到儿童智力的分类如下：

　　天才 ··· I. Q. 140 以上
　　上智 ··· 120—140
　　智　 ··· 110—120
　　中才 ··· 90—110
　　愚　 ··· 80—90
　　下愚 ··· 70—80
　　低能 ··· 70 以下

团体智力量表 因为施行儿童个别测验的手续不经济，又有团体智力测验的编造。在欧战中，美国曾应用大规模的军人智力测验(Army Alpha and Beta Intelligence Scates)，推孟以外，桑代克、奥蒂斯(Otis)诸氏，都很有功。

学力测量 同时，以桑代克氏为领袖的一般心理学者，开始儿童学业成绩的客观的测量。氏的《书法量表》于 1909 年出世。其后读法、缀法、数学、历史、地理和其他各科的标准测验陆续成功。从智力年龄与教育年龄的比例又可计算"努力商数"(Accomplishment Quotient 简称 A. Q.)如下式：

$$\frac{\text{教育年龄}}{\text{智力年龄}} \times 100 = \text{A. Q.}$$

有了这商数,则智力虽低而学业较差的儿童,也可因勤奋而得较高的努力分数,各就个别的才力而计算他的成功,不致气沮了。

除了法国的比纳、美国的推孟、桑代克等人以外,德国的**梅伊曼**(E. Meumann)、**拉伊**(W. A. Lay)、英国的温奇(W. H. Winch)、伯特(C. Burt)诸氏,均于心理测验有很大的贡献。桑代克曾这样说:"凡有存在,皆存在于数量中(Whatever exists exists in Some amount)。"他弟子麦考尔氏(W. A. McColl)又下一转语说:"凡存在于数量中的,皆能测量(Anything that exists in amount can be measured)。"他们的蕲愿是要运用测量和统计,建设一个绝对客观的教育科学。但最近美国教育者对于这测量的运动也不是没有反响。因为,即使测量真能精确,而教育上的创造,不好完全受既成事实的限制。所以杜威氏很尖峭地说:"凡不存在的,就不能测量(That Which does not exist cannot be measured)。"虽然这样,桑代克等到底给教育筑了一个科学的基础了。

三、个性鉴别和教育

我们既有了鉴别儿童个性的精密方法,教育的设施自然也要适应儿童个性才是。班级制的教学把上智和下愚用同一课程、按同样速率去进行,其困难固须补救,至于天才和低能,更不得不急谋个别的教育方法了。

提到**低能教育**,我们应特别纪念法国的**塞甘**氏(E. Séguin, 1812—1880)。氏于 1839 年,在巴黎创设低能儿学校,试验手工和感觉训练的许多教具和方法。1848 年后,他移居美国,尽力于低能教育的运动,有重大的影响。

天才教育的受人注视,反比低能教育为迟。在欧洲,旧时

低能教育

天才教育

学校是双轨制，儿童的选择素严；现在小学生能考得公费升学的，更多系最颖秀的分子。在美国呢，自始采取平民主义的单轨制，普及教育，向来不管智愚的差别。一般程度的降低，姑不必计，而文化上所受的牺牲，实在太大了。自1918年普通教育基金会（General Education Board）资助惠普尔氏（G. M. Whipple）、1923年共和基金（Commonwealth Fund）拨巨款补助推孟氏的天才儿童研究以后，这问题才引起重视；心理学者的研究和特殊学校的试验，才积极起来。

四、个性适应的教学法

在一般学校里，班级制的不能适应个性成了这问题的焦点。解决的方法便有**能力分组**（Ability grouping）、**速率分组**（Speed grouping）、**弹性升级**（Frequent promotions）和**个别教学**（Individualized methods）等种种的尝试，这里不须详述。下面所叙的几种个别教学法，或者能在教育史上占一个永久的地位。

蒙台梭利教学法

（一）**蒙台梭利教学法**（**Montessori Method**）

蒙台梭利女士（Maria Montessori, 1870—1952），意国人。她初任罗马大学精神病院的助理医师感着低能教育的兴趣，曾赴法受业于塞甘。后来用塞甘的教具和方法训练罗马的低能儿，很著成效，渐使她进一步应用这种方法于常态的儿童，终于在1907年建设了她的"儿童院"[1]。这种学校，收受3岁至6岁的儿童；其教学的方法基于两个原则：1. 教学是儿童个别的活动；2. 个别的活动最好依着阶级的教具而进行。有了这样的教具，便可以给予儿童以完全的"自动"和"自由"了。她创制

---

[1] 即"儿童之家"。——编校者

了 26 种"教具"(Didactic Apparatus)，自己是医师，她不免过重感觉的训练。但她的"个别教学"原则却是新教育方法的先声。

(二) 道尔顿制(Dalton Plan)

创始者美国帕克赫斯特女士(Helen Parkhurst)是蒙台梭利的信徒。她先后在道尔顿市中学和在纽约自设的儿童大学(Children's University)试行澈底的个别教学法，曾为英国许多中学所采用，故很有名。1925年，她曾来我国讲演。她的方法废除上课时刻表和课室的教授。每一学科由师生共同定出一个"月约"，包括4个段落的作业。每科设一"实验室"，集中着有关的参考书和设备。儿童随着兴趣和能力可以自由地支配作业时间，出入任何实验室。教师是各科的指导者，也保管着各实验室里儿童作业的"记载表格"。每天上午有一个"会议时间"，各科按日轮流开会，每级儿童在这时间把研究的结果贡献出来，可以互质疑难，教师在这时间也可以考查儿童作业状况。儿童一个月约做了即进行第二个月约。

(三) 文纳特卡制(Winnetka Plan)

这是美国文纳特卡市教育局长华虚朋氏(C. W. Washburn, 1889—1968)所创的个别教学法。氏于1931年也曾到我国讲演。他的方法把课程分为二部：第一部是知识技能的个别学习，第二部是团体活动。这二部的课程在每日上午、下午各占若干时间。关于第一部个别作业情形，大致和道尔顿制相同，不过他不分月约，而只有作业"目标"。儿童在某科一个目标做完了，练习纯熟了，测验的结果满足，便做另一目标；不像道制下须各科月约全数完成后，才能换新月约。惟其如此，在道制各科目进程还能维持着相当连络，而在文制却不可能，所以道制还可适用普通课程，而文制却于课程和教材必须重新编组。关于第二部团体活动，它保存着班级制仅有的优点——团体生活的刺激,使儿童做历史事实的表演、委员会的参加或进行其他社会性的活动,这似乎是道制所不及。

总结

在上章里,我们认清各国教育改造中的平民主义化。在本章,我们的标题就是教育的科学化。

记得我们在第九章的结论中曾说,这二百年来人类生活和思想上的四大动力是：1. 国家主义,2. 平民主义,3. 工业和 4. 科学。我们最近没有提到国家主义和工业,但我们却不要忽视了欧战以后,大家高唱着国际了解和合作;其实呢,**国家主义还是很深地潜伏着**。至于**工业,更是现社会的主要背景**。不过比较起来,这四项之中,平民主义和科学到底是中心的动力,试看现代的国家,哪一个不是先走上平民主义的轨道而后国家组织才能健全的呢?现代的工业,哪一种不是以科学方法的应用做它的基础的呢?

将来的趋势　历史是人类活动过去的纪录,不是它的将来的预言。可是,过去和将来总成**一个绵延的演进**。我们如果要预测,我们可以说在不远的将来,**世界教育的趋势还是平民主义化和科学化**。

问题

一、略述心理学对于教育的贡献。

二、比纳、推孟、桑代克在智力学力测验上已得到什么成功?

三、天才教育和低能教育在文化和人类幸福上看,哪一种更重要?

四、个性适应的教学法,约有几类?

五、比较道尔顿制和文纳特卡制。

六、我们怎样可以推测将来教育的趋势?

上编参考书目

J. Adams, *The Evolution of Educational Theory*, MacMillan, 1912.

J. W. Adamson, *An Outline of English Education*, Cambridge, 1925.

W. Boyd, *The History of Western Education*, Black, 1928.

E. P. Cubberley, *History of Education*, Houghton Mifflin, 1920.

E. G. Dexter, *History of Education in the United States*, 1925.

F. P. Graves, *History of Education*, MacMillan, 1913.

I. L. Kandel (Ed.), *Education Yearbook of International Institute of Teachers College*, Columbia University, 1924.

The Reform of Secondary Education in France, 1925.

Kandel & Alexander, *The Reorganization of Education in Prussia*, 1927.

P. Monroe, *Textbook in the History of Education*, MacMillan, 1906.

Cyclopedia of Education, 1913.

S. C. Parker, *History of Modern Elementary Education*, Ginn, 1912.

E. H. Reisner, *Nationalism and Education since 1789*, MacMillan, 1927.

P. Sandiford, *Comparative Education*, Dent, 1918.

常导之:《德法英美四国教育概观》(商务)

日本文部省:《日本教育史》

孟宪承文集·卷九 | 新中华教育史

下编——中国教育史

目录

第一章　中国教育史鸟瞰　150
一、世界史的分期　151
二、文化上的变动　151
三、教育上的特点　152

第二章　上古的教育　153
一、虞夏商　153
二、周　154
三、春秋战国　157
四、秦　159
五、汉　160
六、魏晋　165

第三章　最早的教育学说　169
一、政教的合一　169
二、政教的基础　170
三、教学的方法　171

第四章　周、秦诸子　174
一、诸子是谁　174
二、道家　175
三、儒家　177
四、墨家　178
五、法家　179

六、名家　　　　　　　　　　　　181
　　七、阴阳家　　　　　　　　　　　182

第五章　孔子、孟子与荀子　　　　　　183
　　一、孔子的生平　　　　　　　　　183
　　二、孔子的人生和政治理想　　　　184
　　三、孔子的教育学说　　　　　　　186
　　四、孟子　　　　　　　　　　　　189
　　五、荀子　　　　　　　　　　　　192

第六章　墨子　　　　　　　　　　　　195
　　一、墨子的生平　　　　　　　　　195
　　二、墨子的人生和政治理想　　　　196
　　三、墨子的思想方法和教育　　　　198

第七章　两汉的教育学说与学风　　　　200
　　一、董仲舒　　　　　　　　　　　200
　　二、扬雄　　　　　　　　　　　　201
　　三、王充　　　　　　　　　　　　202
　　四、经师的生活和节操　　　　　　204
　　五、太学生的政治运动　　　　　　208

第八章　中古的教育　　　　　　　　　211
　　一、南北朝　　　　　　　　　　　211

二、隋		213
三、唐		214
四、宋		219
五、元		225

第九章　隋唐的儒家与佛家　　228
　　一、儒家　　228
　　二、佛家　　230

第十章　宋的理学诸儒　　236
　　一、周敦颐　　236
　　二、程颢、程颐　　238
　　三、张载　　240
　　四、朱熹　　241
　　五、陆九渊　　244

第十一章　近世的教育　　248
　　一、明　　248
　　二、清初至咸丰末　　253

第十二章　明清的教育学说　　256
　　一、王守仁　　257
　　二、顾炎武　　260

三、黄宗羲　　　　　　　　　　262

　　四、王夫之　　　　　　　　　　264

　　五、颜元　　　　　　　　　　　265

　　六、戴震　　　　　　　　　　　268

第十三章　新教育的演进　　　　270

　　一、历史的回顾　　　　　　　　270

　　二、新教育运动开始的四十年　　271

　　三、学堂章程颁行后的十年　　　278

　　四、民国学校系统公布后的十年　283

　　五、学校系统改革后的十年　　　286

　　六、教育的期望和效果　　　　　290

第十四章　教育的平民化与科学化　293

　　一、义务教育　　　　　　　　　293

　　二、补习教育　　　　　　　　　294

　　三、乡村教育　　　　　　　　　295

　　四、职业教育　　　　　　　　　296

　　五、新教学法的试验　　　　　　297

　　六、教育之科学的研究　　　　　299

下编参考书目　　　　　　　　　　301

本书插图目录

　　一、卢梭像　　　　　　　　　　92

二、裴斯泰洛齐像	98
三、赫尔巴特像	103
四、福禄培尔像	110
五、斯宾塞像	114
六、杜威像	119

编校后记   303

第一章
中国教育史鸟瞰

历史的悠久   我国学校教育，在现代的意义上，严一点说，只占着三十年；宽一点说，也只占着七十年的历史。但我们是一个历史最悠久的国家；从虞夏时代算起，也有四千余年的历史了。难道这四千年来，立国于大地，我们没有教养国民，传递文化的方法和精神吗？当然有的，只是和现代截然不同罢了。

学校和选举考试   试一翻旧史，从远古到近世，**学校**是历代都有的。但这所谓学校，自始就和**选举**并行，到唐以后，更渐被考试所压倒。"无论用选举或用考试……皆就已有之人才而甄拔之，未尝就未成之人才而教成之，故家塾则有课程，官学但凭考校。"张之洞曾这样说（《劝学篇》）。而旧史所供给我们的，也只是关于官学、选举、考试的许多记载，至于民间家塾的课程和教法如何，材料便非常贫乏，这是我们今日写中国教育史最感苦闷的。

私家讲学   但**私家教育**，从周秦直到清末，有不断的活动。许多讲学大师的学说、方法、精神、面目，还活泼地呈现于我们的眼前。宋以后一千余年的书院制度，更是我国私人讲学的特有组织。这都是值得我们今日的回顾的。

教育史的分期   我们把最近七十年除外，可以分**旧教育史**为下列三个时期：

时　　期	公　　元	朝　　代
上　古	前2255—420	虞夏商周秦汉魏晋
中　古	420—1367	南北朝隋唐宋元
近　世	1367—1862	明清

梁启超说："史之为状，如流水然，抽刀断之，不可得断。今治史者强分为古代、中世、近世，犹苦不能得正当标准。"（《中国历史研究法》）[1]话虽如此，为叙述的便利和明了计，还是不得不划分几个时期。这里的分期，却也有几个参照点：

一、世界史的分期

通例以公元476年罗马的灭亡为上古的结局，1492年美洲的发现为近世的开始，中间的千余年为中古。近来也有人主张，中古和近世的界线，该放在文艺复兴的14世纪初年。我们这里以第5世纪初做上古和中古的分界，以第14世纪中做中古和近世的分界，虽若勉强附合，但我们既以公元纪年，这样更可便于参照。

分期的三个标准

二、文化上的变动

在我国文化上，也显出这三个时期的区分。第一，我国固有文化开发的时期；第二，我国兼收全部亚洲文化调和发扬的时期；第三，欧洲文化初步输入的时期。我们沿用上古、中古、近世的名词，也不过取简便的通称而已。

---

[1] 梁启超：《中国历史研究法》，上海古籍出版社1987年版，第17页。——编校者

三、教育上的特点

在第一时期,公家教育、学校和选举相辅;而私家讲学也和公家教育共荣。到第二时期,选举变为考试,考试的盛和学校的衰恰成比例,最后则私家讲学的风气大兴。到第三时期,则公家只行考试,学校徒有虚名,教育和学术几全在私家之手了。我们就依着这个顺序,来展览中国的教育史。末了,我们将专为近七十年的新教育,作一个详细的论述。

问题

一、哪几项是旧史供给我们的主要的教育史料?

二、我们教育史的时期,怎样划分?

三、教育史的分期和文化史的分期,有怎样的比较?

第二章
上古的教育

一、虞夏商（前2255—前1135）

我们最早的历史——《尚书》，是从《虞夏书》开始的。但那时文化的记载太少了，虽然殷墟《书契》发现后，商朝的历史已得到多少考证，到底这一千多年，只好算我国历史上的传说时代。

<small>传说时代</small>

最早的教育制度，我们就从《舜典》（《今文尚书》为《尧典》）里考见出来：

> "帝曰：'契，百姓不亲，五品不逊，汝作司徒，敬敷五教，在宽。……夔，命汝典乐，教胄子（段玉裁说，今文本作教'育'子，），……八音克谐，无相夺伦，神人以和。'"（《尚书·舜典》）

所谓**五教**，是"父义，母慈，兄友，弟恭，子孝"。那时教育的内容，这样看，就是伦理和音乐，而**司徒**和**典乐**就是**最早的教育官**了。有没有学校呢？

<small>伦理和音乐的课程</small>

学校有小学大学

"有虞氏养国老于上庠，养庶老于下庠。夏后氏养国老于东序，养庶老于西序。殷人养国老于右学，养庶老于左学。"(《礼记·王制》)

"上庠，右学，**大学**也。下庠，左学，**小学**也。东序……亦大学，西序……亦小学。"(同上郑注)

"设为庠序学校以教之，……夏曰校，殷曰序，……皆所以明人伦也。"(《孟子·滕文公上》)

"闻三代之道，乡里有教，夏曰校，殷曰序，周曰庠。……"(《史记·儒林列传》)

我们依这个根据，可以画成以下的简表：

种类 \ 名称 \ 朝代		虞	夏	商
国学	大学	上庠	东序	右学
	小学	下庠	西序	左学
乡学			校	序

老者做教师

为什么**庠序**都要**养老**呢？那时教化的中心是伦理，帝王以敬老的"典礼"来示范，而且老者也就是教师，他们"各就所长，及其多年之经验，聚少年学子而教之。于是耆老之所居，成最高之学府。"(柳诒徵说)[1]

二、周(前1134—前723)

周朝学校普及

周代最盛的时候，教育似乎已很普及了。**国都的学校**还是

---

[1] 出自柳诒徵《中国文化史》中《唐虞之政教》一章。见柳诒徵著，蔡尚思导读：《中国文化史》，上海古籍出版社2001年版，第74页。——编校者

有小学和大学。

"小学在公宫南之左,大学在郊,天子曰辟雍,诸侯曰泮宫。"(《礼记·王制》)

"十有三年,始入小学,见小节焉,践小义焉。年二十,入大学,见大节焉,践大义焉。"(《尚书·大传·周传》)

乡遂的学校呢?王国远郊百里内有六乡(五百家为党,五党为州,州二千五百家;五州为乡,乡一万二千五百家)。有乡庠六,州序三十,党序一百五十,郊以外是甸,仍如前制,有遂庠六,县庠三十,鄙序一百五十。照这样说,郊甸距王城不过二百里,竟有三百七十几个学校了。(孙诒让说)[1]

中央教育官,还是**司徒**,但大司徒以下,据《周礼》,"小司徒掌建邦之教法,……乡师各掌其所治乡之教,而听其治。……乡大夫之职,各掌其乡之政教禁令,……州长各掌其州之教、治、政、令之法,……党正各掌其党之政、令、教、治。"[2] 又有这么许多的佐治人员。又《尚书大传·略说》:"大夫士七十而致仕,老于乡里。大夫为父师,士为少师。"那末,也是老者做教师了。 教育官很多

也是老者做教师

课程怎么样呢?我们看《周礼》:

"大司徒,……正月之吉,……县教象之法于象魏,……以乡三物教万民而宾兴之。一曰六德,知、仁、圣、义、忠、和;二曰六行,孝、友、睦、姻、任、恤;三曰六艺,礼、乐、射、御、书、数。……以五礼防万民之 课程和教法的颁布

---

[1] 孙诒让:《周礼正义》之《地官》正义。——编校者
[2] 《周礼·地官司徒》。——编校者

伪,而教之中;以六乐防万民之情,而教之和。"(《周礼·地官司徒》)

这**三物**——德、行、艺——是课程的三部。而**六艺之中,礼、乐尤其注重**,这是和以前所说伦理和音乐的课程是一致的。我们再往下看:

"小司徒……正岁,则帅其属而观教法之象,徇以木铎。……乡师……乡大夫……正月之吉,受教法于司徒,退而颁之于其乡吏,使各以教其所治。……三年则大比,考其德行、道艺,而兴贤者、能者。……以礼礼宾之。"(《周礼·地官司徒》)

普及民众

这样,课程与教法,颁布的手续,很清楚了。所谓"教万民",原来那时教育的内容,不是文字和书本,而是道德和技能,所以是普及于民众的。悬在"象魏",摇着"木铎",是一种怎样热闹的公开讲演!

选举制度

还有**宾兴**,"兴贤者能者以礼礼宾之"的话,也是很重要的。那时从教育里,选举出贤能来,参加政治,"三年大比"一次,据《礼记·王制》,各乡选举出来受着"礼宾"的人,升到司徒;司徒再选择他们中间的"秀者",升到大学;大乐正再选择他们的"秀者,以告于王,而升之司马……司马辨论官材,论进士之贤者,以告于王,而定其论,论定,然后官之。"[1]这是周代盛时的选举制度。

隆重的视学养老典礼

教育既是这样重要的立国的原素,那时的君主,是不能不

---

[1]《礼记·王制》。——编校者

郑重其事的。周朝的天子有很隆重的**视学**和**养老**典礼。

"天子视学,大昕鼓徵,所以警众也。众至,然后天子至,乃命有司行事,兴秩节,祭先师先圣焉。……适东序,释奠于先老,遂设三老、五更、群老之席位焉。适馔省醴,养老之珍具,遂发咏焉。……下管《象》,舞《大武》,大合众以事,达有神,兴有德也。"(《礼记·文王世子》)

这盛大的宴会,先要击鼓召集,还要祭祀先师先圣先老,然后陈设酒食,继以歌舞,真是肃穆雍容极了。

三、春秋战国(前722—前247)〔1〕

周朝到幽王的末年,犬戎侵周,把王杀了。平王立,东迁,从此诸侯强大,互相兼并,中央是永远不振作了。因为孔子修《春秋》(鲁史),从周平王四十九年到敬王四十一年,这242年(前722—前479)也称为"春秋时代"。春秋以后,又经过238年,才由秦始皇造成一个统一的帝国,这中间二百多年(前479—247)也称为"战国时代"。

时代的转移

在春秋时代,中央的教育,固然衰落了;就是各诸侯国,也很少努力教育的记载。刘向《说苑》里引公扈子慨然地说:"有国者不可以不学,……春秋之中,弑君三十六,亡国五十二,诸侯奔走不得保社稷者甚众;未有不先见而后从之者也。"(《说苑·建本篇》) **教育的衰颓**,和政治的混乱,互为因果了。那时诸侯中间,如卫文公"敬教劝学"(《左传·闵公二年》),晋文公"始

春秋时公家教育的衰颓

---

〔1〕一般认为春秋战国的结束以秦始皇统一中国,即公元前221年。这里的公元前247年,也就是秦始皇继位的前一年。——编校者

入而教其民"(《左传·僖公二十七年》),鲁僖公"能修泮宫",而诗人歌咏他"载色载笑,匪怒伊教"(《诗·鲁颂·泮水》),楚庄王"无日不讨国人而训之"(《左传·宣公十二年》),郑子产不毁乡校(《左传·襄公三十一年》)。越王勾践"十年生聚而十年教训"(《左传·哀公元年》),寥寥几个重视教育者,要算是朝阳鸣凤了!到战国时代,各国忙着武力竞争,更没有教育事实的记录。

私家教育的勃盛　　我们想到希腊盛时,斯巴达、雅典,都有国家教育制度的。到了后来,慢慢地废弛了,于是诡辩家和哲学家苏格拉底等,以私人起来讲学,造成希腊文化最灿烂的一个时期(上编第一章)。我国历史上差不多也有同样的情形。春秋战国时代,公家教育是没有了,而**私家教育**却光焰万丈,勃盛起来。所以德国哲学家黑格尔(Hegel)要说:"国家在政治式微之际,即理智成熟之秋"了。

私家学术勃盛的原因　　这时私家学术的勃兴,有几种原因:(一)社会混乱,人民痛苦太深,刺激心理上的惊疑和烦闷,有才智的人总要想出解决的方法来。(二)以前高深学问掌于官府,(《汉书·艺文志》说诸子出于王官之守)政治失了统驭,世官降为平民,学术也传播到民间去了。(三)战国时,各国君主,竭力延揽人才自佐,如秦孝公、齐威王宣王、梁惠王、燕昭王,下至孟尝、平原、春申、信陵四公子,礼贤下士,成了风气,"处士"的声价也就日高。(四)更重要的,这时书籍传写的方法,似乎已很发达了。所以苏秦发书,陈箧数十,(《战国策·秦策一》)墨子南游,载书甚多。(《墨子·贵义篇》)书籍流行,研究自然便利了。

老子孔子和墨子　　私家学术的第一个大师,是做过周守藏史的神秘的老子。他不聚徒讲学,只是在出关隐居前,勉强地著了五千言。可是他的书,成了"道家"的宝典,对于后来思想的支配力是很伟大的。其次,便是孔子和墨子——孔子的弟子,多到三千人,"七十子之徒游散诸侯,大者为师傅卿相,小者友教士大夫"(《史记·儒林列传》);墨子和孔子一样,"从属弥众,弟子弥丰,充满天下"。(《吕氏春秋·当染篇》)——他们就分成了"儒家"和"墨家"。儒家的孟子和荀卿,在战国时尤其掌握着学术的权威。此外还有申不害、商鞅等"法家",惠施、公孙龙等"名家",及邹衍等"阴阳家",共为**六家**。诸子的教育学说,等到下面几章再详细叙述。

诸子六家

四、秦(前246—前207)[1]

秦始皇统一了中国,废周朝封建诸侯的制度,分全国为36郡,很有帝国的规模,可是不久又为楚项羽灭了。这紧张短促的朝代,是我国历史和文化上的一个大彗星!

秦始皇在**文化上**也有**一个功劳**,便是文字的统一。战国时,"田畴异亩,车涂异轨,律令异法,衣冠异制,言语异声,文字异形。秦始皇帝初并天下,丞相李斯乃奏同之,罢其不与秦文合者,作《仓颉篇》,中车府令赵高作《爰历篇》,太史令胡毋敬作《博学篇》,皆取史籀大篆,或颇省改,所谓小篆者也。"(许慎:《说文·序》)《史记》说始皇"一法度衡石丈尺。车同轨。书同文字。"(《史记·秦始皇本纪》)这是政治统一的好处。

秦始皇统一文字

可是他这个功劳,哪里抵得过他在**文化上一个大罪案**——焚书坑儒。本来他所重用的是法家,精神和儒家是很冲突的。那时的儒生,若只是歌功颂德也罢了,然而他们是有他们的风度和气节的。始皇三十四年(前213),他置酒咸阳宫,博士(秦官)七十人陪着,有一位淳于越博士,劝他封子弟功臣,很激昂

焚书坑儒

---

[1] 这里以秦始皇继位至西汉的建立为秦朝的纪年,即公元前246—前207年。通常以秦始皇统一中国(前221)至项羽攻占咸阳(前206)为秦朝纪年。——编校者

地说:"事不师古而能长久者,非所闻也。"始皇已大怒了。丞相李斯更奉承他说:"诸生……道古以害今,饰虚言以乱实,人善其所私学,……入则心非,出则巷议,……如此弗禁,则主势降乎上,党与成乎下",还得了吗?他简直主张:"史官凡非秦纪皆烧之。非博士官所职,天下敢有藏《诗》、《书》、百家语者,悉诣守、尉杂烧之。有敢偶语《诗》、《书》者弃市。以古非今者族。"始皇说,很好,就下令把全国的书烧了,(以上引《史记·秦始皇本纪》)他到底不放心,索性下一条毒计:"诸生到者拜为郎,前后七百人。乃密种瓜于骊山陵谷中温处。瓜实成,诏博士诸生说之,人言不同,乃令就视。为伏机,诸生……方相难不决,因发机,从上填之以土。"(《史记·儒林列传》颜师古注)七百人都坑死了!

始皇虽然焚书,究竟也**没有把**我国那时的**书籍,一齐烧掉**。一则"博士官所职",藏于官府的还在;二则《汉书·艺文志》还举出例外,就是"《易》为筮卜之事,传者不绝。"《诗》"三百五篇……以其讽诵,不独在竹帛",都是完整的。哪知后来项羽屠咸阳,烧秦宫室,火三月不绝,致官府的书又灰飞烬灭了。所以秦人一炬,民间没有完书;楚人一炬,连官府也没有完书了。这真是文艺的浩劫。我们不禁联想到公元前 640 年回教军占据希腊文化中心亚历山大时,焚烧大学藏书,当作燃料的故事。(上编第一章)

希腊的回忆

五、汉(前 206—219)〔1〕

汉高祖没有注意到教育。但齐鲁之间,本来是文化的故

---

〔1〕 东汉的结束,一般以公元 220 年 10 月,曹丕代汉称帝为标志。——编校者

乡,还有几个儒生,在传授着他们的《诗》、《书》、《礼》、《乐》,如:"伏生者,济南人也。故为秦博士。……秦时焚书,伏生壁藏之。……即以教于齐鲁之间。""申公……见高祖于鲁南宫……归鲁,退居家教,……弟子自远方至受业者百余人,以《诗》经为训。"(《史记·儒林列传》)到惠帝时,始除"挟书律"。[1] 武帝即位,始广兴教育,搜罗遗书,烧剩了的不完全的书籍,慢慢地搜集整理起来。从这时开始的"文艺复兴"运动,有下列三个方面:

汉文艺复兴

1. 搜集抄写

据《汉书·艺文志》:"汉兴,改秦之败,大收篇籍,广开献书之路。迄孝武世,书缺简脱,礼坏乐崩,圣上喟然称曰:'朕甚闵焉!'于是建藏书之策,置写书之官,下及诸子传说,皆充秘府。至成帝时,以书颇散亡,使谒者陈农求遗书于天下。"又《河间献王传》:"王……修学好古,实事求是。从民间得善书,必为好写与之,留其真,加金帛赐以招之。……故得书多。"[2]

2. 庋藏

据《汉书》的记载,西汉藏书,达一万三千二百六十九卷。"图书所在,有石渠、石室、延阁、广内,贮之于外府。又御史中丞居殿中,掌兰台秘书及麒麟天禄二阁,藏之于内禁。"[3] 又《隋书·经籍志》:"光武中兴,笃好文雅。……四方鸿生巨儒,负笈自远而至者,不可胜算。石室、兰台,弥以充积。又于东观及仁寿阁集新书,校书郎班固、傅毅等典掌焉。"

3. 校对

按《艺文志》,成帝"诏光禄大夫刘向校经传诸子诗赋,步兵

---

[1] 汉惠帝四年(前191)废除"挟书律"。——编校者
[2] 《汉书·景十三王传》。——编校者
[3] 《文献通考·职官考八》。——编校者

校尉任宏校兵书,太史令尹咸校数术,侍医李柱国校方技。每一书已,向辄条其篇目,撮其指意,录而奏之。会向卒,哀帝复使向子侍中奉车都尉歆卒父业。歆于是总群书而奏其《七略》(辑略、六艺略、诸子略、诗赋略、兵书略、术数略、方技略)。"哀帝使"谒者刘珍及五经博士,校定东观《五经》、诸子、传记、百家艺术,整齐脱误,是正文字。"[1]其他如扬雄在天禄阁校书,后昌在曲台校书,都见史传。宣帝熹平四年(175)[2],蔡邕"奏求正定《六经》文字。……自书丹于碑,使工镌刻立于太学门外。于是后儒晚学,咸取正焉。及碑始立,其观视及摹写者,车乘千余两,填塞街陌。"[3]这是有名的《熹平石经》。自后各朝相沿都刻石经了。

中央教育

先设博士和弟子

汉代的中央教育,从武帝建元五年(前136)起,设《诗》、《书》、《礼》、《易》、《春秋》**五经博士**,置**博士弟子**五十人。凡"年十八已上,仪状端正者"[4],由太常(即后来所谓礼部)选补。又各地方——郡、国、县——有"好文学,敬长上,肃政教,顺乡里,出入不悖"者[5],也得由地方官——令、相、长、丞——申送高级长官——二千石覆核及格,转送太常,受业如弟子。博士弟子受业一年,考试结果,能通一经以上的,便可做"文学掌故"的官,名次高的,为"郎",不及格的退学。博士弟子,屡有增加,昭帝时已有百人,宣帝末二百人,元帝时一千人,成帝时有三千人了。

后有学校

博士和弟子,起初并没有大规模的学校组织。我们看董仲舒的对策,竭力说:"古之王者,……立大学以教于国,设庠序以

---

[1]《后汉书·孝安帝纪》。——编校者
[2] 应为灵帝熹平四年,宣帝无此年号。——编校者
[3]《后汉书·蔡邕列传》。——编校者
[4][5]《史记·儒林列传》。——编校者

化于邑",[1]但武帝没有听他。到宣帝时,王吉又说,也没有采用。直到成帝,在水滨得古磬十六个,说是祥瑞,刘向乘机请**兴辟雍**,才兴工于长安城南,没有落成,成帝就死了。王莽要制造民意,倒非常注意学校,他于平帝时"奏起明堂、辟雍、灵台,为学者筑舍万区"[2],自己还"散舆马衣裘,振施宾客,家无所余,收赡名士"[3]呢。到东汉,光武帝又在洛阳**建太学**。到"安帝览政,薄于艺文,博士倚席不讲,朋徒相视怠散,学舍颓敝,鞠为园蔬"了。[4]

> 王莽特别注意学校

东汉的博士,已增多了。五经各分数家,照他们的"家"法,共设**十四博士**,如下表:

> 东汉博士和弟子增多

《诗》
1. 鲁(申公)
2. 齐(辕固)
3. 韩(婴)

《书》
4. 欧阳(生)
5. 大夏侯(胜)
6. 小夏侯(建)

《礼》
7. 大戴(德)
8. 小戴(圣)

《易》
9. 施(雠)
10. 孟(喜)
11. 梁丘(贺)
12. 京(房)

《春秋》、《公羊》
13. 严(彭祖)
14. 颜(安乐)

弟子更增多了——顺帝时游学者至三万余人。这太学学生的众多,旧史家如司马迁、班固都表示贬意,以为是"禄利之路使

> 公家教育与利禄

---

[1]《汉书·董仲舒传》。——编校者
[2][3]《汉书·王莽传上》。——编校者
[4]《后汉书·儒林列传上》。——编校者

然",如：

"太史公曰：余读功令,至于广厉学官之路,未尝不废书而叹也。"(《史记·儒林列传》)

"自武帝立五经博士,开弟子员,设科射策,劝以官禄,讫于元始,百有余年,传业者浸盛,支叶蕃滋,一经说至百余万言,大师众至千余人,盖禄利之路然也。"(《汉书·儒林传》)

<u>学生运动</u>

<u>私家教育</u>

那时的政府,奖励儒学,自然也免不掉流弊。可是同时我们也有两点应认清的：(一)太学生虽有很多是歆于禄利,却也不是完全没有气节。东汉学生的政治运动酿成了"党锢"之祸,这是人人知道的。(二)官学虽盛,**私家讲学**是**更盛**了。汉初申公家,有弟子百余人,前面已经说过。东汉诸儒居家教授的,既指不胜屈,而他们的弟子,从千人至万人不等；有时不能遍教,就叫高业弟子,以次相传,可见汉代的学风,原是很盛的。这两点,我们在后面第七章里还有更详细的说明。

<u>地方教育</u>

以上所叙述的是中央的教育。汉代**地方教育**是怎样的情形呢？在**郡国**,每十里设一亭,有**亭长**,十亭成一乡,设**三老**,掌教化。三老就是地方的教师了。郡国教育的最先提倡者,是蜀郡文翁。他"见蜀地僻陋有蛮夷风,文翁欲诱进之,乃选郡县小吏开敏有材者张叔等十余人亲自饬厉,遣诣京师,受业博士,或学律令。减省少府用度,买刀布蜀物,赍计吏以遗博士。"[1]这一班人学成归蜀,设学教人。像文翁这样苦心孤诣,真是难得,怪不得"吏民为立祠堂,岁时祭祀不绝"了。(《汉书·循吏传》)

---

[1]《汉书·循吏传》。——编校者

东汉儒学循吏，如寇恂、李忠、秦彭、伏恭、鲍昱、栾巴等，都有很可感人的兴学事迹。

上面所引班固说"设科射策"，这是什么一回事呢？我们便要讲到中国最早的考试制度了。所谓**设科**，汉初郡国举士，分为三科："贤良方正"、"孝廉茂才"和"博士弟子"。到后来又加"明经"、"文学"、"孝弟力田"、"淳朴"、"有道"、"直言极谏"等科。博士弟子入太学毕业，便须"**射策**"；而其他那些从地方荐举出来的人才，也要"**对策**"。董仲舒的对策，是历史上有名的。射策和对策，可以说是我国考试制度的开始。

考试制度的开始

"射策者，谓为难问疑义，书之于策，量其大小，署为甲乙之科，列而置之，不使彰显。有欲射者，随其所取得而释之，以知优劣。……对策者，显问以政事经义，令各对之，而观其文辞定高下也。"（《汉书·萧望之传》颜师古注）

这竟有些像后来的"科举"了。但我们要注意，汉代举士的方法，虽已**和周代的乡举里选不同，但也决不可与隋唐以后的"科举"制度相混**。因为：（一）汉代是选举和考试制度并行的，不像隋唐的"怀牒"投考。（二）举士的科目，偏重道德，如孝廉、方正等，非平素实行，很难当选，不像后代的专取文辞。（三）除射策本不过是博士弟子一种毕业考试以外，对策是很隆重的。州郡辟举，天子临轩策问，以为是"虚己求贤"；处士鄙生，可以布衣而致卿相。这仍有周代所谓"宾兴"的遗意，并不像后来的"弥封"、"搜检"，毫不客气地怀疑应试者的人格。

选举与考试并行

六、魏晋(220—420)

东汉末，曹操专擅政事，他的儿子曹丕后来竟废了献帝自立，仍都洛阳，国号称魏(220)，和蜀、吴鼎立为三国。不到五十年，司马炎又夺了曹家的天下，称为晋(265)。统一不到二十年，就闹八王之乱，接下来又开始闹五胡之乱。晋朝终于给匈奴赶到南方建国，都建康，是为东晋(317)。到公元420年，刘裕又夺了晋的天下，称为宋。在这二百年的混乱时期中，没有多少教育可说。

魏晋公家教育的衰落　据陈寿《三国志》所载：魏黄初五年(224)，"立太学，制五经课试之法，置《春秋谷梁》博士。"[1]但鱼豢说："太和青龙中(魏明帝时)，……太学诸生有千数，而诸博士皆粗疏无以教弟子。弟子本亦避役，竟无能习学。……百人同试，度者未十。……正始中(魏齐王芳时)，……朝堂公卿以下四百余人，其能操笔者，未有十人。"(《魏志·王肃传》注)[2] **文化**是**低落**极了。蜀和吴也有些"立太学，设博士"的记载。诸葛亮治蜀，"教美于鲁"[3]，谅也有不少教育的设施，可惜"国不置史，行事多遗"，现在无从考见了。

晋初立国子学　"晋初承魏制，置博士十九人。……**初立国子学**，定置国子祭酒……江左初，减为九人。元帝末，增《仪礼》、《春秋公羊》博士各一人，合为十一人，后又增为十六人，不复分掌《五经》，而谓之太学博士也。"这是《晋书·职官志》里的简短的记载。

思想学术的变迁　这时中央教育固然日就衰废，而根本上，**思想**界已起了一种很**大的变迁**。从汉武帝罢黜百家，表章孔子，儒家成了汉代学术的中心。但如窦太后、楚王英好黄老；盖公善黄老，曹参请之言治；司马谈习道论于黄子、耿况、淳于恭、范升等都习《老子》，可知**道家**在汉朝也有不小的潜势力。到了魏晋，太学里虽

---

[1]《三国志·文帝纪》。——编校者
[2]《三国志·钟繇华歆王朗传》，裴注引《魏略》。——编校者
[3]〔晋〕刘弘作诸葛亮祭文。——编校者

仍设诸经博士，而实在那时的思想风尚，已由儒学而转移到所谓**清谈**，或**玄学**。魏晋间士风，旷放跅弛，甚至"羞言名教"。清谈家都崇尚道家，也参合着新兴的**佛家**的学说。印度佛教的传入我国，始于东汉明帝永平十年(27)。到三国时，印度高僧支纤、支亮、支谦都来传教。东晋以后中国的佛教伟人辈出，如道安、惠远、道潜、法显；而法显横越雪山以入天竺，斋经典多种而归，差不多是我国历史上第一个"留学生"，尤其值得纪念。这可见魏晋时佛教的影响已很大了。

魏晋选士，用"**九品中正**"的制度。这制度起于魏文帝时，尚书陈群请在各州郡置一中正，以贤有识鉴者为之，区别人物，分成九等。其言行修著者，循序上升；道义亏缺者，依次下降。尚书授官时，便凭着升降复核。因为那时的"三方鼎立，士流播迁，四民错杂，详核无所。"〔1〕清议乡评，无从采择，所以汉朝的郡国选举，已不能行，只好别置中正来选择了。可是"乡举里选者，采毁誉于众多之论；而九品中正者，寄雌黄于一人之口。"(马端临说)〔2〕中正一不得人，便有**徇私趋势的弊端**。甚至到后来，专重门第阀阅，所谓"上品无寒门，下品无士族"了。

九品中正

问题

一、在上古时期二千六百七十余年中，公家教育最盛的是在哪几个时代？学校的制度怎样？

二、政治与教育合一，学校与选举并行，从现代的眼光看来，对不对？

三、从周到汉、魏，选举方法，有怎样的变迁？

---

〔1〕《通典·选举二》。——编校者
〔2〕《文献通考·选举考一》。——编校者

四、私家讲学起于何时？原因是什么？

五、周和周以前学校的课程是什么？试以与希腊教育比较之。

六、汉代"文艺复兴"以后，课程变成什么？和欧洲人文主义的学校有相同之点没有？

七、试说明汉代以儒家统一思想的原因和结果。

八、上古期末，学术思想上有什么重大变迁？

第三章
最早的教育学说

我们既将上古二千六百七十余年时期中的教育制度，在上章里说了一个大概。从此以下五章，我们更将把这时期中的教育学说，试作一简明的叙述。本章先述虞、夏、商、周公家教育的理想。

一、政教的合一

原始的教育，本起于"民族的习惯"（Folkways）。在简单的社会里，教育和政治的职能，是分不开的。我国古代，政教合一的理想，至少可从下列事实表现出来。（一）《尚书》说："天佑下民，作之君，作之师。"[1]《礼记》也说："能为师者，然后能为长；能为长者，然后能为君。"[2]所以最好的**治者，乃是被治者的教师**。上章所述周代自中央的大司徒，以至地方的乡师，乡大夫，州长，党正都是官吏，也同时是民众的教师。（二）**学校和选举是一贯**的：那时学校教育，只有一条出路，就是为国家服务；政府用人，也只有一条来路，就是学校。（三）**学问是一种官守**。

教育和政治的职能不分

---

[1]《尚书·泰誓上》。——编校者
[2]《礼记·学记》。——编校者

政治盛时，只有公家教育，各种学术，都有官掌着。到衰乱了，官也失其守了，才有私家教育。所以春秋时孔子说："天子失官，学在四夷。"[1]后来班固作《艺文志》，说明诸子的流别，还是说某家者流出于某官之守。

教育和政治的理想一致

因为政教合一，所以**教育的理想，便是政治的理想**。《礼记》说：

"大学之道，在明明德，在亲民，在止于至善。……物格而后知致，知致而后意诚，意诚而后心正，心正而后身修，身修而后家齐，家齐而后国治，国治而后天下平。自天子以至于庶人，壹是皆以修身为本。"（《礼记·大学》）

这明德、亲民、止于至善的宗旨，和格物、致知、诚意、正心、修身、齐家、治国、平天下的八个目标，后来成了很腐旧的老生常谈。虽是老生常谈，到底值得我们以历史的眼光，给他一个价值的估定。

二、政教的基础

政教的基础是道德

道德的中心是家族

政教的基础是什么呢？从上引"壹是皆以修身为本"的话，以及上章所述《虞书》司徒所敷的五教，《周礼》大司徒六德、六行、六艺的教，《孟子》"设为庠序学校以教之，……皆所以明人伦"[2]的话看来，就知道这基础是**建筑在道德上的**。

因为**社会的本位是家族，所以道德的中心**就是"五教"的**家**

---

[1]《左传·昭公十七年》。——编校者
[2]《孟子·滕文公上》。——编校者

族的伦理。"孝"的概念《虞书》已提了出来,"忠"的概念,到夏代是很明显了。《礼记》"夏道尊命,事鬼敬神而远之,近人而忠焉。"(《礼记·表记》)但"忠"也从"孝"演绎而来,《礼记》说:"事君不忠,非孝也;莅官不敬,非孝也。……战阵无勇,非孝也。"(《礼记·祭义》)对国家的道德,是对家族的道德的扩大,所以说"家齐而后国治"。

这里连带的要说到中国**祖先的祭祀**。上面所引:"夏道尊命,事鬼敬神而远之。"夏朝人是最重视祭祀的。《孝经》(章炳麟说《孝经》本夏法)更说:"孝莫大于严父,严父莫大于配天。"[1]那么,祖先简直是神化了。这祖先的崇拜,"报本追远"的眷恋,深入了我们"民族的习惯",就在学校里也映射出来。周时天子视学,祭先师先圣,上章是说过的。后来学校里祭先师,也直到清末才废止。

三、教学的方法

最早的教学原则,我们从下面所引的文字里,可想象一斑:

(一) 尊师

"凡学之道,严师为难。师严然后道尊,道尊然后民知敬学。是故君之所以不臣于其臣者二;当其为尸,则弗臣也;当其为师,则弗臣也。大学之礼,虽诏于天子无北面,所以尊师也。"

(二) 教学相益

"虽有佳肴,弗食不知其旨也;虽有至道,弗学不知其善也。是故学然后知不足,教然后知困,知不足然后能自反也,知困然

几条教学的理论

---

[1]《孝经·孝治》。——编校者

后能自强也。故曰：教学相长也。"

（三）指导训练

"大学之法：禁于未发之谓豫；当其可之谓时；不陵节而施之谓孙；相观而善之谓摩。此四者，教之所由兴也。发然后禁，则扞格而不胜。时过然后学，则勤苦而难成。杂施而不孙，则坏乱而不脩。独学而无友，则孤陋而寡闻。燕朋逆其师，燕群废其学。此六者，教之所由废也。君子既知教之所由兴，又知教之所由废，然后可以为人师也。"

（四）问答启发

"善学者，师逸而功倍，又从而庸之。不善学者，师勤而功半，又从而怨之。善问者如攻坚木，先其易者后其节目；及其久也，相说以解。不善问者反此。善待问者如撞钟，叩之以小则小鸣，叩之以大则大鸣；待其从容，然后尽其声。不善待问者反此。此皆进学之道也。""君子之教喻也，道而弗牵，强而弗抑，开而弗达。……教也者，长善而救其失者也。"

（五）学校生活

"大学之教也，时教必有正业，退息必有居学。不学操缦，不能安弦；不学博依，不能安诗；不学杂服，不能安礼；不兴其艺，不能乐学。故君子之于学也，藏焉修焉，息焉游焉。夫然，故能安其学而亲其师，乐其友而信其道，是以虽离师辅而不反。"（以上《礼记·学记》）

（六）家庭教育

"子能食食，教以右手；能言，男唯女俞。男鞶革，女鞶丝。六年，教之数与方名；七年，男女不同席，不共食；八年，出入门户，及即席饮食，必后长者，始教之让；九年，教之数日；十年，出外就傅，居宿于外，学书记。"《礼记·内则》）

问题

一、最早的教育理想是什么？

二、古代道德以什么为中心？在生活上有什么具体的表现？

三、略述《大学》所举教育的目标，并估量其价值。

四、《学记》上关于问答和教学有怎样的理论？

第四章
周、秦诸子

一、诸子是谁

在第二章里，我们叙述春秋战国时代私家讲学的诸子，有道、儒、墨、法、名、阴阳等**六家**，那是沿用《史记》内太史公谈论六家要指所用的名称。其实像《庄子》、《荀子》、《韩非子》、《淮南子》等书中，讨论诸子学术并不分什么什么家的。《汉书·艺文志》内援用刘歆《诸子略》，除这六家外，又加上纵横、杂、农、小说四家，共为十家。汉朝所有这十家的书籍，有四千三百二十四篇。可是其中包括着汉人，是不限于周、秦人的。《艺文志》还说："诸子十家，其可观者，九家而已。"那是除了小说家算的。如果严格的以思想独创性来估量周秦诸子，则纵横、杂、农三家也可以省略，这就回到司马谈的六家分类了。六家之中，各家的主要代表人物是谁呢？我们就可以从诸子互相评论中看出来。下列一个简表，是比较《艺文志》、《庄子·天下篇》、《荀子·非十二子篇》、《淮南子·要略》所列的人名而成。"家别"根据《艺文志》，"人名"根据《艺文志》和其余的三篇。三篇里虽有姓名，而《艺文志》里没有，那是证明在汉代已不存他们的著作，表内也就略去。

六家的人物

家别	人 名（见《艺文志》）		
	见《天下篇》	见《非十二子篇》	见《要略》
道家	关尹 老聃 庄周		太公 管子
儒家		子思 孟轲	孔子 晏子
墨家	墨翟	墨翟	墨翟
法家	慎到	慎到 申子	申子 商鞅
名家	惠施 公孙龙 尹文	惠施 邓析	
阴阳家			

倘把上"人名"三项中重复的划去，我们应该得到一个比较可靠的各家代表的人物表了。

这点清楚了，我们可以进而分述诸家的教育学说；若没有教育学说可考，我们也至少说明他们对于教育的影响。

二、道家

老子所谓**道**，似乎**是自然界先天的存在**，而且一成不变的。他说："有物混成，先天地生。寂兮寥兮，独立不改，周行而不殆，可以为天地母。吾不知其名，字之曰道，……王法地，地法天，天法道，道法自然。"[1]自然，自然是绝对的善，人类在大自然中是非常微弱而渺小的，所以只能顺从自然界，"以辅万物之自然，而不敢为。"[2]这种论调，很和18世纪末卢梭所倡导的"返于自然"相似。

道家的宇宙论

---

[1]《老子·二十五章》。——编校者
[2]《老子·六十四章》。——编校者

道家的人生理想

根据这样的宇宙观而得的人生理想,便是"无知无欲","见素抱朴,少私寡欲","罪莫大于可欲,祸莫大于不知足,咎莫大于欲得",[1]这便是**人生的归于自然**。因此老子对于物质的刺激,认为是"五色令人目盲,五音令人耳聋,五味令人口爽。"[2]对于社会的束缚和诱惑,他说:"天下多忌讳,而民弥贫;人多利器,国家滋昏;人多伎巧,奇物滋起;法令滋彰,盗贼多有。"[3]一般人所谓文化文明,在道家看来都是可诅咒的魔物。一切知识、艺术、礼俗、法令、政府,乃至道德条件,都是罪恶的源泉。《庄子·胠箧篇》上说:"绝圣弃知,大盗乃止;擿玉毁珠,小盗不起;焚符破玺,民乃朴鄙;掊斗折衡,而民不争。"

政治理想

根据上述的人生观而得的政治理想,便是:

"小国寡民,使有什伯之器而不用,使民重死而不远徙。虽有舟舆,无所乘之,虽有兵甲,无所陈之,使民复结绳而用之。甘其食,美其服,安其居,乐其俗,邻国相望,鸡狗之声相闻,民至老死,不相往来。"[4]

"圣人处无为之事,行不言之教,万物作而不始。生而不有,为而不恃,功成而弗居。"[5](均见《老子》)

最高的政治理想,便是无治了。

道家哲学,揭破礼教的虚伪和人类文化的弱点,排除物质欲望而探求最高的精神生活。所以说"见素抱朴,少私寡欲","去甚,去奢,去泰",[6]"为学日益,为道日损。损之又损,以至

---

[1]《老子·四十六章》。——编校者
[2]《老子·十二章》。——编校者
[3]《老子·五十七章》。——编校者
[4]《老子·八十章》。——编校者
[5]《老子·二章》。——编校者
[6]《老子·二十九章》。——编校者

于无为。"[1]这样为生活而生活,"无为而无不为"[2],便成为艺术化的生活和最圆满的人生了。不过他的心理条件,是无知无欲,既是人类所不能;他的社会条件,是小国寡民,更是现代社会所没有;所以终于是一个不能实现的理想罢了。

老子说:"绝圣弃智",[3]又说:"绝学无忧",[4]"古之善为道者,非以明民,将以愚之。"[5]他反对教育的态度是很明显的。他的理想在返于自然。而他以"愚"为自然,因此他的教育观便是**愚的教育**。他说:"常德不离,复归于婴儿。"[6]"俗人昭昭,我独昏昏,俗人察察,我独闷闷。……众人皆有以,而我独顽且鄙。"[7]所谓"婴儿","昏闷","顽鄙"都是愚的状态,也就是老子的教育理想。而"日益"便是智的教育,"日损"便是愚的教育。本来教育不限于知识的增加,精神的培养也是重要部分。老子反对教育,不过是反对一般主知的教育而已,否则,他又何以在五千言的《道德经》上有"吾言甚易知,甚易行;而天下莫能知,莫能行"[8]的感慨呢?因此,他的反对教育,正是他在教育上的绝大主张。

道家对于教育的态度

三、儒家

《汉书·艺文志》说:"儒家……游文于《六经》之中,留意于仁义之际;祖述尧舜,宪章文武,宗师仲尼。"《淮南子·要略》

儒家代表我国传统的思想

---

[1]《老子·四十八章》。——编校者
[2]《老子·四十八章》。——编校者
[3]《老子·十九章》。——编校者
[4]《老子·十九章》。——编校者
[5]《老子·六十五章》。——编校者
[6]《老子·二十八章》。——编校者
[7]《老子·二十章》。——编校者
[8]《老子·七十章》。——编校者

说:"孔子修成康之道,述周公之训。"孔子自己说:"述而不作,信而好古。"[1]他生于晚周,他的学说,只是周代思想文化的综合。他"叙《书》,传《礼记》,删《诗》,正《乐》,作《春秋》,读《易》。"[2]整理成这《六经》——也称"六艺",从汉以后,直到清末,成了公家教育的传统的课程。**儒家的教育学说**,也**成了我国传统的教育学说**。

_{道家和儒家}　　儒家和道家的思想,根本是不同的。在宇宙论上,道家的"道",是自然界先天的存在;儒家的**道**,却**是人性的表现**。"天命之谓性,率性之谓道。"(《礼记·中庸》)"人能弘道,非道弘人",(《论语》)[3]这是很显然的。在知识论上,道家主张"无知",儒家却最重致知。在政治论上,道家主张无治,而儒家憧憬着周代**礼治**。他们对于教育的态度,一个是消极的,一个是很积极的。

　　我们第三章里所述最早的教育学说,就是儒家思想的来源。关于孔子、孟子、荀子几位大师的学说,待下面第五章再详述。

四、墨家

_{墨家和儒家}　　儒家思想,是周代政治、文化的结晶。墨家思想,却正是周代政治文化的反抗。我们借欧洲教育上的名词来说,**儒家是人文主义者**,而**墨家是功利主义者**。墨子看了周末"文胜"的弊端,想极端的改革,所以他努力恢复夏代俭朴、劳苦、牺牲的精神。《淮南子·要略》说:"墨子学儒者之业,受孔子之术,以为

---

[1]《论语·述而》。——编校者
[2]《史记·孔子世家》。——编校者
[3]《论语·卫灵公》。——编校者

其礼烦扰而不悦,厚葬靡财而贫民,……故背周道而用夏政。"在战国那样混乱的社会,反抗周代传统的文化,本来是很自然的。道家的返于自然,也何尝不是对周代文化的激烈的反抗呢?不过道家的理想是自然,而墨子的理想是人为的干涉,所以墨家和道家,也没有共同之点。

墨子对于教育,也是很积极的。在他的时代,墨家徒众之多,可以和儒家对抗;所以韩非子说他们是"世之显学"。但墨学不久便衰微了。固然因儒家对他的排斥,也因为墨子之教,过于刻苦,庄子所谓"其道太觳","上下见厌"[1]的缘故。

墨子的学说,也待下面第六章另述。

五、法家

法家"信赏必罚",用整齐严峻的刑法,把散漫混乱的社会,团结约束起来。秦就是用了这种政策而"富国强兵",得到统一的成功的。这**法治**主义和儒家的礼治主义,自然又是冲突的。《大戴礼·礼察篇》说:"凡人之知,能见已然,不能见将然。礼者,禁于将然之前;而法者,禁于已然之后。"这就说明了礼治和法治的根本区别。

法家和儒家

法家也反对儒家的理论教育,而主张极端功利的**农战训练**。我们看:

"境内之民,皆化而好辩乐学,事商贾,为技艺,避农战,如此则亡国不远矣。……虽有《诗》、《书》,乡一束,家一员,独无益于治也。"(《商君书·农战篇》)

富强的教育政策

---

[1]《庄子·天下》。——编校者

> "境内之民皆言治,藏商管之法者家有之,而国愈贫,言耕者众,执耒者寡也。境内皆言兵,藏孙吴之书者家有之,而兵愈弱,言战者多,被甲者少也。"(《韩非子·五蠹篇》)

在农业社会里,以农**富国**,以战**强兵**,历史上证明是有实效的。推法家的意思,我国这样的积贫积弱,传统的教育,实在要负一部分责任!

在这富强的政策的一点上说,列在道家的管子(见前表),也可以看作一个法家。管子有绝对功利的教育主张,他这样说:

> "士农工商四者,国之石民也,不可使杂处。杂处则其言咙,其事乱。是故圣王之处士必就闲燕,处农必就田壄,处工必就官府,处商必就市井。今夫士,群萃而州处,闲燕,则父与父言义,子与子言孝,……旦昔从事于此,以教其子弟。少而习焉,其心安焉,不见异物而迁焉。是故其父兄之教不肃而成,其子弟之学不劳而能。夫是故士之子常为士。今夫农,群萃而州处,……以旦莫从事于田壄。……沾体涂足,暴其发肤,尽其四支之力,以疾从事于田野,少而习焉,其心安焉,不见异物而迁焉。是故其父兄之教不肃而成,其子弟之学不劳而能。是故农之子常为农。今夫工,群萃而州处,……夫是故工之子常为工。今夫商,群萃而州处,……夫是故商之子常为商。"

> "作内政而寄军令焉。……内教既成,令不得迁徙。故卒伍之人,人与人相保,家与家相爱,少相居,长相游,祭祀相福,死丧相恤,灾祸相忧,居处相乐,行作相和,哭泣相哀。是故夜战其声相闻,足以无乱,昼

战其目相见,足以相识,欢欣足以相死。是故以守则固,以战则胜。君有此教士三万人,以横行于天下。"

(以上《管子·小匡篇》)

这差不多是斯巴达的教育精神了。

六、名家

"名家"一名词,从司马谈、刘歆用了以后,是惯用的了。但胡适说:古来有名学,无名家。"无论那一家的哲学,都有一种为学的方法。这个方法,便是这一家的名学。……家家都有'名学',所以没有什么'名家'。不过墨家的后进如公孙龙之流,在这一方面,研究的比别家稍为高深一些罢了。"(胡适:《中国哲学史大纲》)〔1〕胡氏把惠施、公孙龙等,认为"别墨"。但也有人以为"自春秋至于战国,诸子百家,竞斗权谋术数,其结果辩论术遂渐次发达。经邓析至惠施,其发达遂到极端,诸子学皆蒙其影响。'别墨'之徒,至于忘却自家的本领,趋附之以诡辩为事"的。(渡边秀方著,刘侃元译:《中国哲学史概论》)〔2〕

有没有名家的问题

无论怎样,诡辩派的学说,在后来传统的儒家教育上,没有什么地位的。所谓"名家",自始就为儒家所攻击。荀子说:"不法先王,不是礼义,而好治怪说,玩琦辞,甚察而不惠,辩而无用,多事而寡功,不可以为治纲纪。然而其持之有故,其言之成理,足以欺惑愚众,是惠施、邓析也。"(《荀子·非十二子篇》)**名家的消沉**,在我国**学术思想上,是一件不幸的事**。

名家和儒家

---

〔1〕 胡适:《中国哲学史大纲》(上册),商务印书馆1919年2月初版,第187—188页。——编校者
〔2〕 渡边秀方著,刘侃元译:《中国哲学史概论》,台湾商务印书馆1976年版,第168页。——编校者

七、阴阳家

阴阳家在诸子中，看似最不重要的。但《史记·孟子荀子列传》说："驺衍……深观阴阳消息，而作怪迂之变，终始大圣之篇，十余万言。……重于齐。适梁，梁惠王郊迎，执宾主之礼。适赵，平原君侧行撇席。如燕，昭王拥篲先驱。……其游诸侯见尊礼如此，岂与仲尼菜色陈蔡，孟轲困于齐梁同乎哉？"这也可见阴阳家在战国时代的声势了。

阴阳家和儒家

阴阳家不像诡辩家那样为后来的儒家所排斥。西汉经师，如董仲舒、京房、翼奉，都讲阴阳、灾异，到东汉更变为谶纬之学。是其影响后来的儒家实在很深的。

阴阳家的影响

尤其重要的，是阴阳家**对于我国"民族的习惯"的影响**，民间许多迷信，是从阴阳家得来的。《汉书·艺文志》已这样说："阴阳家……敬顺昊天，历象日月星辰，敬授民时，此其所长也。及拘者为之，则牵于禁忌，泥于小数，舍人事而任鬼神。"汉代的方士，都出于阴阳家。到东汉张陵等，造成"道教"，也杂糅着阴阳术数，并不是先秦的道家学说了。

问题

一、六家的代表人物是谁？

二、儒家和其他五家思想的对比是怎样？

三、道家有没有教育主张？

四、法家的教育政策是什么？试估量其价值。

五、名家学说的衰微对于我国学术思想上有什么影响？

第五章
孔子、孟子与荀子

一、孔子的生平

孔子(前551—前479)名丘,字仲尼,鲁国人,生于周灵王二十一年,少孤,很贫贱,"陈俎豆,设礼容"[1],嬉戏异于常儿;长为鲁大夫季氏的委吏。他曾游学于周,见到老子,问礼。老子说:"子所言者,其人与骨皆已朽矣,独其言在耳。……吾闻之,良贾深藏若虚,君子盛德容貌若愚。去子之骄气与多欲,……是皆无益于子之身。"[2]好像那神秘的老子是故意要折孔子少年的锐气的。孔子退而告人说:"吾今日见老子,其犹龙乎?"[3](《史记·老庄列传》)他是很有味乎老子的话了。他遭着鲁国的乱世,到齐国去,做过齐高昭子的家臣。后回到鲁国,修《诗》、《书》、《礼》、《乐》,门下已有很多的学生了。年五十一,任鲁国的中都宰,又为司空、大司寇,相鲁定公会齐侯于夹谷,齐便把侵略鲁国的地方退还。从此摄行相事,鲁国大治。可是,不久齐送女乐给鲁国,季桓子受了,三日不朝。孔子不能和

孔子传略

---
[1]《史记·孔子世家》。——编校者
[2]《史记·老子韩非子列传》。作者引为"《史记·老庄列传》"系习惯性做法。——编校者
[3]《史记·老子韩非子列传》。——编校者

他合作，便离开了鲁国。到卫、陈和匡。匡人把他当作阳虎，拘留起来，后来放了。他还卫适宋，宋司马桓魋又想杀害他，他微服的走了。又到郑到陈，在陈绝粮，许多相从的学生都病了，但他们讲诵弦歌还不中辍。在那里住了三年，回到卫国，卫不能用他，再到陈国。他一生奔走的这样辛苦，到底也触动归思，有"归欤"之叹。便到蔡、齐、楚等国走了一趟，仍回到卫。年六十八，归《鲁》，"叙《书》，传《礼记》，删《诗》，正《乐》，作《春秋》。读《易》，韦编三绝，序《彖》、《系》、《象》、《说卦》、《文言》"，完成了整理古代文化的伟大工作。同时"以《诗》、《书》、《礼》、《乐》教弟子，盖三千焉，身通六艺者七十二人。"他自己说："发愤忘食，乐以忘忧，不知老之将至。"年七十三卒。(以上《史记·孔子世家》)时为周敬王四十一年(前479)，距希腊大哲苏格拉底的出世还前十年呢。

二、孔子的人生和政治理想

仁和恕　　孔子的人生哲学，以**仁**为基础。什么是仁呢？"樊迟问仁，子曰：'爱人。'"[1]那末"仁"便是我们所谓同情了。人们对于同类，常有同情存在着。荀子所谓："有知之属，莫不知爱其类也。"[2]这爱类的同情，其消极的表现是"恕"，积极的表现便是仁。

"子贡问：'有一言而可以终身行之者乎？'子曰：
'其恕乎！己所不欲，勿施于人。'"[3]

---

〔1〕《论语·颜渊》。——编校者
〔2〕《礼记·三年问》。——编校者
〔3〕《论语·颜渊》。——编校者

> "夫仁者,己欲立而立人,己欲达而达人。能近取譬,可谓仁之方也已。"[1]（《论语》）

人类的生活有共同的需求,从我可以推知别人,从我的需求可以知道别人的需求。非人人达到共立共达的境地,个人的生活是永不会完善的。社会的结合便基于这对他人的同情。**人生的理想**,便是这同情的培养与扩大。《孟子》也说"老吾老,以及人之老;幼吾幼,以及人之幼;天下可运于掌。《诗》云,'刑于寡妻,至于兄弟,以御于家邦',言举斯心加诸彼而已。"[2]举斯心加诸彼,就是能近取譬;老吾老,以及人之老,……就是己立人,己达达人。同情的扩大,便是为仁之方。

基于五种相对关系的同情,便是"五伦"。同情由亲而疏,伦理也不能没有差等。《中庸》上所谓"亲亲之杀,尊贤之等。"以我为圆心,这同情便是水波,逐渐随着距离的远近而扩散,扩散愈大,波动愈微,同情也愈淡。这点墨家是否认的,而儒家却不但承认而极端主张的。

将同情扩充到极量,便是**仁的世界**。这世界名**大同**,是儒家最高的政治理想。

大同

> "大道之行也,天下为公。选贤与能,讲信修睦。故人不独亲其亲,不独子其子。使老有所终,壮有所用,幼有所长,鳏寡孤独废疾者皆有所养。男有分,女有归。货,恶其弃于地也,不必藏于己;力,恶其不出于身也,不必为己。是故谋闭而不兴,盗窃乱贼而不作。故外户而不闭,是谓大同。"（《礼记·礼运》）

---

[1]《论语·雍也》。——编校者
[2]《孟子·梁惠王上》。——编校者

三、孔子的教育学说

孔子本想在政治上发展他的怀抱的。可是他改造政治的主张始终没有能实现的机会,所以结果他终于在教育上成就他的伟业。他认教育是政治的一部分,所以说:"是亦为政,奚其为政?"[1]他自己的好学,在《论语》上我们可以看到:"吾十有五,而志于学"[2],"十室之邑,必有忠信,如丘者焉,不如丘之好学也"[3],"五十以学《易》,可以无大过矣。"[4]他从学也没有一定的老师,于周则老子,于卫蘧伯玉,于齐晏平仲,于郑子产,于鲁孟公绰,他都师事过。甚至说:"三人行,必有我师焉。"[5]

孔子的教育,以人格的活动为源泉,所以《中庸》说:"惟天下至诚,为能尽其性;能尽其性,则能尽人之性。"而实施人格教育,又需教者本身先有崇高伟大的人格。《中庸》又说:"本诸身,征诸庶民,……动而世为天下道,行而世为天下法,言而世为天下则。"孔子以一个在野的布衣,聚徒三千,本"有教无类"的精神,自搢绅弟子到驵侩(子张)、大盗(颜浊聚),都是"归斯受之"。当他在陈蔡流离辛苦之时,学生们还能始终相守,讲诵不辍。孔子死了,弟子们守着心丧三年,三年既定,才痛哭诀别,子贡还在墓上住了六年才去。在这里,我们可以看到孔子人格感化的深挚了。

现在就《论语》所记载的,分述他的教育的内容和方法如下:

(一) 教育的内容

课程　《史记》说:"孔子以《诗》、《书》、《礼》、《乐》教弟子"[6],《论

---

[1][2]《论语·为政》。——编校者
[3]《论语·公冶长》。——编校者
[4][5]《论语·述而》。——编校者
[6]《史记·孔子世家》。——编校者

语》说:"子所雅言,《诗》、《书》、执礼。"[1]"兴于《诗》,立于《礼》,成于《乐》。"[2]可知他以**《诗》、《书》、《礼》、《乐》**为**主要课程**了。而《论语》又说:"弟子入则孝,出则弟;谨而信,汎爱众,而亲仁。行有余力,则以学文。"[3]这可见他很重人格教育,那《诗》、《书》、《礼》、《乐》以上,最要紧的是**伦理的实践**了。

（二）**教育的方法**

1. 个性适应　《论语》、《中庸》上论个性差异的很多,如：　　教法

"性相近也,习相远也。"[4]

"中人以上,可以语上也；中人以下,不可以语上也。"[5]

"惟上智与下愚不移。"[6]

"或生而知之,或学而知之,或困而知之,及其知之,一也。"[7]

孔子对于学生们的个性,也有很详审的考察,《论语》中评量学生个性的也很多。如"闵子侍侧,訚訚如也；子路行行如也；冉有、子贡,侃侃如也。"[8]"柴也愚,参也鲁,师也辟,由也喭。"[9]又如孔子把高材的弟子,分德行、言语、政事、文学四科都是。还有在孔子和学生们的问答中,很可以知道他的适应学生个性,如：

---

[1]《论语·述而》。——编校者
[2]《论语·泰伯》。——编校者
[3]《论语·学而》。——编校者
[4]《论语·阳货》。——编校者
[5]《论语·雍也》。——编校者
[6]《论语·阳货》。——编校者
[7]《礼记·中庸》。——编校者
[8][9]《论语·先进》。——编校者

"子路问:'闻斯行诸?'子曰:'有父兄在,如之何其闻斯行之?'冉有问:'闻斯行诸?'子曰:'闻斯行之。'公西华曰:'由也问闻斯行诸,子曰有父兄在;求也问闻斯行诸,子曰闻斯行之。赤也惑,敢问。'子曰,'求也退,故进之;由也兼人,故退之。'"[1]

又如学生们问仁问孝,孔子的答语没有一个相同,也是他**因材施教**的明证。

2. 启发 孔子说:"不愤不启,不悱不发"[2],他的启发方法,多用问答。颜渊说孔子"循循然,善诱人。"[3]他们师生问答的自由恳挚,优柔餍饫,只要看《论语・四子侍坐章》:

"子路、曾皙、冉有、公西华侍坐。子曰:'以吾一日长乎尔,无吾以也。居则曰,不吾知也。如或知尔,则何以哉?'子路率尔而对曰:'千乘之国,摄乎大国之间,加之以师旅,因之以饥馑,由也为之,比及三年,可使有勇,且知方也。'夫子哂之。'求,尔何如?'对曰:'方六七十,如五六十,求也为之,比及三年,可使足民。如其礼乐,以俟君子。''赤,尔何如?'对曰:'非曰能之,愿学焉。宗庙之事,如会同,端章甫,愿为小相焉。''点,尔何如?'鼓瑟希,铿尔,舍瑟而作,对曰:'异乎三子者之撰。'子曰:'何伤乎?亦各言其志也。'曰:'暮春者,春服既成,冠者五六人,童子六七人,浴乎沂,风乎舞雩,咏而归。'夫子喟然叹曰:'吾与点也!'

---

[1]《论语・先进》。——编校者
[2]《论语・述而》。——编校者
[3]《论语・子罕》。——编校者

三子者出,曾皙后。曾皙曰:'夫三子者之言何如?'子曰:'亦各言其志也已矣。'曰:'夫子何哂由也?'曰:'为国以礼,其言不让,是故哂之。''惟求则非邦也与?''安见方六七十,如五六十,而非邦也者?''惟赤则非邦也与?''宗庙会同,非诸侯而何?赤也为之小,孰能为之大?'"(《论语·先进》)

3. 兴趣 孔子自己说:"发愤忘食,乐以忘忧。"[1]他对于学问的兴趣可知。又说:"知之者不如好之者,好之者不如乐之者。"[2]又说:"学而时习之,不亦悦乎?"[3]所谓"乐"、"悦",只是极浓厚的兴趣。

4. 努力 教育家以自己的人格心力,为学生的表率;而在教学上,更当努力精进。孔子屡说"学不厌,教不倦",这和《学记》"教学相长"的意义相符合的。从古以来,没有不学而教能成功,没有厌倦而真能教学的!

四、孟子

孟子(前372—前289)名轲,邹人。《史记》这样简短地记载着:"受业子思之门人。道既通,游事齐宣王,宣王不能用。适梁,梁惠王不果所言,则见以为迂远而阔于事情。当是之时,秦用商君,富国强兵;楚、魏用吴起,战胜弱敌;齐威王、宣王用孙子、田忌之徒,而诸侯东面朝齐。天下方务于合纵连衡,以攻伐为贤,而孟轲乃述唐、虞、三代之德,是以所如者不合。退而

孟子传略

---

[1]《论语·述而》。——编校者
[2]《论语·雍也》。——编校者
[3]《论语·学而》。——编校者

与万章之徒,序《诗》、《书》,述仲尼之意,作《孟子》七篇。"(《史记·孟子荀卿列传》)

性善说

孟子的人生哲学,以**性善**说为中心。他的书里,反复证明人性的善。他以为(一)**人性**的本质都**是善的**,因为(1)人们同具官能,所谓"口之于味也,有同耆焉;耳之于声也,有同听焉;目之于色也,有同美焉。……心之所同然者,何也?谓理也,义也。"(《告子篇上》)(2)人们同具善端,所谓"恻隐之心,仁之端也;羞恶之心,义之端也;辞让之心,礼之端也;是非之心,智之端也。人之有是四端也,犹其有四体也。"(《公孙丑篇上》)(3)人们同具良知良能:"人之所不学而能者,其良能也。所不虑而知者,其良知也。孩提之童,无不知爱其亲者;及其长也,无不知敬其兄也。"(《尽心篇上》)

至于(二)人们以后的**不善**,**是由于不能尽其才(性)**。这因为(1)外力的影响,如"富岁子弟多赖,凶岁子弟多暴。"[1](2)善端的丧失,如"牛山之木"的比喻,他说:"其所以放其良心者,亦犹斧斤之于木也,旦旦而伐之,……则其夜气不足以存。"(《告子篇上》)

四端的扩充

孟子以性善为根据,他的人生理想,便在**善端的保存与扩充**,使人人能尽其才。他说:"凡有四端于我者,知皆扩而充之矣;若火之始然,泉之始达,苟能充之,足以保四海;苟不充之,不足以事父母。"(《公孙丑篇上》)"万物皆备于我矣,反身而诚,乐莫大焉。"(《尽心篇上》)至于扩充善端达到极量时,便有所谓"浩然之气"。(《公孙丑篇上》)有浩然之气的人是"居天下之广居,立天下之正位,行天下之大道。得志,与民由之;不得志,独行其道。富贵不能淫,贫贱不能移,威武不能屈,此之谓大丈夫。"

---

[1]《孟子·告子上》。——编校者

(《滕文公篇下》)

孟子认人类性善,所以他确认**人格的平等**,他说:"圣人与我同类者,"(《告子篇上》)"尧舜与人同耳。"(《离娄篇下》)惟其人格平等,所以他的政治理想,带着民权色彩,他说"民为贵,社稷次之,君为轻。"(《尽心篇下》)

人格平等

孟子的教育学说,我们可以举出下列数要点:

(一) 养性

教育目的

孟子认人性皆善,其教育的目的,便在人类善性的充分发展。"存其心,养其性,所以事天也。"(《尽心篇上》)"苟得其养,无物不长;苟失其养,无物不消。"(《告子篇上》)至于如何去养这人类的善性呢?孟子说"有如时雨化之者。"[1]而就消极方面说,尤在善端的觉醒,所谓"学问之道无他,求其放心而已矣。"(《告子篇上》)

(二) 自得

方法

"君子深造之以道,欲其自得之也。自得之,则居之安;居之安,则资之深;资之深,则取之左右逢其源,故君子欲其自得之也。"(《离娄篇下》)又他在论"养气"的一章中,有"宋人揠苗"的比喻,而归结到"勿忘,勿助长"。(《公孙丑篇上》)也可与自得的意义相发明。

(三) 规矩

"羿之教人射,必至于彀;学者亦必至于彀。大匠诲人,必以规矩,学者亦必以规矩。"(《告子篇上》)"大匠不为拙工改废绳墨;羿不为拙射变其彀率。君子……中道而立,能者从之。"(《尽心篇上》)

(四) 辩难

孟子曾说"君子之所以教者五"[2],而"答问"居其一;孔子教人,本重问答的启发的。公孙丑也说外人常称孟子好辩,孟

---

[1][2] 《孟子·尽心上》。——编校者

子确是常用辩答法来和弟子们讨论,如书中和告子辩性善,和陈相辩许行之学都是。

五、荀子

荀子传略 荀子名况,字卿,赵人,生卒年代无可考。[1]《史记》说:"年五十,始来游学于齐。……齐襄王时,而荀卿最为老师,……三为祭酒焉。齐人或谗荀卿,荀卿乃适楚,而春申君以为兰陵令。春申君死而荀卿废,因家兰陵。……著数万言而卒。"(《史记·孟子荀卿列传》)

恶性说 荀子、孟子,同为儒家大师,但孟子主性善说,他的教育理想是自然的发展;荀子主**性恶**说,他的教育理想是人为的努力。荀子说:"人之性恶,其善者伪也。(伪,人为也。)今人之性,生而有好利焉,顺是,故争夺生而辞让亡焉;生而有疾恶焉,顺是,故残贼生而忠信亡焉;生而有耳目之欲,有好声色焉,顺是,故淫乱生而礼义文理亡焉。然则从人之性,顺人之情,必出于争夺,合于犯分乱理而归于暴。故必将有师法之化,礼义之道,然后出于辞让,合于文理,而归于治。用此观之,然则人之性恶明矣,其善者伪也。"(《荀子·性恶篇》)孟子以为人性包含一切善端,如恻隐之心,羞恶之心,辞让之心,是非之心都是。荀子却以为人性包含一切恶端,如好利之心,耳目之欲都是。他们的观点,根本不同。荀子以性和伪相对,他说:"不可学,不可事,而在人者,谓之性;可学而能,可事而成之在人者,谓之伪;是性伪之分也。"[2]这所谓性,便是现在所谓"本能",而伪便是"习

---

[1] 据孙培青主编:《中国教育史》(华东师范大学出版社 2009 年版,第 72 页),荀子生卒年为前 313—前 238。——编校者
[2]《荀子·性恶》。——编校者

惯"。荀子重习惯,很合近世学说。不过本能本无所谓善恶,全视所成的习惯如何。孟荀的性善性恶之辨,在现在看来,是不成问题了。

荀子有性恶的前提,因此重视礼的约束,他曾说:"礼起于何也?曰:人生而有欲;欲而不得,则不能无求;求而无度量分界,则不能不争;争则乱,乱则穷。先王恶其乱也,故制礼义以分之,以养人之欲,给人之求,使欲必不穷乎物,物必不屈于欲,两者相持而长,是礼之所由起也。"(《荀子·礼论》) 礼之所由起

荀子的**教育思想**,便**以礼为中心**,摘记要点如下:

(一) 礼

教育目的

他说:"学恶乎始?恶乎终?曰:其数则始乎诵经,终乎读礼……礼者,法之大分,类之纲纪也,故学至乎《礼》而已矣。"(《荀子·劝学篇》)

(二) 积久努力

方法

他的教育方法,注重人为的努力,凡道德学问,都须"真积力久"而后成。书中"积"字最常见,如《劝学篇》中"积土成山,风雨兴焉;积水成渊,蛟龙生焉;积善成德,而神明自得,圣心备焉。故不积跬步,无以至千里;不积小流,无以成江海。骐骥一跃,不能十步;驽马十驾,功在不舍;锲而舍之,朽木不折;锲而不舍,金石可镂。……是故无冥冥之志者,无昭昭之明。无惛惛之事者,无赫赫之功。"

(三) 行动的表现

口耳记诵是未能尽教育的能事的,必须能变化气质,影响行为,改善生活。他曾说:"君子之学也,入乎耳,箸乎心,布乎四体,形乎动静;端而言,蝡而动,一可以为法则。小人之学也,入乎耳,出乎口。口耳之间则四寸耳,曷足以美七尺之躯哉!古之学者为己,今之学者为人。君子之学也,以美其身;小人之

学也以为禽犊。"(《荀子·劝学篇》)"不闻不若闻之,闻之不若见之,见之不若知之,知之不若行之。学至于行之而止矣。"(《荀子·儒效篇》)

问题

一、孔子以什么教人？试和周代盛时学校的课程相比较。（参看第二章第二节）

二、举例证明孔子的教学是注重适应个性的。

三、孟子教人"勿忘勿助长",荀子教人"真积力久",各有什么心理的根据？

四、说明性善性恶的争辩。

五、儒家的教育主张有没有独创性？（参看第四章第三节）

第六章
墨　子

一、墨子的生平

墨子名翟,鲁国人。在《史记》里我们看不到他的传记,仅在《孟子荀卿列传》的末尾,有二十四字是关于他的。"盖墨翟,宋之大夫,善守御,为节用。或曰'并孔子时',或曰'在其后'。"《墨子·鲁问篇》说:"楚惠王将攻宋,墨子自鲁至郢止之。"[1]"越王……谓公尚过曰,'先生苟能使子墨子于越而教寡人,请裂故吴之地,方五百里,以封子墨子。'"可见他曾以非战运动为各国诸侯敬礼的。庄子说:"墨者,以裘褐为衣,以跂蹻为服,日夜不休,以自苦为极。""墨子真天下之好也,将求之不得也,虽枯槁不舍也。才士也夫!"(《庄子·天下篇》)孟子也说:"墨子兼爱,摩顶放踵利天下,为之。"[2]他的劳动、节俭、博爱、牺牲的精神,连反对他的道家儒家也是不能不感动的。

墨子传略

---

[1]《墨子·鲁问》中无此句,此句疑出自《墨子·公输》,原文为:"公输盘为楚造云梯之械成,将以攻宋。子墨子闻之,起于齐,行十日十夜而至于郢。"——编校者
[2]《孟子·尽心上》。——编校者

二、墨子的人生和政治理想

墨子的思想纯乎是**反抗时代**的,带着极端的色彩。他想变革旧社会而另创造一合理的新社会,《淮南子》说他背周道而用夏政,和孔子的"修成康之道,述周公之训"[1],根本上是完全不同的。所以他处处以儒家来作为批评的对象。他目睹战争的惨酷和空谈弭兵的无用,想求一个根本的救济方法。所以提倡"兼爱"、"非攻",而又从实际上,研究"守御"之术。他是功利主义者,深恶周末人文的流弊,他说:"儒之道,足以丧天下者,四政焉。……天鬼不说,……厚葬久丧,……弦歌鼓舞,……以命为有。"[2]因此他有"天志"、"明鬼"、"节用"、"节葬"、"非乐"、"非命"等说。这都是儒家的反动。至于道家无为之治,纯任自然,墨子也不赞成,而主张干涉的政治。所以有"尚贤"、"尚同"等说。这又是老子学说的反动了。

_{功利主义的思想}

(一) 兼爱

_{兼相爱交相利}

是墨子学说的中心主义,他说人类一切罪恶都起于自私自利。"乱何自起?起不相爱。……子自爱,不爱父,故亏父而自利;弟自爱,不爱兄,故亏兄而自利;臣自爱不爱君,故亏君而自利……虽父之不慈子,兄之不慈弟,君之不慈臣,……皆起不相爱,……盗爱其室,不爱其异室,故窃异室以利其室;贼爱其身,不爱人,故贼人以利其身……大夫各爱其家,不爱异家,故乱异家以利其家;诸侯各爱其国,不爱异国,故攻异国以利其国。"[3]怎样矫正呢?他提出了"**兼相爱,交相利**"的原则。他

---

[1] 《淮南子·要略》。——编校者
[2] 《墨子·公孟》。——编校者
[3] 《墨子·兼爱上》。——编校者

要使人明了这原则,用功利的观念来解释它,说:"孝子之为亲度者,……欲人之爱利其亲也。然则吾恶先从事即得此?若我先从事乎爱利人之亲,然后人报我爱利吾亲乎?意我先从事乎恶人之亲,然后人报我以爱利吾亲乎。"[1]从表面上看,也很似儒家推己及人的本旨,而实则墨家从利害的计较一点上解释,和儒家的无所为而为的同情扩大,是不同的。

(二) 非攻

兼相爱交相利,个人这样,国际也是这样。军国主义以国际道德和个人道德分开,墨子很抨击它的错误。他说:

"今有一人,入人园圃,窃其桃李,众闻则非之,上为政者,得则罚之,此何也?以亏人自利也。至攘人犬豕鸡豚,……以亏人愈多,其不仁兹甚,罪益厚。……至入人栏厩,取人牛马者,……其不仁兹甚,罪益厚。……至杀不辜人也,扡其衣裘,取戈剑者,……其不仁兹甚矣,罪益厚。当此,天下之君子,皆知而非之,谓之不义。今至大为不义攻国,则弗知非,从而誉之,谓之义。……此可谓知义与不义之别乎?……今有人于此,少见黑曰黑,多见黑曰白,则以此人不知白黑之辨矣。……今小为非,则知而非之。大为非攻国,则不知非,从而誉之,谓之义。此可谓知义与不义之辩乎?"(《非攻上》)

攻人国的不义

(三) 节用节丧非乐

墨子本着他功利的兼爱主义,主张勤劳节用,曾说:"**费财**

费财劳力不加利者不为

---

[1]《墨子·兼爱下》。——编校者

劳力不加利者,不为也。"他主张节丧,非乐,无非以废时旷事劳民耗财为理由。所以庄子批评他,说:"其生也勤,其死也薄,其道大觳;使人忧,使人悲,其行难为也。"(《庄子·天下篇》)

(四)尚同

> 上同而不敢下比

墨子主张君主专制,说:"凡国之万民,上同乎天子,而不敢下比。天子之所是,必亦是之;天子之所非,必亦非之。"[1]所谓"尚同",便是上同乎天子的意思。

(五)天志

> 宗教的制裁

墨子不仅是哲学家,同时也是宗教家。他常用宗教的话来保障他的兼爱哲学。他曾说:"杀一不辜者,必有一不祥。曰:'谁杀不辜?'曰:'人也'、'孰予之不辜?'曰:'天也'。"(《天志上》)"顺天意者,兼相爱,交相利,必得赏。反天意者,别相恶,交相贼,必得罚。"(《天志上》)他所谓天,和孔老所谓天不同,是有意识,有行为,具人格的神了,所以称"天志"。

三、墨子的思想方法和教育

> 三表

墨家的"名学"特别发展,前面已说过了。墨子说知识有三个来源,"知:**闻、说、亲**。"(《经上》)闻知是传授所得的知识;说知是推理所得的知识;亲知乃是经验所得的知识。他的"名学"或思想方法,这三者是并用的,谓之"**三表**"。

"言必有三表。何谓三表?……有本之者,有原之者,有用之者。于何本之?上本之于古者圣王之事。于何原之?下原察百姓耳目之资。于何用之?发以为

---

[1]《墨子·尚同中》。——编校者

刑政,观其中国家百姓人民之利。"(《非命上》)

墨子论证,常用这三表法,书中实例甚多。本之即闻知,原之即说知,用之即亲知。他的注重亲知,注重"用之,发以为刑政,观其中国家百姓人民之利",是很近于实验主义的逻辑的。

墨子和孔子一样,是积极于教育事业的,所以"从属尔众,弟子弥丰,充满天下。"(《吕氏春秋》)[1]韩非子说墨家和儒家是"世之显学",可见在那时代私家教育上两家势力的抗衡。《淮南子》还说:"墨子服役者百八十人,皆可使赴火蹈刃,死不旋踵"[2],那更可见他的**强烈的人格的感化**,几于有宗教的精神了。只可惜我们除了他的学说和思想方法,如上所略述以外,关于他的教育的方法竟一些没有考证。

问题

一、试列举墨子思想的要点,以证明他的反抗周末文化。

二、孟子说:"墨子兼爱,是无父也",他对于兼爱的意义有没有误解?

三、墨子非乐有充分的理由吗?

四、什么是"三表"?

---

[1]《吕氏春秋·当染》。——编校者
[2]《淮南子·泰族训》。——编校者

第七章
两汉的教育学说与学风

在汉代，无论是公家所设的博士，或私家讲学的大师，都是以章句训诂的经学为教育的唯一内容，对于教育，很少独创的学说。本章举出几个比较重要的政论家或著作家——董仲舒、扬雄、王充——关于教育的些微思想；再分述一般经师的节操和生活、太学生的政治运动，以见两汉学风的梗概。

一、董仲舒

董仲舒，景帝时博士。氏专精好学，"下帷讲诵，弟子传以久次相授业，或不见其面"[1]，有"三年不窥园"的故事。武帝时，应贤良举，对策，便是有名的《天人策》了。此外他还有《春秋繁露》等著作。历相江都王、胶西王。后因病去官，家居修学。

董仲舒的教育政策

（一）教育政策

在他所上的《天人策》中，我们可看出他的教育政策，要点有二：（1）**兴学举贤**："兴太学，置明师，以养天下之士，数考问

---

[1]《汉书·董仲舒传》。——编校者

以尽其材,……使诸列侯郡守二千石,各择其吏民之贤者,岁贡各二人,以给宿卫,……量材而授官,录德而定位。"[1] (2) **统一学术**:"《春秋》大一统者,天地之常经,古今之通谊也。今师异道,人异论,百家殊方,指意不同,是以上之以持一统,法制数变,下不知所守。臣愚以为诸不在六艺之科,孔子之术者,皆绝其道,勿使并进。邪辟之说灭息,然后统纪可一,而法度可明,民知所从矣。"[2] 氏"推明孔氏,抑黜百家"的政策既为武帝所采用,从此中国二千年的学术思想就受着层层的束缚,没有发展的自由了。

(二) 人生理想

氏以为人生行为,不应重功利,而应重**纯粹的动机**。他那"正其谊,不谋其利;明其道,不计其功"[3]是后来儒家所常引的警语。

<small>正其谊不谋其利</small>

(三) 性论

他认人性不是生而为善,乃是教而后善的。说:"性比于禾,善比于米,米出禾中,而禾未可全为米也;善出性中,而性未可全为善也。……性如茧如卵,卵待复而为雏,茧待缫而为丝,**性待教而为善**。"(《春秋繁露·深察名号篇》)这是和现代本能习惯的观念很相近的。

<small>性待教而后善</small>

二、扬雄

扬雄,字子云,成都人,少好学,工辞赋,不为章句训诂,而博览无所不见。为人简易佚荡,口不能剧谈,默而好深湛之思。家无儋石之储,他却并不因而忧虑。哀帝时,官黄门郎;王莽时,为大夫。

---

[1][2][3]《汉书·董仲舒传》。——编校者

他的文章中流露着淡泊自甘的老庄的倾向，如《解嘲》说："炎炎者灭，隆隆者绝；观雷观火，为盈为实，天收其声，地藏其热。高明之家，鬼瞰其室，攫挐者亡，默默者存，位极者宗危，自守者身全。是故知玄知默，守道之极；爱清爱静，游神之廷；惟寂惟寞，守德之宅。"[1]在他的著作里，我们可得到下列三点的学说：

扬雄的太玄

（一）**宇宙论**

他以为宇宙的本体是"**玄**"，犹老庄所谓"道"，而**人各为一小玄体**，"玄者，幽摛万类而不见形者也。资陶万物以生规，……搁指阴阳以发气，一判一合，天地备矣；天日回行，刚柔接矣；还复其所，始终定矣。"[2]在玄之中有阴阳消长的两种力，能并存而保持平衡，而它的本体只是虚静。

性善恶混

（二）**性论**

"玄"是有阴阳二力的，人性也有善恶二元。所以他在《法言·修身》篇中说："人之性也**善恶混**；修其善则为善人，修其恶则为恶人。"

（三）**教育论**

他的宇宙论多采老子的意思；而教育论则多袭儒家的旧说。"学者，所以修性也。视、听、言、貌、思，性所有也。学则正，否则邪。""务学不如务求师，师者人之范模也，模不模，范不范，为不少矣。一哄之市，不胜异意焉；一卷之书，不胜异说焉。一哄之市，必立之平；一卷之书，必立之师。"（《法言·学行篇》）

三、王充

王充，字仲任，上虞人，少孤，事母至孝。受业太学，又师事

---

[1]《汉书·扬雄传》。——编校者
[2]《太玄·玄摛》。——编校者

班彪。他也是好博览群经而不拘守章句的窠臼的。家贫无书，常游洛阳市肆，阅所卖书，一见辄能记忆，遂博通"众流百家之言"。[1]后归乡里，屏居教授，潜思著作，户牖墙壁，各著刀笔，成《论衡》八十五篇，《养性书》十六篇。和帝永和中卒。

（一）宇宙论

充的宇宙观，也近似道家，以为**万物生于自然**，他说："天之动行也，施气也，体动气乃出，物乃生矣。……天动不欲以生物，而物自生，此则自然也。"（《论衡·自然篇》）

（二）性论

充以为人的"禀气"有多少厚薄，所以**性有三等**。孟轲言人性善者，中人以上者也；荀卿言性恶者，中人以下者也；扬雄言性善恶混者，中人也。（《本性篇》）

> 王充说性有三等

（三）教育论

"论人之性，定有善有恶，其善者固自善矣；其恶者固可教告率勉，使之为善。凡人君父审观臣子之性善，则养育劝率，无令近恶。近恶则辅善禁防，令渐于善。"（《率性篇》）又曰"学者，所以反情治性，尽材成德也。"（《量知篇》）

王充的学说很少精意，而他的特色在**重经验，尚批评**。蔡元培说："汉儒之普通思想，为学理进步之障者二：曰迷信，曰尊古。王充对于迷信，有《变虚》、《异虚》、《感虚》、《福虚》、《祸虚》、《龙虚》、《雷虚》、《道虚》等篇。于一切阴阳灾异及神仙之说，掊击不遗余力。一以其所经验者为断，粹然经验派之哲学也。其对于尊古，则有《刺孟》、《非韩》、《问孔》诸篇，虽所举多无关宏旨，而要其不阿所好之精神，有可取者。"（《中国伦理学史》）[2]王充的思想，可说是汉朝儒学的反动。他尊老子为上

> 对汉儒学的反抗

---

[1]《后汉书·王充传》。——编校者
[2] 蔡元培：《中国伦理学史》，上海古籍出版社2005年版，第77页。——编校者

德,到了魏晋,道家势力重张,清谈的风气就兴起了。

四、经师的生活和节操

汉代太学的兴盛和博士弟子的增多,在第二章里已述过了。这里我们要说一说那时许多隐居教授的经师的生活和节操,以明了民间教育的状况。

(一)私家弟子的众多

西汉大师,弟子多的不过千余人罢了。如申公"归鲁,退居家教,……弟子自远方至受业者千余人"[1],便是一例。可是到了东汉,儒者家居教授,弟子之多,便远过西汉了。如牟长诸生讲学者,常有千余人,著录前后万人;宋登教授数千人;丁恭著录数千人;楼望著录九千人;蔡玄著录万六千人;谢循、杨伦、杜抚、张元弟子皆千余人。这些大师各有录牒登记门徒,门徒一多,不能个别教授,常使高业弟子以次相传。如《后汉书·马融传》说:"融才高博洽,为世通儒,教养诸生,常有千数。……弟子以次相传,鲜有入其室者。"又《郑玄传》也说:"融门徒四百余人,升堂进室者五十余生。融素骄贵,玄在门下,三年不得见,乃使高业弟子传授于玄。玄日夜寻诵,未尝怠倦。会融集诸生考论图纬,闻玄善算,乃召见于楼上,玄因从质诸疑义。"东汉私家传学的盛况,可以想见了。

> 大师弟子数千人

(二)经师的不废力作

汉代经师,治学以外,不废力作。公家举士,本来以"力田"和"孝弟"并称。民间讲学大师往往从事于耕、樵、牧、佣等普通劳动,以自立生计。《前后汉书》所载,如:

> 读书不废劳动

---

[1]《史记·儒林列传》。——编校者

"朱买臣……家贫,……常**艾薪樵**,卖以给食,担束薪,行且诵书。"[1]

"匡衡……家贫,**佣作**以供资用。"[2]

"马援……亡命北地,……因留**牧畜**。"[3]

"王尊……少孤,归诸父,使**牧羊**泽中。尊窃学问,能史书。"[4]

"承宫……为人**牧豕**,乡里徐子盛者,以《春秋经》授诸生数百人,宫过息庐下,……为诸生拾薪。执苦数年,勤学不倦。经典既明,乃归家教授。……后与妻子之蒙阴山,肆力**耕种**。"[5]

"桓荣……贫窭无资,常**客佣**以自给。"[6]

"徐穉……常自**耕稼**,非其力不食。"[7]

"申屠蟠……佣为**漆工**。"[8]

"吴祐……居无檐石,而不受赡遗。常**牧豕**于长垣泽中,遇父故,……人谓曰:'卿二千石子而自业贱事,纵子无耻,奈先君何?'祐辞谢而已。……表为长史,……免归,……躬**灌园蔬**,以经书教授。"[9]

"庾乘……少给事县廷为门士,林宗见而拔之,劝游学宫,遂**为诸生佣**。后能讲论,自以卑第,每处下坐,诸生博士皆就雠问,由是学中以下坐为贵。"[10]

"周燮……专精《礼》、《易》。……有先人草庐,结

---

[1]《汉书·严朱吾丘主父徐严王贾传上》。——编校者
[2]《汉书·匡张孔马传》。——编校者
[3]《后汉书·马援列传》。——编校者
[4]《汉书·赵尹韩张两王传》。——编校者
[5]《后汉书·宣张二王杜郭吴承郑赵列传》。——编校者
[6]《后汉书·桓荣丁鸿列传》。——编校者
[7][8]《后汉书·周黄徐姜申屠列传》。——编校者
[9]《后汉书·吴延史卢赵列传》。——编校者
[10]《后汉书·郭符许列传》。——编校者

于冈畔,下有陂田,常肆勤以自给。非身所**耕渔**,则不食也。"〔1〕

(三) 经师的节操

<small>做官不歆利禄</small>　因为经师讲学之余,不废劳作,耕樵渔牧,在那时简朴的农业社会里,足以资生,不必歆于禄利,以官为业,处士拘儒,自视甚重。即受征辟,也常能直道而行,保持着刚劲之节、謇谔之风,很有"富贵不淫,贫贱不移"的节概列。我们可以在《汉书》里随便举几个例:

"武帝……使使束帛加璧,安车以蒲裹轮,驾驷迎申公。……见上,上问治乱之事。申公时已八十余,老,对曰:'为治者不在多言,顾力行何如耳。'是时上方好文辞,见申公对,默然。"〔2〕

"辕固,……景时为博士",与黄生争论汤武受命之说于帝前而罢免。"武帝……以贤良征。……公孙弘……仄目而事固,固曰:'公孙子,务正学以言,毋曲学以阿世。'"〔3〕

"戴凭……年十六,郡举明经,征试博士。"光武"诏公卿大会,群臣皆就席,凭独立。光武问其意,凭对曰:'博士说经皆不如臣,而坐居臣上,是以不得就席。'帝即召上殿,令与诸儒难说,凭多所解释。帝善之,拜为侍中。"〔4〕

"孔僖……世传《古文尚书》、《毛诗》。……拜僖

---

〔1〕《后汉书·周黄徐姜申屠列传》。——编校者
〔2〕〔3〕《汉书·儒林传》。——编校者
〔4〕《后汉书·儒林列传》。——编校者

兰台令史。……帝（章帝）……过鲁，幸阙里，以太牢祠孔子……作六代之乐，大会孔氏男子二十以上者六十三人，命儒者讲《论语》。僖因自陈谢。帝曰：'今日之会，宁于卿宗有光荣乎？'对曰：'臣闻明王圣主，莫不尊师贵道。今陛下亲屈万乘，辱临敝里，此乃崇礼先师，增辉圣德。至于光荣，非所敢承。'帝大笑曰：'非圣者子孙，焉有斯言乎？'"[1]

郑玄"客耕东莱，学徒相随已数百千人。及党事起，……被禁锢，遂隐修经业，杜门不出。……灵帝末，党禁解，大将军何进闻而辟之。……为设几杖，礼待甚优。玄不受朝服，而以幅巾见。一宿逃去。时年六十，……尝疾笃，自虑，以书戒子，……闲居以安性，覃思以终业。……虽无绂冕之绪，颇有让爵之高。……大将军袁绍总兵冀州，遣使要玄，大会宾客，玄最后至，乃延升上坐。……绍客多豪俊，并有才说，见玄儒者，未以通人许之，竟设异端，百家互起。玄依方辩对，咸出问表，……莫不嗟服。汝南应劭……自赞曰：'故太山太守应中远，北面称弟子何如？'玄笑曰：'仲尼之门考以四科，回、赐之徒，不称官阀。'劭有惭色。"[2]

（四）乡里的感化

经师在乡里，往往也能发生社会感化的效果。如《郑玄传》："还高密，道遇黄巾贼数万人，见玄皆拜，相约不敢入县境。"[3]《儒林传》说："孙期……家贫，事母至孝，牧豕于大泽中，以奉养焉。远人从其学者，皆执经陇畔以追之，里落化其仁

盗贼不犯先生舍

---

[1]《后汉书·儒林列传》。——编校者
[2][3]《后汉书·张曹郑列传》。——编校者

让。黄巾贼起,过期里陌,相约不犯孙先生舍。"[1]《徐穉传》说:"子胤,笃行孝悌,亦隐居不仕。……寇贼从横,皆敬胤礼行,转相约敕,不犯其闾。"[2]这种美谈,在《汉书》[3]里是时时发见的。

五、太学生的政治运动

班固在《汉书·儒林传》里说太学游学的增盛是"禄利之途使然",这大概是不错的。但汉朝太学,决不是完全没有正气和直道存于其间,特别是在两汉末年,朝政最紊乱的时候,太学生代表着民意,有过好几次轰轰烈烈的政治运动。我们举下列几件事为证:

王咸举幡救鲍宣	"鲍宣……下廷尉狱。博士弟子济南**王咸**举幡太学下,曰:'欲救鲍司隶者会此下。'诸生会者千余人。朝日,遮丞相孔光自言,丞相车不得行。又守阙上书。上遂抵宣罪减死一等。"[4]
刘陶上书援朱穆	朱晖孙穆,"征穆诣廷尉,输作左校。太学书生**刘陶**等数千人诣阙上书讼穆曰:'穆处公忧国,拜州之日,志清奸恶。……当今中官近习,窃持国柄,手握王爵,口含天宪,运赏则使饿隶富于季孙,呼噏则令伊、颜化为桀、跖。而穆独亢然不顾身害。……竭心怀忧……臣愿黥首系趾,代穆校作。'帝览其奏,乃赦之。"[5]

---

[1]《后汉书·儒林列传》。——编校者
[2]《后汉书·周黄徐姜申屠列传》。——编校者
[3] 此处《汉书》指《汉书》和《后汉书》两部。——编校者
[4]《汉书·王贡两龚鲍传》。——编校者
[5]《后汉书·朱乐何列传》。——编校者

第七章　两汉的教育学说与学风

> "桓灵之间,主荒政缪,国命委于阉寺,士子羞与为伍……太学诸生三万余人,**郭林宗**、**贾伟节**为其冠,并与**李膺**、**陈蕃**、**王畅**更相褒重。……危言深论,不隐豪强。自公卿以下,莫不畏其贬议。……牢修因上书诬告膺等养太学游士,交结诸郡生徒,……诽讪朝廷,疑乱风俗。于是……逮捕党人,……收执膺等。其辞所连及陈寔之徒二百余人。……明年……赦归田里,禁锢终身。而党人之名,犹书王府。"[1]

太学生拥护李膺

这是最后一段事,史称"党锢之祸"。在《后汉书·党锢列传》中,关于太学诸生的风义有很多动人心魄的记载。如:

> 李膺死,"妻子徙边,门生、故吏及其父兄,并被禁锢。时侍御史蜀郡景毅子顾为膺门徒,而未有录牒,故不及于谴。毅乃慨然曰:'本谓膺贤,遣子师之,岂可以漏夺名籍,苟安而已!'遂自表免归,时人义之。"

> "诏下急捕滂等。督邮吴导至县,抱诏书,闭传舍,伏床而泣。滂闻之,曰:'必为我也。'即自诣狱。县令郭揖大惊,出解印绶,引与俱亡。……其母就与之决……母曰:'汝今得与李(膺)、杜(密)齐名,死亦何恨!既有令名,复求寿考,可兼得乎?'滂跪受教,再拜而辞。顾谓其子曰:'吾欲使汝为恶,则恶不可为;使汝为善,则我不为恶。'行路闻之,莫不流涕。"

顾亭林氏说:"光武……尊崇节义,敦厉名实,所举用者,莫

---

[1]《后汉书·党锢列传》。——编校者

非经明行修之人，而风俗为之一变。至其末造，朝政昏浊，国事日非，而党锢之流，独行之辈，依仁蹈义，舍命不渝。'风雨如晦，鸡鸣不已'，三代以下风俗之美，无尚于东京者。故范晔之论，以为'桓、灵之间，君道秕僻，朝纲日陵，国隙屡启，自中智以下，靡不审其崩离。而权强之臣，息其窥盗之谋，豪俊之夫，屈于鄙生之议。''**所以倾而未颓，决而未溃，皆仁人君子心力之为**'，可谓知言者矣。"[1]（顾炎武：《日知录》）

问题

一、比较董仲舒、扬雄和王充的论性。

二、董仲舒的教育政策在我国教育和学术上，发生什么影响？

三、汉朝隐居教授的经师有什么职业的活动？

四、略述汉太学生的政治运动。

---

[1]《日知录·两汉风俗》。——编校者

第八章
中古的教育

一、南北朝(420—588)[1]

在东晋时,北方各民族,渐渐兼并于鲜卑的魏,成晋魏对峙的局面。420年,刘裕篡晋,称宋;由宋而齐,而梁,而陈,每一朝不过几十年,循环篡夺,这称为"南朝"。倒是北魏能享着一百五十年的国运,才分裂为东魏、西魏;又变为北齐、北周;到杨坚篡北周而统一了,称为隋。这后魏、东西魏、北齐、北周,就称为"北朝"。在这南北分立时代,汉族的文物被胡族蹂躏殆尽了。但外族也尽量吸收融合汉族的文明,自然有同化的作用。

这混乱时代的教育,是没有多少可记的。**南朝**兴学,比较有影响的,有两个时期:一是**宋**文帝元嘉间,一是**梁**武帝天监间。

南朝的兴学

"文帝元嘉二十年,立国学;二十七年,废。帝雅好艺文,使丹阳尹庐江何尚之立玄学,太子率更令何承天立史学,司徒参军谢元立文学,散骑常侍雷次宗立儒学,为**四学**。"(《文献通考·学校考二》)除了**儒学**以外,设**玄学**、**史学**、**文学**,这点很值得注

玄学史学文学和儒学

---

[1] 南北朝的结束,一般以公元589年杨坚建隋灭陈统一全国为标志。——编校者

意。虽然，照传统的儒学家如司马光看来，"天下无二道，安有四学哉！"[1]但学术思想演进下来，不久还不止"二道"、"四学"呢！这是**大学分科之始**。

"天监四年，乃诏开**五馆**，建立国学，……置《五经》博士各一人。……各主一馆。馆有数百生，给其饩廪，其射策通明经者，即除为吏，于是怀经负笈者云会矣。"（《南史·儒林列传》）

梁武帝晚年好佛，所以学校也就衰歇了。

学风的早靡　　这时承清谈之风，思想参合老佛，文章趋向浮华，早已不是那两汉儒学统一的学术，也早就没有上章所述那种朴实厚重的学风了。那时士流的生活，北齐颜之推描写得好：

"**梁朝全盛**之时，贵游子弟，多无学术，……熏衣剃面，傅粉施朱，驾长檐车，跟高齿屐，坐棋子方褥，凭斑丝隐囊，列器玩于左右，从容出入，望若神仙。明经求第，则顾人答策；三九公䜩，则假手赋诗。当尔之时，亦快士也。"（《颜氏家训》）[2]

你想：知识阶级的奢靡、堕落到这个样子，国家还哪里能不危亡，民族还哪里会独立？外族的侵略蹂躏，也是应该的了！

北朝的兴学　　**北朝**兴学，以魏时为最盛，且看它的事迹：

"道武……立太学，置五经博士，生员千有余人。

---

[1]《资治通鉴·宋纪五》。——编校者
[2]《颜氏家训·勉学》。——编校者

"天兴二年春,增国子太学生员至三千人。……明元时,改国子为中书学,立教授博士。"[1]

"太武帝始光三年春,起太学于城东,……令州郡各举才学。于是人多砥尚,儒术转兴。"[2]

"献文天安初,诏立乡学,……大郡立博士二人,助教四人,学生一百人;次郡立博士二人,助教二人,学生八十人;中郡立博士一人,助教二人,学生六十人;下郡立博士一人,助教一人,学生四十人。……及迁都洛邑,诏立国子、太学、四门小学。"(《北史·儒林传》)[3]

四门小学

北魏的教育,比南朝确有规模,虽不见得如《北史·儒林传》所说,"斯文郁然,比隆周汉",而以它享国较长久,政治较安定,教育建设也当然较有可观,这是可信的。

二、隋(589—617)[4]

隋虽统一了南北,但只享着短短的28年生命,教育似乎没有什么可说。但他承受着南北朝的旧典,开辟唐朝的新途,在制度方面,却也很有关系。

隋的中央和地方教育制度怎样呢?看下列所引:

"**国子寺**……祭酒一人,……统**国子、太学、四门、书、算学**,各置博士……助教,国子、太学、四门均各五

---

[1][2][3]《北史·儒林列传上》。——编校者
[4] 一般认为,隋朝以公元581年杨坚灭北周为始,以公元618年炀帝在江都(今江苏扬州)被杀而终。共历二帝,38年。此处589年是杨坚灭陈,统一全国;617年唐高祖李渊攻入都城大兴(今西安)。——编校者

人;书,算各二人。学生国子一百四十人,太学、四门各三百六十人,书四十人,算八十人。"(《隋唐·百官志下》)

文帝时,"京邑达乎四方,皆启黉校。……暮年,精华稍竭,不悦儒术,……遂废天下之学,惟存国子一所。……炀帝即位,复开庠序,国子、郡、县之学,盛于开皇(文帝年号)之初。……既而外事四夷,戎马不息,师徒怠散。"(《隋书·儒林列传》)

唐制本于隋 隋的学制中,国子学起于晋,四门学起于北魏,已见前述。这国子学、太学、四门学、书学、算学的五种学校,又皆为后来唐代所本。

隋始建进士科 隋时对于选举上,还有一件极重要的事,就是炀帝始建"**进士科**"。(《文献通考·选举考二》)我们应记得从魏晋到南北朝,举士都沿用"九品中正"的制度,到炀帝才废止了而专用考试,这**是科举制度之始**。

雕版印书 我国**雕版印刷**术,也是**从隋开始**的。隋时藏书很富,"开皇三年,秘书监牛弘表请分遣使人,搜访异本。每书一卷,赏绢一匹,校写既定,本即归主。于是民间异书,往往间出。及平陈以后,经籍渐备。……内外之阁,凡三万余卷。"(《隋书·经籍志一》)这在文化上是一件很可纪念的事。

三、唐(618—905)[1]

唐朝在我国历史上,是一个国力膨涨、民族繁荣的时期。那时幅员辽阔,享国的年代又久长。太宗贞观、玄宗开元年间,史称盛

---

[1] 一般认为,唐朝以公元907年为朱温所灭而结束。共历二十帝,290年。此处公元905年是唐昭宣帝李柷禅位于朱温。——编校者

治。政治文化的势力，渐被外族[1]，教育的设施，也自然规模闳远了。《唐书·儒学传》说，贞观间，"大征天下儒士，以为学官。"[2]"国学增筑学舍一千二百区，……生员……三千二百六十员"。[3]"高丽及百济、新罗、高昌、吐蕃等诸国酋长，亦遣子弟请入于国学之内。鼓箧而升讲筵者，八千余人。"[4]日本也就在这时派遣留学生由我国传受学问，而渐有文化。啊！这是怎样光荣的一个时代！

中央学校制度，我们就《唐书·百官志》、《选举志》，比较综合，列成下表：

唐中央的学制

学校	教师额		学生额	入学资格	课　程
	博士	助教			
国子学	2	2	300	文武三品以上及国公子孙	《周礼》、《仪礼》、《礼记》、《毛诗》、《左传》、《孝经》、《论语》、暇习隶书、《国语》、《说文》、《字林》、《三苍》、《尔雅》。
太学	3	3	500	文武官五品以上及郡县公子孙	同上
广文馆	4	2	无定额	国子学生业进士者	同上
四门学	3	3	1300	文武官七品以上之子五百人；庶人俊异者八百人	同上
书学	2		30	文武官八品以下及庶人之子	以《石经》、《说文》、《字林》为专业，余字书兼习之。

---

[1] 此处漏印，疑漏"所接受"。——编校者
[2][3][4] 《旧唐书·儒学上》。——编校者

续 表

学校	教师额		学生额	入学资格	课程
	博士	助教			
算学	2		30	同上	习《九章》、《海岛》、《孙子》、《五曹》、《张丘建》、《夏侯阳》、《周髀》十五人，《缀术》、《缉古》十五人。
律学	1	1	50	同上	以律令为专业，格式法例兼习之。

以上**七学**，均**属于国子监**，国子祭酒总其学政。

学生年龄除律学 18 至 25 岁外，余均为 14 至 19 岁。学生在学，以长幼为序。初入学，行束修之礼，礼于师。国子太学各绢三匹，四门学绢二匹，书算律学绢一匹，皆有酒脯。其束修三分入博士，二分助教。修学年限：岁终通一年之业，口问大义十条，通八为上，六为中，五为下。并三下与在学九年不堪贡者罢归。业成者上于监，试所习业，登第者上于尚书。休假限制：凡学，旬给假一日，假前有考试。每岁五月有"田假"，九月有"授衣假"，二百里外给程。其不帅教及岁中违程满三十日，事故百日，亲病二百日，皆罢归。

中央教育机关，"七学"以外，有门下省所设的**弘文馆**和东宫所设的**崇文馆**。馆置学士，掌图籍，教授诸生。有太医署所设的**医学**，教医、针、按摩、咒禁各科。有祠部所设的**玄学**，教《老》《庄》《列》诸子。有**集贤殿书院**，为中央图书馆。

地方的学制

地方学校制度，我们也列一表：

地方行政区域	经学			医学		
	博士额	助教额	学生额	博士额	助教额	学生额
京兆河南太原等府	1	2	80	1	1	20
大都督府	1	2	60	1	1	15
中都督府	1	2	60	1	1	15
下都督府	1	1	50	1	1	12
上州	1	2	60	1	1	15
中州	1	1	50	1	1	12
下州	1	1	40	1		10
京县	1	1	50			
畿县（京兆河南太原所管）	1	1	40			
上县	1	1	40			
中县	1	1	35			
下县	1	1	25			

上表有一个特点，引人注意的，就是诸州以上，都设医学。开元二十七年(738)，并敕十万户以上的州，置医师20人；十万户置医师12人。医师名额以户口为比例，在第8世纪西洋"黑暗时期"中，我国政治上已有这样的设施，真是文明的先导了。

唐代取士，多因隋旧，大要有三：（一）由学馆举选者曰**生徒**。（二）由州县举选者曰**乡贡**，科目有秀才、明经、俊士、进士、明法、明字、明算、一史、三史、开元礼、道举、童子等，这是每年

科举名目

举行的。(三) 天子自诏者曰**制举**,所以待非常之才,这是不定期举行的。凡乡贡皆怀牒自列于州县,试已,长吏以乡饮酒礼,会属僚,设宾主,陈俎豆,备管弦,牲用少牢,歌诗《鹿鸣》之章,再申送中央受考试。**考试的方法**,有**帖经**、**口义**(问答大义)、**墨义**(笔答经文)、**时务策**、**诗赋**等。汉策贤良方正,殿廷延访,犹有礼意。唐试乡贡进士,便"钩校苛切"了。"虽水炭脂炬餐食,皆人自将,吏一唱名,乃得列入棘园,席坐庑下。"日暮许烧烛三条,所以有"主文权德舆在帘下戏云:'三条烛尽,烧残举子之心';举子遽答云:'八韵赋成,惊破侍郎之胆'"的笑话。(《文献通考》所引)〔1〕士流惟以科举为进身之阶,也不复有汉时处士拘儒的那样自重,"风檐寸晷"中,充满着热中和侥幸的心理,所以"干谒"之风,也就盛了。"王公大人,巍然于上,以先达自居,不复求士。天下之士,什什伍伍,戴破帽,骑蹇驴,未到门百步,辄下马,奉币刺再拜,以谒于典客者,投其所为之文,名之曰'求知己'。如是而不问,则再如前所为,名之曰'温卷'。如是而又不问,则执贽于马前自赞曰:'某人上谒。'"(同上引)〔2〕**知识阶级的无耻**,在唐代是达于极点了。

科举的制度,从此直到清末废止,足足流毒了一千三百年,使全国聪明才智的人,消磨精力于诗赋帖括之间;不但教育和人生完全隔离,文化和学术也空虚贫乏,束缚着不能发展。在当时也不是没有人批评,如唐洋州刺史赵匡《举选议》,"**论科举十弊**"中说:"主司褒贬,实在诗赋,务求巧丽,以此为贤,……溺于所习,……故士林**鲜体国之论**,……又人之心智,盖有涯分,而九流七略,书籍无穷。主司征问,不立程限,故修习之时,但务钞略,比及受试,偶中是期。……故当代**寡人师之学**。……

---

〔1〕〔2〕《文献通考·选举考二》。——编校者

竭其精华，习不急之业，而当代礼法，无不面墙，及临人决事，取办胥吏之口而已。所谓所习非所用，所用非所习者也，故当官**少称职之吏。**"[1]这是很明确的判断。

在这样的空气中，讲学的大师，是很难产生的。隋唐间有一位学者王通，称文中子，唐开国功臣李靖、房玄龄、杜如晦、魏徵等都出他的门下，是有权威的。唐时国子博士中，最有名的是撰《五经正义》的孔颖达，他集唐代经疏之大成，地位和集汉代经注大成的郑玄相仿佛。至于有特造的学说的人，就寥如晨星了。韩愈和李翱继续着前人性善性恶的问题，有所讨论。在野教授的人，初唐还有沈重、盖文达、刘焯、曹宪、王恭、马嘉运、张士衡、颜师古等人（《唐书》各传），中叶以后，便找不到了。王通、韩愈、李翱的学说，下章再述。

唐的儒家

因为印刷、钞写的便利，藏书更多了。汉《艺文志》采刘歆的《七略》，唐始分书籍为**经**、**史**、**子**、**集四库**。"藏书之盛，莫盛于开元，其著录者，五万三千九百一十五卷，而唐之学者自为之书者，又二万八千四百六十九卷。"（《新唐书·艺文志一》）案四部之分，始于魏荀勖的《中经新簿》，到唐采用后，分析更精密了。前述的弘文馆、崇文馆学士，都是掌图籍的专官，集贤殿学士，掌刊缉古今之经籍，知事官八人，书直及写御书一百人，揭书手六人，装书直十四人，造笔直四人，那是大规模的图书馆了。

四库藏书

四、宋(960—1276)[2]

自唐到宋，中间有梁、唐、晋、汉、周的"五代"（906—

---

[1]《文献通考·学校考二》。——编校者
[2] 一般认为，宋朝的结束为公元1279年南宋被元所灭。——编校者

959）。[1]这五十余年的战争混乱中，在《五代史》上，找不到教育文化的材料。欧阳修说得简括："五代之乱极矣，……干戈兴，学校废，而礼义衰。"[2]（《五代史·一行传》）我们也只有略过五代而叙述宋代了。

宋学校和科举沿唐制

宋代**学校和科举的制度，都因袭唐制**。我们只简单说一说，而注意它的几个特点。

中央学校，有国子学、太学、广文馆、四门学、书学、算学、律学，这都和唐代相同。不过学生入学资格，阶级的限制不像唐时那么严。国子学在唐限三品以上子孙，宋则七品以上；太学在唐限五品以上子孙，宋则八品以下子弟及庶人之俊异者皆得入学了。这是一个特点。除这七学以外，还有医学和**画学**（徽宗时置）。

有画学

画学的设立，又是宋代学校制度的一个特点。**各学也属于国子监**，国子祭酒掌政令，司业为之贰，丞参领监事，博士分经教授，考校程文，以德行道艺训导学者，这差不多和前代相同。

地方学校，始于仁宗庆历四年（1040）诏州县皆立学。学置教授，以经术行义训导诸生，掌其课试之事。教育行政，各路置提举学事司，掌一路州县学事；岁巡所部，以察师儒之优劣，生徒之勤惰。宋人文集里，常有州县建学的碑记，可见地方兴学之风。

科举也略同唐制，分贡举及制科。贡举有明经、进士等科，明经试帖经、墨义，进士加试诗赋、论策。制科为专才而设，有宏词科，试表章露布之文；南宋改为博学鸿词科，及第的也赐进士。考试有"糊名考校"、"解衣阅视"等规则。《宋史·选举志》

---

[1] 五代分别是后梁（907—923）、后唐（923—936）、后晋（936—947）、后汉（947—950）、后周（951—960）。——编校者
[2] 《新五代史·一行传》。——编校者

说:"委曲琐细,咸有品式",足见比唐时尤"变本加厉"了。

从唐行科举制以后,**学校便渐成科考的预备机关**,没有教学研究的实际。到宋代已很明显了。仁宗时,天章阁侍讲王洙就说:"每科场诏下,……广文、太学、律学三馆学生,多至千余,就试试已,则生徒散归,讲官倚席,但为游寓之所,殊无肄习之法。居常听讲者,一二十人尔。"[1]仁宗朝是北宋全盛的时候,学校已颓废到这样!起来挽救这颓废运动的:(一)在教学方面,有胡瑗的分斋教授法;(二)在行政方面,有王安石的三舍法。

（一）**胡瑗** 讲学苏湖间,学者称安定先生。他见到科举制度下士子都习诗赋,不肯究心实学,所以特设**经义和治事两斋**,教人明经而外兼治水利、兵、农、算数。每人专治一事,又兼治一事,就所研究的门类群居讲习。仁宗皇祐间命"取先生之法,以为太学法"[2],并聘他做国子监直讲,专管太学。他在学,虽盛暑必公服升堂。"每公私试罢,掌仪率诸生会于首善,令雅乐歌诗,乙夜乃散。诸斋亦自歌诗,奏琴瑟之声彻于外。"[3]一个没有灵魂的太学这时有了充实的生命了。

（二）**王安石** 是辅佐神宗变法的宰相。他对于教育也有一番改革。他罢诗赋而专以经义试士,令士子就《易》、《诗》、《书》、《周礼》、《礼记》五经中各占一经。分太学生为三等:始入太学为**外舍**生,定额七百人;外舍升**内舍**,定额三百人;内舍升**上舍**,定额百人。外舍生每月私试,年终公试,及格升内舍。内舍生两年舍试,及格补上舍。上舍考试,弥封誊录如贡举,及格授官。各地方也依太学三舍法考选升补。这样,他改变科举的内容,同时把科举容纳在学校之内,也是一种充实学校生命的

科举盛学校衰

胡瑗分斋教授法

王安石三舍法

---

[1]《宋史·选举三》。——编校者
[2][3]《宋元学案·安定学案》。——编校者

办法。但那时旧派的人，如苏轼就建议驳他，后来朱熹在《学校贡举私议》中也说："所谓太学者，但为声利之场，掌其教事者，不过取其善为科举之文，……未尝开之以德行道艺之实，而月书季考者，又只以促其嗜利苟得冒昧无耻之心。"三舍法到南宋已废了。其实若能把王荆公的三舍法和胡安定的分斋教授法并行起来，岂不很好呢？

私家讲学 学校在科举制度下到底是无法改善的了，上引朱熹的话就可代表那时大师对于公家学校的态度。**大师讲学**不得不**另辟**他们**自由的园地**了。胡安定在湖州已开了私家讲学的先声，后来周濂溪（敦颐）、程明道（颢）、伊川（颐）兄弟、张横渠（载）、朱晦庵（熹）、陆象山（九渊）等，都以大儒居家教授，另创一个"理学"的学派。讲学的中心也从学校而移到**书院**。书院制度从这时开始，历元、明、清，也有一千年的历史。它和学校并行不废，对于学术士风关系很巨。大师掌教，传授学说；学生膏火，取之学田。我们今日还在渴望的讲学自由和学款独立，在书院制度，却相当地实现了。这是宋朝教育上一个最大的特点。

书院制度

书院的名称唐代已有了。但唐集贤殿书院只掌刊缉古今的经籍，并不是讲学的场所。宋始在各州学外，有书院的建置。宋初四大书院为白鹿洞、岳麓、应天、嵩阳，此外衡州的石鼓书院也有很久的历史。书院性质有官立，有私立，规模也大小不等。如白鹿洞书院，初不过小屋四五间，而全祖望记杜洲书院"有先圣碑亭，有礼殿，有讲堂，有六斋：曰志道，曰尚德，曰复礼，曰守约，曰慎独，曰养浩，有书库，有祭器，门廊庖湢，纤悉毕备。"[1]学生膏火，或取之田租，或取之官费。讲学的人，或主者自教，或官吏延师。北宋诸儒，讲学多在私家，而南宋诸儒，

---

[1] 全祖望：《答张石痴征士问四大书院帖子》，《鲒埼亭集外编》卷四五，四部丛刊本。——编校者

已多在书院。所以南宋书院更盛,《文献续通考》中说:"宁宗开禧中,则衡山有南岳书院,掌教有官,育士有田,略仿四书院之制。嘉定中,则涪州有北岩书院。至理宗时尤夥,其得请于朝,或赐额,或赐御书,及间有设官者,应天有明道书院,苏州有鹤山书院,丹阳有丹阳书院,太平有天门书院,徽州有紫阳书院,建阳有考亭书院,……其他名贤庋止,士大夫讲学之所,自为建置者,不与焉。"[1]黄宗羲《明夷待访录》说:"所谓学校者,科举嚣争,富贵熏心,亦遂以朝廷之势利,一变其本领,而士之有才能学术者,且往往自拔于草野之间,……于是学校变而为书院。"[2]朱子《白鹿洞赋》里,有"曰明诚其两进,抑敬义其偕立,……彼青紫之势劳,亦何心于俯拾"的话,可以表现书院中师儒互相规勉的理想。

宋代的学校,固然不免如朱子所说,只是声利之场,但它的学风却并不像唐代那样堕落。宋代**太学生**也有过好几次热烈的**政治运动**。我们看:

> **太学生也有政治运动**

"**陈东**,……丹阳人,早有隽声,……以贡入太学。钦宗即位,率其徒伏阙上书,……蔡京坏乱于前……宜诛六贼,……明年……金人迫京师,……李邦彦议与金和,李纲……主战,……罢纲而割三镇,东复率诸生伏宣德门下,上书……请用纲……斥……邦彦,军民从者数万。书闻,传旨慰谕者旁午,众莫肯去,方昪登闻鼓挝坏之,喧呼震地。有中人出,众脔而磔之。于是亟召纲入,复领行营,遣抚谕,乃稍引去。……东又请诛蔡氏,……

> **陈东请诛六贼**

---

[1]《续文献通考·学校》。——编校者
[2]《明夷待访录·学校》。——编校者

前后书五上。……被斩于市。"《宋史·陈东传》〔1〕

"韩侂胄窃弄国柄,引将作监李沐为右正言,首论罢汝愚,……国子祭酒李祥、博士杨简连疏救争,俱被斥。**宏中**曰:'师儒能辨大臣之冤,而诸生不能留师儒之去,于谊安乎?'众莫应,独林仲麟、徐范、张衟、蒋傅、周端朝五人愿预其议。遂上书……请……窜李沐以谢天下,还祥、简以收士心,……书奏不报,……侂胄大怒,坐以不合上书之罪,六人皆……送太平州编管。天下号为'六君子'。"(同《杨宏中传》)〔2〕

_{六君子挽留李祥杨简}

这光焰,竟和上章所述汉朝救鲍宣,讼朱穆,殉李膺的许多太学生相映射。我们想象在那河山破碎的宋朝,外侮和内奸的交互压迫下,这几个书生,独持正议,誓死不屈,千载下读了,觉得还凛凛有生气,尤其惹起了我们无限的同情。

_{印书术进步}

宋时在教育文化上,有一极大的利便,就是**印书术的改进**。雕板印书始于隋,到五代时更盛了。北宋的雕印书籍,先佛经而后儒书。太宗时,敕司业孔维等校勘《五经正义》,诏国子监镂板印行。后来官书多雕印于国子监,号称监本。仁宗庆历中,布衣毕昇更发明活字排版,约在公元1040年,这比德国古登堡在1445年的发明,早四百多年了。古书形式多用卷轴,宋代才变为单叶,作蝴蝶装,直立架中,和现在西装书籍一样。可是书的式样过分长大,不便翻阅,所以又有巾箱本,如现在的影印缩本,刻工很精。宋初藏书在崇文院,为秘阁三馆,仿开元四部,录为《崇文总目》。徽宗时改为《秘书总目》,并且下诏购买遗书,设官总理,募工缮写,一置宣和殿,一置太清楼,一置秘阁,藏书达二万六千二百八

---

〔1〕《宋史·忠义十·陈东列传》。——编校者
〔2〕《宋史·忠义十·杨宏中列传》。——编校者

十九卷。这已不如隋唐之富了。但私家藏书却过于前代。书籍既多,学术的进展自多一很大的助力了。

五、元(1277—1367)[1]

元起于蒙古,以武力征服亚洲全部,远及东欧,造成东方的极大帝国。因为疆域广大,种族混合,也促进了东西文化沟通的机会。这九十年的历史,是占着一个特殊的地位的。

元时人种复杂,言语文字也互殊,学校也因种族而异。**京师**设国子学、蒙古国子学、回回国子学。**地方**则各路有路学,县有县学。此外又有诸路蒙古字学、医学、阴阳学等。国子学以《孝经》、《小学》、《四书》、《六经》为课本,博士助教都亲授句读音训,次日又抽签令学生复说,其功课如属对、诗章、经解、史评,都是由博士出题,生员具稿,先呈助教审查,听博士的评定,以凭考校。蒙古国子学以《通鉴》节要用蒙古文译写教之。回回国子学,教回文,备翻译。 元的学制

最高教育行政官为"**大司农司**,……凡农桑、水利、学校、饥荒之事悉掌之。"[2]把教育和农桑、水利,共设一个管辖机关,这是元朝的一个特点。 大司农掌中央教政

科举的制度较宋代**更烦密**。元太宗时,中书令耶律楚材请以儒术选士。仁宗皇庆二年(1313),下诏行科举,定条例。科场每岁一次,八月举行乡试,中选者为举人。次年二月举行会试,三月御试,第一名,赐进士及第,从六品;第二名以下及第二甲,皆正七 科举更烦密

---

[1] 公元1206年,成吉思汗建立蒙古汗国,公元1234年灭金。1260年忽必烈嗣立,公元1271年定国号为大元,公元1279年灭南宋,改都大都(今北京),统一全国。公元1368年,朱元璋攻入大都,元亡。自成吉思汗至元亡,共历十五帝,163年。自忽必烈定国号至元亡,共历十二帝,98年。——编校者
[2] 《元史·百官志三》。——编校者

品,第三甲以下皆正八品。考试程式:蒙古色目人,第一场问经五条,在《大学》《论语》《中庸》《孟子》内设问,用朱氏《章句集注》[1];第二场策一道,以时务出题,限五百字以上。汉人南人,第一场明经经义二问,也在《大学》《论语》《孟子》《中庸》内出题,限三百字以上;经义一道,各治一经,分《诗》《书》《易》、《礼》《春秋》,限五百字以上;第二场试古赋、诏、诰、章、表各一道;第三场策一道,经史、时务内出题,不矜浮藻,惟务直述,限一千字以上。蒙古色目人作一榜,汉人南人作一榜。乡试委考试官、同考试官各一员,弥封官、誊录官各一员。凡誊录试卷、行移文字,都用朱书,关防严密。会试委知贡举官、同知贡举官各一员,考试官四员,监察御史二员,弥封、誊录、对读、监门等官各一员。御试委考官二员、监察御史二员、读卷官二员。

书院更盛   **书院**较宋代**更盛**了。《元史·选举志一》,至元"二十八年,令江南诸路学及各县学内,设立小学,选老成之士教之,……其他先儒过化之地,名贤经行之所,与好事之家出钱粟赡学者,并立为书院。"凡由"朝廷"任命的儒师,称教授,由礼部或行省任命的,称学正、山长、学录、教谕。书院中比较完善的,据《续文献通考》所载不下百数。

问题

一、隋的学制,有因袭前代,也有为后代所因袭的地方,试分别说明。

二、唐宋中央的学制怎样?

三、隋唐以后,科举制度废古代的选举法,而专用考试法,有什么原因?什么结果?

---

[1] 即朱熹所编《四书集注》。——编校者

四、科举的盛和学校的衰,恰成比例,宋代有过什么救济的办法?

五、什么是书院制度的特点?

六、宋太学生的政治运动有何事迹?

七、略述唐宋印书藏书的情形。

八、元的教育行政官和前代有什么不同?

第九章
隋唐的儒家与佛家

隋唐是科举很盛的时代,又接着南北朝玄谈的余风,儒家独创的学说是很贫乏了。倒是佛家却精进不懈,放出特异的光彩来。佛家看似和公家教育与学术没有多少关系,但从教育的最广义说,一种宗教也就是社会教育的一部分,何况佛家间接地对于学术思想,还有很深的影响呢!本章略述两家几个代表人物和他们的学说。

一、儒家

(一)王通(584—617) 字仲淹,河东龙门人[1],其门人私谥为文中子。讲学于河汾之间,仿古作《六经》,今已失传。所存的只剩他所著的《中说》,那是摹拟《论语》的体裁的。他的学说,虽然没有很多精意,但至少有两点值得提起的:(1)**清谈的反抗**——文中子是努力想变革六朝偷惰放逸的学风的。《中说》里说:"子躬耕。或问曰:'不亦劳乎?'子曰:'一夫不耕,或受其饥,且庶人之职也。亡职者,罪无所逃天地之间,吾得逃

（旁注：王通反对清谈）

---

[1] 今山西龙门人。——编校者

乎?'"[1]"子曰:'悠悠素飡者,天下皆是,王道何从而兴乎?'"[2] (2) **思想的调和**。那时儒家以外,道家与佛家的势力,已很坚强了。他主张三教调和,最重一个"中"字。至于"人心惟危,道心惟微,惟精惟一,允执厥中"[3],后来宋儒看作"千古心传"的,实是文中子所倡导。

<u>思想执中</u>

(二) 韩愈(769—824) 字退之,昌黎人。小时读书,便有"日记数千百言"的称誉。以后博览《六经》百家之书,成进士,官吏部侍郎。几次为了直谏被贬黜。他自比于孟轲,而以荀况、扬雄为未醇;作《原道》一篇,排斥老佛,尊孟子继承孔子的道统。在他作的《原性》中,曾论及性情和教育的关系,他说:"性也者,与生俱生也;情也者,接于物而生也。……**性之品有上中下三**。上焉者,善焉而已矣;中焉者,可导而上下也;下焉者,恶焉而已矣。其所以为性者五,曰仁,曰礼,曰信,曰义,曰智。上焉者之於五也,主于一而行于四;中焉者之于五也,一不少有焉,则少反焉,其于四也混;下焉者之于五也,反于一而悖于四。性之于情视其品。**情之品有上中下三**。其所以为情者七,曰喜,曰怒,曰哀,曰惧,曰爱,曰恶,曰欲。上焉者之于七也,动而处其中;中焉者之于七也,有所甚,有所亡,然而求合其中者也;下焉者之于七也,亡与甚直情而行者也,情之于性视其品。孟子之言性曰,'人之性善。'荀子之言性曰,'人之性恶。'扬子之言性曰,'人之性善恶混。'夫始善而进恶,与始恶而进善,与始也混而今也善恶,皆举其中而遗其上下者也,得其一而失其二者也。……然则性之上下者,其终不可移乎? 曰:上之性就学而愈明,下之性畏威而寡罪,是故上者可教,而下者可制也;

<u>韩愈说性有三品</u>

---

[1] 王通:《中说·天地》。——编校者
[2] 王通:《中说·天道》。——编校者
[3] 王通:《中说·问易》。原文出于《尚书·大禹谟》,宋以后学者认定其为伪古文《尚书》篇目。——编校者

其品则孔子谓不移也。"[1]这种学说以孔子的性相近及上下不移为张本；分性为三品，也差不多和王充相同。至于他以五常为性的含素，而照性的三品，定含素的分量，不过是臆说罢了。

（三）李翱(772—841) 字习之，是韩愈的学生。曾作《复性书》三篇，说"**性善而情恶**"，主张"**绝情复性**"的理论。他说："人之所以为圣人者，性也；人之所以为惑其性者，情也。……寂然不动，广大清明，照乎天地，感而遂通天下之故，行止语默，无不处于极也。"[2]"喜怒哀惧爱恶欲，七者皆情之所为也。情既昏，性斯匿也，非性之过也。……水之浑也，其流不清；火之烟也，其光不明。……然则性本无恶，因情而后有恶。情者，常蔽性而使之钝其作用者也。"[3]他复性之法，是"不虑不思，则情应于内，……情不生乃为正思。"[4]这是本《中庸》"率性"之说，而参以佛家"去无明而归真如"之意，可算是宋儒学说的先声了。

李翱说性善情恶

二、佛家

（一）彦琮

隋高僧。"开皇三年，西域经至，敕琮翻译，住大兴善，……前后译经合二十三部，一百许卷。"[5]华僧任译主，彦琮是第一人。他创**译式八备**之说，为翻译的标准。

彦琮创译例

"诚心爱法，志愿益人，不惮久时，其备一也。将践觉场，先牢戒足，不染讥恶，其备二也。筌晓《三藏》，

---

[1]《昌黎先生集》卷十一《原性》。——编校者
[2][3][4]《李文公集》卷二《复性书上》。——编校者
[5]《续高僧传·彦琮传》。——编校者

义贯两乘,不苦暗滞,其备三也。旁涉坟史,工缀典词,不过鲁拙,其备四也。襟抱平恕,器量虚融,不好专执,其备五也。耽于道术,澹于名利,不欲高衒,其备六也。要识梵言,乃闲正译,不坠彼学,其备七也。博览《苍》、《雅》,粗谙篆隶,不昧此文,其备八也。"(《高僧传二集》卷二)

(二) 玄奘

唐洛阳人。[1]早慧,读诸经论,未尽理解,发愤西游,亲访印度大师而探佛经原本。贞观三年(629),开始踏上他茫茫的征途,那年他正是26岁。起初随着饥民度陇,而当时人民越境的禁令很严,他偷越五烽,备极艰险。到突厥,得着护照,从阿富汗入印度。出游十七年,经过五十六国,尽通各国语言文字。他居留中印度摩竭提国的那烂陀寺五年,这寺的首座戒贤,是法相宗的大师。玄奘从他受业,很有心得。贞观十九年(645),带了经典五百二十夹、六百五十七部归国。太宗命他在弘福寺主持翻译,并命儒臣房玄龄、许敬宗相与整比。后移居慈恩寺译经院和玉华宫。他**从事译述十九年**,译成的经典七十三部一千三百三十卷。平均每年译70卷。《**本传**》说:"师自永徽改元后,专务翻译,无弃寸阴。每日自立程课,若昼日有事不充,必兼夜以续。遇乙之后,方乃停笔。摄经已,复礼佛行道。三更暂眠,五更复起,读诵梵本,朱点次第,拟明旦所翻。每日斋讫,黄昏二时,讲新经论,……寺内弟子百余人,咸请教诫,盈廊溢庑,酬答处分,无遗漏者。"[2]他这样地辛勤,绝笔时距"圆寂"

玄奘游学翻译

---

[1] 据《旧唐书·方伎》,玄奘为洛州偃师人。——编校者
[2] 此段引文出自梁启超《佛学研究十八篇》中《佛典之翻译》一文。此文初撰于1920年,改定于1922年,与原文唐高僧慧立、彦琮所撰《大慈恩寺三藏法师传》(卷七)有几字不同。见梁启超:《佛学研究十八篇》,中华书局1989年影印版,第203页。——编校者

不过一月。所以梁启超氏深深赞叹说:"呜呼!武士当死于战场,**学者当死于讲座**,自古及今,为学献身,弘法利物,未有如吾奘师者也。"[1]玄奘在译经以外,又采西域诸国山川繇俗,撰《大唐西域记》十二卷,他的弟子慧立撰《大慈恩寺三藏法师传》十卷,法人 Julien 并有译本,为世界学术名著。

(三) 义净

义净也游学翻译

唐范阳人。少慕玄奘的言行,想游西域,37 岁时出发,到番禺,结合同志数十人。可是"及将登舶,余皆退罢。净奋厉孤行,备历艰险。所至之境,皆洞言音。"[2]经二十五年,历三十多国,得梵文经律论近四百部归国。从事翻译,成五十六部二百三十卷。玄奘以后,一人而已。所著《大唐西行求法高僧传》[3] 2 卷,《南海寄归内法传》4 卷,前书法人沙畹(Chavannes)有译本,后书日人高楠顺次郎有英译本。

(四) 佛家在教育和文化上的地位

1. 宗教的势力

我们在上面已经说过了,从教育的最广义说,宗教是社会教育的一部。佛教在隋唐已有很普遍的信仰。《唐六典》说:"凡天下寺总五千三百五十八所",这可见它的势力的伟大了。佛教为什么有这样大的势力?蔡元培氏说得好:"汉儒治经,疲于故训,不足以餍颖达之士……汉季人民,酷罹兵燹,激而生厌世之念。是时,适有佛教流入,其哲理契合老庄,而尤为邃博,足以餍思想家。其人生观有三世应报诸说,足以慰藉不聊生之人民。其大乘义,有体象同界之说,又无忤于服从儒教之社会。故其教遂能以种种形式,流布于我国。虽有墟寺杀僧之暴主,

---

[1] 梁启超:《佛学研究十八篇》,第 199 页。——编校者
[2] 《宋高僧传》卷二《义净传》。——编校者
[3] 即《大唐西域求法高僧传》。——编校者

庐居火书之建议,而不能灭焉。"(《中国伦理学史》)[1]

2. 对儒家的影响

宋儒性理之学,论心性,主静坐,直接是受了禅宗的暗示,虽然他们没有肯这样的承认。有人以为就连书院的制度也多少受禅林组织和教法的影响,这话也有几分理由。宋明理学诸儒于书院以外,常喜欢在寺宇作讲学的集会,朱晦庵、陆象山在鹅湖寺的辩论,王阳明在姚江龙泉寺的周会,都是诸家讲学生活中有名的故事。

3. 游学的运动

梁启超氏曾作《千五百年前之中国留学生》[2]一文,考核西行求法诸僧的事实。在那时的交通状况之下,僧人不避险阻,万里孤行,那种求知的强烈表现实在可敬。我们不避冗长地引梁氏说:"我国文化,夙以保守的单调的闻于天下,非民性实然,环境限之也。……我国东南皆海,对岸为亘古未辟之美洲;西北则障之以连山,湮之以大漠;处吾北者,犬羊族耳,无一物足以裨我,惟蹂躏我是务。独一印度,我比邻最可亲之昆弟也。我其南迈耶?昆仑须弥[3],两重障壁,峻极于天。我其西度耶?流沙千里,层冰满山。呜呼!我乃数千年间,不获与世界所谓高等文化诸民族得一度之晤对。……魏晋以降,佛教输入。贤智之士,憬然于六艺九流之外,尚有学问,而他人之所浚发,乃似过我。于是乎积年之'潜在本能',忽尔触发。留学印度,遂成为一种'时代的运动'。……而运动之总结果,乃使我国文化,从物质上、精神上皆起一种革命,非直我国史上一大

---

[1] 蔡元培:《中国伦理学史》,商务印书馆1925年版,第93—94页。又蔡元培:《中国伦理学史》,商务印书馆2004年版,第49—50页。——编校者
[2] 《千五百年前之中国留学生》作于1920年,商务印书馆在1921年9月15日刊于《改造》第4卷第1号时,易名为《中国印度之交通》,故中华书局版采后名。——编校者
[3] 即喜马拉雅山。——编校者

事，实人类文明史上一大事也。"[1]据梁氏所考据的，自魏朱士行、宋法勇，到唐玄奘、义净等凡105人，都是历百艰，冒万险，到印度去亲炙大师，探求佛法的。其中死在途中的31人，留学时病死的6人，归国而死于道路的5人，留而未归的7人，不可考的若干人，学成而安抵中国的只有42人而已。那时旅行很苦，陆路有流沙、葱岭、雪山的阻隔，海路尤多风涛漂泊的灾危。义净在《求法高僧传》的原序说："独步铁门之外，亘万岭而投身；孤漂铜柱之前，跨千江而遗命。或亡餐几日，或辍饮数晨，可谓思虑销精神，忧劳排正色。致使去者数盈半百，留者仅有几人。设令得到西国者，以大唐无寺，飘寄楼然，为客遑遑，停托无所。"[2]这是怎样沉痛的描写！

4. 翻译和新文体

佛经的翻译，汉时已开始了，到隋唐更盛。隋有东西两翻经院，西院在长安大兴善寺，彦琮所主；东院则在洛阳上林园。[3]唐玄奘的译场在弘福寺、慈恩寺、玉华宫。奘为译主，下设证义、缀文、证梵、笔受、书手诸科。人数近百，而整比润色的儒臣，尚不在内。此外还有荐福寺、兴善寺等译场，组织既大，输译的量也很多。翻译的方法，音译、直译、意译，也商榷得很细密，上面已举过彦琮译式八备的例子了。佛经既创出一种说理的新文体。而其中禅宗一派，不重文字。如《六祖坛经》一类作品，又创出一种**白话的语录**来。我们谁都知道白话文学，宋儒的语录，在元人小说剧本之先，而其实禅宗的语录或许也是宋儒说理文字所由仿呢。

---

[1] 梁启超：《佛学研究十八篇》，第103页。——编校者
[2] 义净：《大唐西域求法高僧传》，中华书局1988年版，第1页。——编校者
[3] 大兴善寺，原名遵善寺(一说陟岵寺)，建立于晋武帝泰始二年(266)，隋文帝杨坚在兴建都城大兴城(今西安)时，于开皇二年(582)扩建并改名为大兴善寺。此寺是隋朝第一所国立译经馆，有著名的"开皇三大师"耶连提黎耶舍、阇那崛多、达摩笈多，并相继为译主。上林园建立于隋炀帝大业二年(606)，彦琮为译主。——编校者

问题

一、说明王通在我国思想上的地位。

二、韩愈竭力排斥佛教,主张"人其人,火其书,庐其居",为什么没有效果?

三、除了佛教本身的势力以外,它对于儒家曾发生哪种影响?

四、唐朝在学术思想上的贡献为什么特别稀少?

第十章
宋的理学诸儒

所谓道学

自五代到宋朝，社会棼乱，学风猥陋。宋代的儒者感于训诂词章的无益于身心和国计，同时承佛教勃兴之后无形中为佛说所浸润，渐用孔孟的言论比附起来，成为所谓理学的宗派。《宋史》别立《道学》一传，中间说："道学之名，古无是也。……宋中叶周敦颐出于舂陵，乃得圣贤不传之学，作《太极图说》、《通书》，推明阴阳五行之理，命于天而性于人者，了若指掌。张载作《西铭》，又极言理一分殊之旨，然后道之大原出于天者，灼然而无疑焉。仁宗明道初年，程颢及弟颐实生，及长，受业周氏。已乃扩大其所闻，表章《大学》、《中庸》二篇，与《语》、《孟》并行。于是上自帝王传心之奥，下至初学入德之门，融会贯通，无复余蕴。迄宋南渡，新安朱熹得程氏正传，其学加亲切焉。大抵以格物致知为先，明善诚身为要，凡《诗》、《书》六艺之文，与夫孔孟之遗言，颠错于秦火，支离于汉儒，幽沉于魏晋六朝者，至是皆焕然而大明，秩然而各得其所。此宋儒之学，所以度越诸子，而上接孟氏者欤？"现在把这几人的生平和学说，分述于下：

一、周敦颐

周敦颐传略

周敦颐(1016—1073)，字茂叔，道州人，学者称濂溪先生，官至知南康郡，因家于庐山莲花峰下。他的学问，精明微密。晚年闲居，淡泊自得，不除窗前的小草，他说："与自家生意一般。"程颢、程颐兄弟都在他的门下受业，他每令寻孔颜乐处。颢说："再见周茂叔后，吟风弄月以归，有'吾与点也'之意。"[1]黄庭坚说他"胸怀洒落，如光风霁月"[2]，朱熹赞他的遗像也说："风月无边，庭草交翠。"[3]可以想见其人格了。

濂溪的学说，受**道家的影响**，《太极图说》："无极而太极。太极动而生阳，动极而静，静而生阴，静极复动，一动一静，互为其根。分阴分阳，两仪立焉。阳变阴合，而生水、火、木、金、土，五气顺布，四时行焉。五行一阴阳也，阴阳一太极也，太极本无极也。"[4]这是他的宇宙论。至于他的心性论，见于《通书》，他说："或问曰：'曷为天下善？'曰：'师。'曰：'何谓也？'曰：'性者，刚柔、善恶'中而已矣！……故圣人立教，俾人自易其恶，自至其中而止矣！……故先觉觉后觉，暗者求于明，而师道立矣。师道立，则善人多。"[5]至实际修养的方法，他有**主静**和**无欲**之说。他说是"无欲则静虚、动直，静虚则明，明则通；动直则公，公则溥。明通公溥，庶矣乎。"[6]"君子乾乾，不息于诚，然必惩忿窒欲，迁善改过而后至。"[7]周氏以宇宙的根原为太极，太极的本体无终无始，无声无臭，所以又称无极。这是从老子"道"的本体，为静寂无象之说而来。阴阳五行诸说则取之于汉儒。实际修养的方法，又多本于《易》和《中庸》。他的学说，是揉合道家、儒家思想而勉强成一体系的。

主静无欲

---

[1][2][4]《宋史·道学传一》。——编校者
[3] 朱熹：《六先生画像·濂溪先生》。——编校者
[5]《通书·师》。——编校者
[6]《通书·圣学》。——编校者
[7]《通书·乾损益动》。——编校者

二、程颢、程颐

程氏兄弟传略

程颢(1032——1085),字伯淳,学者称明道先生,河南人,曾官宗正丞。其弟颐为他撰《行状》说:"先生资禀既异,而充养有道:纯粹如精金,温润如良玉;宽而有制,和而不流;忠诚贯于金石,孝弟通于神明。……胸怀洞然,彻视无间;……先生为学,自十五六时,闻汝南周茂叔论道,遂厌科举之业,慨然有求道之志。未知其要,泛滥于诸家,**出入于老、释**者几十年,返求诸《六经》而后得之。明于庶物,察于人伦。知尽性至命,必本于孝悌;穷神知化,由通于礼乐。辩异端似是之非,开百代未明之惑,秦、汉而下,未有臻斯理也。"〔1〕有一次他曾与王安石论事,安石厉色待之。颢却说:"天下事非一家之私议,愿平气以听。"〔2〕安石为之动容。

程颐(1033—1107),字正叔,称伊川先生。少尝伏阙上书,后屡被举不就。哲宗时,为崇正殿说书,以严正被罢免。著《易传》,又门人为集《语录》。程氏兄弟性格不同,**明道和粹,伊川尊严**。有人说明道似颜子,伊川似孟子。《近思录》载:"谢显通(良佐)云:'明道先生坐如泥塑人,接人则浑是一团和气。'侯师圣(仲良)云:朱公掞(光庭)见明道于汝,归谓人曰:'光庭在春风中坐了一个月。'游(酢)杨(时)初见伊川,伊川瞑目而坐,二子侍立。既觉,顾谓曰:'贤辈尚在此乎?日既晚,且休矣!'及出门,门外之雪深一尺。"〔3〕可见两人气象的不同。在世界哲学史上,如程氏兄弟的两贤竞秀,除印度大师无着世亲兄弟以

---

〔1〕《河南程氏文集·明道先生行状》。——编校者
〔2〕《宋史·道学传一》。——编校者
〔3〕《近思录·圣贤》。——编校者

外,是很少见的。

明道**论性**说:"凡人说性,只是说'继之者善也',(引《易》)孟子言人性善是也。夫所谓'继之者善也',犹水流而就下也。皆水也,有流而至海终无所污,……有流而未远固已渐浊,有出而甚远方有所浊。有浊之多者,有浊之少者。清浊虽不同,然不可以浊者不为水也。如此,则人不可以不加澄治之功,故用力敏勇则疾清,用力缓怠则迟清。及其清也,则却只是元初水也。不是将清来换却浊,亦不是取出浊来置在一隅也。水之清,则性善之谓也。故**不是善与恶,在性中为两物相对**,各自出来。此理,天命也。顺而循之,则道也。循此而修之,各得其分则教也。"[1]他这种思想,也全从《易》和《中庸》出来。 _{程颢论性}

明道教人**识仁**,说:"学者须先识仁。仁者,浑然与物同体。义、礼、智、信皆仁也。识得此理,以诚敬存之而已,不须防检,不须穷索。若心懈则有防,心苟不懈,何防之有?理有未得,故须穷索。存久自明,安待穷索?"[2]又说:"天地之常,以其心普万物而无心;圣人之常,以其情顺万事而无情。故君子之学,莫若廓然而大公,物来而顺应。"[3]多本濂溪主静无欲之说。 _{识仁}

伊川**论性**,说:"性出于天,才出于气,气清则才清,气浊则才浊。才则有不善,性则无不善。"[4]他的修养的方法,袭孟子养气集义之说,又本《易传》"敬以直内,义以方外"的话,极重主敬。谓"**涵养须用敬,进学在致知**。"[5] _{程颐论性}

_{主敬}

伊川论教学方法极重深思。《语录》中说:"不深思则不能 _{深思}

---

[1]《近思录·道体》。——编校者
[2]《河南程氏遗书》卷二上。——编校者
[3]《河南程氏文集·答横渠张子厚先生书》。——编校者
[4]《近思录·道体》。——编校者
[5]《河南程氏遗书》卷十八。——编校者

造于道。不深思而得者，其得易失。"[1]"人思如涌泉，浚之愈新。"[2]"学者**先要会疑**。"[3]"孔子教人，'不愤不启，不悱不发。'盖不待愤悱而发，则知之不固，待愤悱而后发，则沛然矣。学者须是深思之。思而不得，然后为佗说，便好。"[4]伊川又论古代教学方法，说："古者兴于《诗》，立于《礼》，成于《乐》，如今人怎生会得？古人于《诗》，如今人歌曲一般，虽闾巷童稚，皆习闻其说，而晓其义，故能兴起于《诗》。后世老师宿儒，尚不能晓其义，怎生责得学者？是不得兴于《诗》也。古礼既废，人伦不明，以至治家皆无法度，是不得立于《礼》也。古人有歌咏以养其性情，声音以养其耳目，舞蹈以养其血脉，今皆无之，是不得成于《乐》也。古之成材也易，今之成材也难。"[5]诗歌舞蹈确是很重要的。但就说今人难成材，这又泥古了。

三、张载

张载传略　　张载(1020—1077)，字子厚，家于凤翔横渠镇，称横渠先生。少喜谈兵，性情也很豪放。范仲淹授以《中庸》，始"有志于道"。也**出入于老、释**者几年，得二程的指引，才能专一。嘉祐中举进士，著有《正蒙》、《经学理窟》、《西铭》[6]、《东铭》等。吕与叔撰《横渠行状》说："晚自崇文移疾西归，终日危坐一室，左右简编，俯而读，仰而思，有得则识之。或中夜起坐，取烛以书。其志道精思，未尝须臾息，亦未尝须臾忘也。"

---

[1]《语录》中并无此句，疑出自晁语之的《晁氏客语》。据《河南程氏粹言》卷一，疑当为"不深思不能造其学"。——编校者
[2]《河南程氏遗书》卷二十四。——编校者
[3]《近思录·致知》。——编校者
[4]《河南程氏遗书》卷十八。——编校者
[5]《近思录·教学》。——编校者
[6]《西铭》原名《订顽》，是《正蒙·乾称》中的一部分。——编校者

横渠以宇宙本体,为太虚,中含凝散二力,为阴阳;由阴阳而发生种种现象,因而立"理一分殊"的概念。《西铭》中说:"乾称父,坤称母,余兹藐焉,乃混然中处。故天地之塞吾其体,天地之帅吾其性。民吾同胞,物吾与也。大君者,吾父母宗子;其大臣,宗子之家相也。尊高年,所以长其长;慈孤弱,所以幼其幼;圣其合德,贤其秀也。凡天下之疲癃残疾、惸独鳏寡,皆吾兄弟之颠连而无告者也。"[1]既然"天地之帅吾其性",那末人类为什么又有贤愚善恶的分别呢?横渠于是分性为二,就是**天地之性**与**气质之性**。他说:"形而后有气质之性,善反之,则天地之性存焉。故气质之性,君子有弗性者焉。"[2]人们所以不能合于太虚,而存天地之间,只是为气质之性所累。所以横渠教人,第一在"**变化气质**"。他说:"为学大益,在自求变化气质。"[3]如何而可以变化气质,就在第二义——**习礼**。(横渠讲气质之性,是部分的承认性恶,而又重礼,力主"矫轻警惰",更近似荀子。)他自己治家接物,是"以身作则"地去感化人。他教学生,日常动作,必合于礼,更丝毫不苟。"恭敬撙节退让以明礼,仁之至也,爱道之极也。"[4]他也尝说他自己"言有教,动有法,昼有为,宵有得,息有养,瞬有存。"[5]他论教人之法说:"教人者,必知至学之难易,知人之美恶。……知至学之难易,知德也。知其美恶,知人也。知其人且知德,故能教人使入德。仲尼所以问同而答异以此。"[6]这是他注重适应个性的地方。

天地之性与气质之性

变化气质

明礼

四、朱熹

朱熹(1130—1200),字仲晦,号晦庵,婺源人。生于福建的

---

[1]《正蒙·乾称》。——编校者
[2]《正蒙·诚明》。——编校者
[3][5]《近思录·为学》。——编校者
[4]《近思录·教学》。——编校者
[6]《正蒙·中正》。——编校者

朱熹传略 尤溪。年十九，登进士第。官枢密院编修。尝建白鹿洞书院以教士。屡以被称"伪学"受劾，讲学不倦，年七十一卒。门人黄干为撰《行状》，内有一段说："其色庄，其言厉，其行舒而恭，其坐端而直。其闲居也，未明而起，深衣幅巾方履，拜家庙以及先圣。退而坐书室，几案必正，书籍器用必整。其饮食也，羹食行列有定位，匕箸举措有定所。倦而休也，瞑目端坐。休而起也，整步徐行。……威仪容止之则，自少至老，祁寒盛暑，造次颠沛，未尝须臾离也。"所著有《易本义》、《诗集传》、《大学中庸章句》及《或问》、《论语孟子集注》、《资治通鉴纲目》、《楚辞集注》等，又文集一百卷。他的学问的精博，生活的有规律，很和德国哲学家康德(Kant)相似。

（一）晦庵综合周、程、张诸氏的学说：

综合周程张诸说

1. 本诸伊川说，有理气之辨，而以理相当于濂溪的太极。他说："由其横于万物之深底而见时，曰太极。由其与气相对而见时，曰理。"[1]

2. 本诸横渠说，立本然之性与气质之性的分别。他说："本然之性，纯理也，无差别者也。……气质之性，则因所禀之气之清浊，而不能无偏。"[2]

3. 至于论养心之法，主存夜气，主静坐，主居敬，也都是循周程的旧绪；所不同的，朱氏不因主观的养性存心，而废客观的博学多识。因此他和陆象山有道学问与尊德性的分歧；也是他在宋代诸儒中所以有特殊贡献于学术的原因。

（二）晦庵论教育，也较其他诸儒为详：

教育目的

1. 关于目的论　我们看他的《白鹿洞书院学规》：

---

[1]《朱子语类》卷九四《周子之书》。——编校者
[2]《朱子语类》卷九五《程子之书》。——编校者

"父子有亲,君臣有义,夫妇有别,长幼有序,朋友有信。

上五教之目。尧舜使契为司徒,敬敷五教,即此是也。学者学此而已,而其所以学之之序,亦有五焉,其别如下:

博学之,审问之,慎思之,明辩之,笃行之。

上为学之序。学,问,思,辩,四者所以穷理也。若夫笃行之事,则自修身以至于处事接物,亦各有要,其别如下:

言忠信,行笃敬,惩忿窒欲,迁善改过。

上修身之要。

正其谊不谋其利,明其道不计其功。

上处事之要。

己所不欲,勿施于人;行有不得,反求诸己。

上接物之要。"[1]

这学规全用成语,揭出古代**道德教育的目的**。因为注重穷理工夫,所以他并**不废知识教育**。晦庵最重读书,鹅湖之会,朱陆辩论的焦点,也就在这里,以致象山有"尧舜以前读什么书"的激问。

2. 关于方法论　朱氏指导门人为学读书之处很多,《语录》中如:　　　　　　　　　　　　　　　　　　　　方法

"书不记,熟读可记,义不精,细思可精。惟有志不立,直是无着力处。"[2]

"直须**抖擞精神**,莫要昏钝。如救火治病,岂可悠

---

[1]《朱文公文集》卷七四《白鹿洞书院揭示》。——编校者
[2]《朱文公文集》卷七四《沧州精舍谕学者》。——编校者

悠岁月。"[1]

"读书始读未知有疑,其次则渐渐有疑,中则节节是疑。过了这一番,**疑渐渐释**,以至融会贯通,都无可疑,方始是学。"[2]

"致知、格物,十事格得其九通透,即**一事未通透,不妨**;一事只格得九分,**一分不透,最不可。**……**须穷到极处。**"[3]

"读书之法,在循序而渐进,熟读而精思。……字求其训,句索其旨,未得乎前,则不敢求其后,未通乎此,则不敢志乎彼。……先须熟读,使其言皆若出于吾之口;继以精思,使其意皆若出于吾之心。"[4]

居敬与穷理

以上所引,都是关于读书穷理的事。至于论静坐居敬的也很多,他说:"学者工夫,惟在**居敬**、**穷理**二事。此二事互相发明。能穷理则居敬工夫日益进;能居敬则穷理工夫日益密。"[5]居敬和穷理,他视为并重。曾有诗说:"半亩方塘一鉴开,天光云影共徘徊,问渠那得清如许,为有源头活水来。"[6]这是静中穷理的写照。

五、陆九渊

陆九渊传略

陆九渊(1139—1192),字子静,学者称象山先生,抚州金溪人。他自小是早慧的天才,出语惊人。八岁时,听人诵伊川语,

---

[1]《朱子语类》卷一百一十九《朱子十六》。——编校者
[2]《宋元学案·晦翁学案》。——编校者
[3]《朱子语类》卷十五《大学二》。——编校者
[4]《朱文公文集》卷七四《玉山讲义》。——编校者
[5]《朱子语类》卷九《学三》。——编校者
[6] 朱熹:《观书有感》。——编校者

他便问"奚为'与孔子、孟子之言不类?'"[1]读古书见"宇宙"二字,解曰"四方上下曰宇,往古来今曰宙。"[2]他便大悟,说:"宇宙内事,乃已分内事,已分内事乃宇宙内事。"[3]又说:"东海有圣人出焉,此心同也,此理同也。西海有圣人出焉,此心同也,此理同也。南海北海有圣人出焉,此心同也,此理同也。千百世之上有圣人出焉,此心同也,此理同也。千百世之下有圣人出焉,此心此理,亦无不同也。"[4]34岁登进士第,为吕祖谦(伯恭,号东莱先生)所赏爱。官崇安主簿,既归,筑屋于云台山泉石间,名曰象山,学徒云集,后知荆门军,卒于官任。象山才高意广,不屑屑于墨守拘牵,《语录》中说:"激厉奋迅,决破罗网,焚烧荆棘,荡夷污泽。"[5]"仰首攀南斗,翻身依北辰。举头天外望,无我这般人。"[6]"学苟知本,则《六经》皆我注脚。"[7]他的思想的自由,精神的解放,工夫的简易,人生观的平等,比较别的宋儒,又另有一种气象了。

象山不认前人天理人欲的分别,以为**心即理**,说"塞宇宙一理耳"。[8]又说"万物皆备于我,只要明理而已。"[9]这宇宙即理,理即心,是纯然的一元论。对于所谓气质物欲的由来,他不暇去推究,教人本孟子说:"先立乎其大者。"[10]尝对学生说:"汝耳自聪,目自明,事父母自能孝,事兄自能弟,本无少阙,不必他求,在乎自立而已。"[11]其工夫则在于"思"。说:"义理之在人心,实天之所与而不可泯灭焉者也。彼其受蔽于物,而至于悖理违义,盖亦勿思焉耳。诚能反而思之,则是非取舍,盖有隐然而动,判然而明,决然而无疑者矣。"[12]"学问之初,**切磋之**

心即理

---

[1][2][3] 《宋史·儒林传四》。——编校者
[4] 《宋史·儒林传四》。——编校者
[5][6][7][9][12] 《陆九渊集·语录》。——编校者
[8] 《陆九渊集·与赵咏道》。——编校者
[10] 《孟子·告子上》。——编校者
[11] 《陆九渊集·年谱》。——编校者

静坐　　次，必有**自疑之兆**；及其至也，必有自克之实。"[1]所以他注**重静坐**，而不汲汲于读书。又教学者"不可用心太紧。深山有宝，无心于宝者得之。"[2]"棋所以长吾之精神，瑟所以养吾之德性。艺即是道。"[3]他的自由活泼，与朱氏的严密拘束不同。

朱陆之争　　象山和晦庵是好友，却因学派的不同，常常互相辩难。淳熙二年(1175)，吕东莱发起，约他们两人会于信州鹅湖寺，参加的除他们三人外，还有象山的兄梭山(九韶)和复斋(九龄)。本想共同讨论，折中调和的，却是"会终，益不欢"[4]。象山恃才高傲，太露圭角，晦庵则始终是婉曲温厚的。在他们的酬唱诗中，晦庵有"旧学商量加邃密，新知培养转深沉。只愁说到无言处，不信人间有古今"[5]之句，当时辩论的情事如画了。后来两家弟子，到底各守门户，象山派**尊德性**，晦庵派**道问学**，(《中庸》语)争执不休。到明朝王阳明(守仁)出，推崇象山，从此直到清代，理学上有程朱和陆王二派的对抗。鹅湖之会后6年，象山访晦庵于南康，温厚的晦庵，非常欢喜，和他泛舟为乐，说："自有宇宙以来，虽已有此溪山，还有此佳客否？"[6]又约他到白鹿洞书院讲"君子喻于义小人喻于利"(《论语》)[7]一章，听者感动，至于流涕。晦庵请笔讲义于简，藏之。这可见他对于象山的始终敬爱。

问题

一、何谓道学或理学？它的传授的系统是怎样？

二、宋儒教人主静、主敬，是要矫正隋唐以来学风的什么弊病？

---

[1]《陆九渊集·与胡季随书》。——编校者
[2][3]《陆九渊集·语录》。——编校者
[4][5][6]《陆九渊集·年谱》。——编校者
[7]《论语·里仁》。——编校者

又种了什么恶因?

三、试想象诸儒的教学情形,描写他们的学校生活。

四、诸儒语录中,关于思想和读书有哪些指导的原则?

五、朱陆的争点在哪里?

第十一章
近世的教育

一、明(1368—1643)[1]

中央教育　明太祖定都金陵,以元集庆路儒学为**国子监**。洪武十四年(1381)改建于鸡鸣山下。设祭酒、司业、监丞、博士、助教、学正、学录、典籍、掌馔、典簿等官。国子监分六堂,称为:率性、修道、诚心、正义、崇志、广业。学旁有学生宿舍,称为号房。厚给诸生廪饩,每逢令节,赏节钱,赐布帛、文绮、袭衣、巾鞾。孝慈皇后在红仓中积粮二十余舍,养诸生妻室。未娶者,赐钱婚聘,并赐女衣二袭,月米二石。诸生在京师岁久,给假省亲,并赐衣一袭,钞五锭,为道里费,待遇是优厚极了。**教学的方法**,每旦,祭酒、司业坐堂上,属官自监丞以下依次序立,诸生揖毕,质问经史,拱立听命,有会讲,复讲,背书,轮课等日程,除朔望例假外,皆如此。**课程的内容**,除《四子》、《本经》以外有《说苑》、律令、书数、《御制大诰》。每月试经书义各一道,诏诰、表策、论判,两科二道。每日习书二百字。学生每班选一人为斋长,督诸生功课。衣冠、步履、饮食,必严饬中节。监丞置《集愆簿》,

---

[1] 一般认为,明朝的结束为公元1644年,李自成攻破北京。共历十六帝,276年。——编校者

犯规则者书之,再三犯者决责。六堂程度不等,凡通《四书》而不通经的,居正义、崇志、广业;一年半以上,文理条畅者,升修道、诚心;又一年半,经史兼通,文理俱优者升率性。率性堂采**积分法**。孟月试本经义一道;仲月试论一道,诏诰表内科一道;季月试本经史策一道,判语二道。每试文理俱优者与一分,理优文劣者与半分,纰缪者无分。岁内积八分为及格,与出身。不及格者仍坐堂肄业。如有才学超异者,奏请上裁。(以上引《明史·选举志》)最盛时,监生万人,日本、暹罗诸国,都有官生入监肄业。国家整理田赋,清查黄册,兴修水利等大政,亦间遣监生为之。洪武二十九年(1396),令监生年长者,分拨诸司,历练政事,随时选任,不拘资限。在表面上,是很重视学校的人才了。成祖迁都北平,设北京国子监,从此有南北二监。

国子监入学的资格,不像前代限几品官的子孙,一方面是平民化了些,而他方面却又商业化了。因为监生除举监、贡监、荫监以外,有所谓**例监**。"例监始于景泰(景宗年号)元年,以边事孔棘,令天下纳粟纳马者,入监读书,限千人止。行四年而罢。……其后,或遇岁荒,或因边警,或大兴工作,率援例往例行之。"(《明史·选举志一》)顾炎武论这事,说:"鬻诸生以乱学校",[1]其害甚于汉之卖爵,这是很可注意的。

地方学校,府、州、县,都有学。府设教授,州设学正,县设教谕。各级都有训导,府四,州三,县二。各学有定额,食廪者称廪膳生员,增加者称增广生员。初入学,只称附学。廪膳、增广,以岁科两试等第最高的补充,非廪膳生,不得与岁贡。明代设学虽较普及,而重心仍在科举。所以府县教官,不过忙于岁试,至于讲学,具文而已。明又有**社学**,延聘儒师以教乡社民间

地方教育

社学

---

[1] 《亭林文集》卷二《生员论上》。——编校者

子弟。当时儒吏,倒很多以兴举社学为务的。

我们已说过,明朝待国子监生的优渥,是前代所没有的。同时,明朝自始就着眼于以学校科举牢笼才智之士,所以它的**取缔学生言论自由**的苛刻,也是前代所无。洪武十五年(1382),颁禁例于天下学校,**镌勒卧碑**,置明伦堂,不遵者以违制论。我们录《卧碑》八条中的四条于下:

<small>卧碑禁例</small>

"1. 府州县生员,有大事干己者,许父兄弟陈诉。非大事,毋轻至公门。

2. 一切军民利病,农工商贾皆可言之,惟生员不许建言。

3. 生员听师讲说,毋恃己长,妄行辨难,或置之不问。

4. 在野贤人,有练达治体,敷陈王道者,许所在有司给引赴京陈奏,不许在家实封入递。"(《续文献通考·学校》)

这不但是言论权,连诉愿权也剥夺净尽了。我们不能不惊心于专制政治的苛虐!

<small>科举和八股</small>

科举,专取《四书》、《易》、《书》、《诗》、《春秋》、《礼记》命题,其文略仿宋代的经义,然代古人语气出之,文体用排偶,谓之八股,通谓之制义。三年大比,以诸生试之直省,曰乡试,中式者为举人。次年以举人试之京师,曰会试。中式者天子亲策于廷,为廷试。分一、二、三甲以为名第之次。一甲止三人,称状元、榜眼、探花,赐进士及第。二甲若干人,赐进士出身。三甲若干人,赐同进士出身。子、午、卯、酉年8月乡试;辰、戌、丑、未年2月会试。都以初九日为第一场,又三日为第二场,又三

日为第三场。初场试经义四道,四书义三道,各三百及二百字以上。二场论一道,判五道,诏诰表内科一道。三场经史时务策五道,俱各三百字。主考官,乡会试二人;同考官乡试4人,会试8人。凡收掌试卷、弥封、誊录、对读、受卷,以至巡绰、监门、搜检,俱有定员,各执其事。试日,黎明入场,黄昏未缴卷者给烛三支,烛尽不成者扶出。考试者用墨,称墨卷。誊录用朱,称朱卷。考官用青笔。考试的地方,称贡院。诸生的席舍,称号房。每房有守军,称号军。考官入院后,封钥内外门户。在外提调监试者称为外帘官,在内主考与同考官,称为内帘官。其防弊之严如此。

　　学校在科举制度下腐化了以后,**书院**讲学的风气又盛了。王阳明讲学的地方,如龙冈书院、贵阳书院、濂溪书院、稽山书院、敷文书院,都是很著名的。同时如邹守益的复古书院,湛若水的白沙书院,也与阳明相应和。阳明逝世后,他的门弟子到处建书院来纪念和祭祀他,几具宗教的性质。明末书院中最著名的,京师有首善,江南有东林。顾宪成、高攀龙讲学东林,为了不满魏忠贤而书院被毁,魏败,书院复兴。明儒在书院以外,也有**寺观祠宇的集会**。月有定期,互相砥砺。大师所至,集会讲学,**樵夫陶匠农贾**,**无人不可听讲**,乃至无人不可讲学。如樵夫朱恕,"听王心斋语,浸浸有味。……听毕,浩歌负薪而去。"[1]陶匠韩乐吾,"慕朱樵而从之学。……久之觉有所得,遂以化俗为任,随机指点,农工商贾,从之游者千余。秋成农隙,则聚徒谈学,一村既毕,又至一村。前歌后答,弦诵之声,洋洋然也。"(《明儒学案》)[2]这是很好的民众教育运动。

　　《明史·艺文志》不志前代之书,只纪载明一代著作,达十

——————
[1][2]《明儒学案·泰州学案》。——编校者

书院

民众讲学

官修诸书

万四千四百六十九卷。永乐初,解缙等奉敕总纂《文献大成》,后又敕姚广孝等重修,更名**《永乐大典》**,计二万二千九百卷。这书以韵为纲,而以古书字句排列于下,至有举全部大书都归纳于一韵之中者。南北二京仅有三部。清初止存残本一部。庚子义和团一役(1900)后仅存六十四册。零编散册,流入外国,为图书馆的珍品。永乐间,又定《周易大全》二十四卷,《四书大全》三十六卷,《性理大全》七十卷,都是官书的巨制。

欧洲教士输入的文化

元时,意人马可·波罗(Marco Polo)来华,归国后,撰《东方旅行记》[1],对中国的繁华极意描写,引起了欧人东来的动机。耶稣社(Society of Jesus)的成立,当明嘉靖十九年(1504)。明中叶,社僧利玛窦(Mateo Ricci)来贡《万国图志》、时钟,并自述对于观察天象的心得。他上神宗疏说:"臣本国极远,从来贡献所不通。迩闻天朝声教文物,窃欲霑被其余,……用是辞离本国,航海而来,时历三年,路经八万余里,始达广东。缘音译未通,有同喑哑。僦居学习语言文字,淹留肇庆、韶州二府十五年。颇知中国古先圣人之学,经籍亦略诵记,粗得其旨。……臣先于本国,忝与科名,已叨禄位,天地图及度数,深测其秘,制器观象,考验日晷,并与中国古法吻合。倘蒙不弃疏微,令臣得尽其愚,披露于至尊之前,斯又区区之大愿。"[2]他在南京传教,不数年信徒已二百余。他译《几何原本》,平时不专说教,先以数理科学思想灌输于士大夫,以医疗疾病博社会的信用。西班牙人庞迪我(Diego de Pantoja)更仿儒家言,著《七克》(《伏傲》、《解贪》、《坊淫》、《熄忿》、《释饕》、《平妒》、《策怠》),文词雅驯。以历算之学,入掌钦天监。他如德人汤若望(Schall Von Bell)也于

---

[1] 即《马可·波罗游记》。——编校者
[2] 朱维铮编:《利玛窦中文著译集》,香港城市大学出版社 2001 年版,第 282—283 页。——编校者

崇祯时掌历。意人艾儒略(Giuleo Aleni)、毕方济(Franciscus Sabiaso)制炮铳。明的朝士如朱之藻、杨廷筠、徐光启等，不但乐与交接，且信仰他们的宗教。**欧洲文明的东渐**，基督教的教士，实做了媒介。

二、清初至咸丰末(1644—1861)

满清入关，以武功统一了中国，康熙、乾隆间，又竭力注重文治。学校科举，沿着明朝的旧制，却很有一时之盛。 清学校科举沿明制

中央仍设国子监，祭酒二人(汉、满各一)，司业三人(汉、满、蒙各一)，绳愆厅监丞二人，博士厅博士二人(均汉、满各一)，汉助教六人，学正四人，学录二人。肄业的有贡生，监生(援例纳捐者)，学生及举人的入监者。分六堂，如明制。凡教有月课，有季考，以分等第优劣。岁终，举行甄别，凡经明事治者，上于朝廷备用。此外为宗室及八旗子弟专设的，有宗学、觉罗学、景山官学等。

地方：凡府、州、县，都设学。学官：府曰教授，州曰学正，县曰教谕，均有训导辅之。生员有廪膳生、增广生、附生。生员食饩久者，每岁照额贡于国子监，称岁贡生。学官举生员中优秀者，由学政会巡抚试而贡之，称优贡生。这所谓学校，都是科举的预备机关。除考试给饩而外，没有什么教育活动。实际士人读书，多在家塾或门馆；高材生则入书院肄业考课。

顺治九年(1652)，也颁**卧碑**文于直省儒学明伦堂。碑文开头说"朝廷建立学校，选取生员，免其丁粮，厚以廪膳，……全要养成贤才，以供朝廷之用。诸生皆当上报国恩，下立人品"[1] 也有卧碑禁例

---

[1]《清朝文献通考·学校考七》。——编校者

等话。禁例八条，大旨也和明朝的卧碑相同，只有第八条"生员不许纠党多人，立盟结社，把持官府，武断乡曲。所作文字，不许妄行刊刻。"（《清朝文献通考·学校考七》）则集会结社的自由，也被完全剥夺，比明朝格外严厉了。

科举制度，悉如明朝，不过防弊更严，有怀挟、冒籍、代倩等禁。试卷取中后又有送礼部磨勘之例，往往摘取小疵，即致落选。然条例尽管苛烦，**科场舞弊**在清代却屡兴大狱。如康熙三十八年(1699)，顺天乡试正副主试李蟠、姜宸英贿赂公行，被士子揭贴于市，有"绝灭天理，……全昧人心，白镪熏心，炎威眩目，……若王、李以相公之势，犹供现物三千；熊蒋以致仕之儿，直献囊金满万。……不阅文而专阅价，满汉之巨室欢腾；变多读而务多藏，南北之孤寒气尽"的妙文。后被御史参了，李遣戍，姜病死狱中。又康熙五十年(1711)，两江总督噶礼与江南副考官赵晋交通关节，榜出哗然，士子舁财神入文庙。后噶免官，赵论斩。（萧一山：《清代通史上》）〔1〕在清朝最盛之时，已有这种怪现象。

书院

书院也沿宋明的旧制。京师和各省都设立，京师有金台书院，各省如直隶的莲池，江苏的钟山，江西的豫章，浙江的敷文，湖南的岳麓，陕西的关中等，都拨帑银赡给师生膏火。书院山长，由督抚学政，不分省籍，已仕未仕，择经明行修而足为士林模楷的，以礼聘请。但聚徒讲学，既违例禁，宋明来讲学之风已失，仅月课八股诗赋，为科举的预备罢了。不过也有例外，如阮元抚浙时创诂经精舍，督粤时创学海堂，黄体芳创南菁书院，张之洞建广雅书院，其中掌教的，如俞樾主诂经精舍，朱一新长广雅书院，都以博习经史词章为务。这是与当时专试时文的书院固然不同，与宋明讲求理学的书院也异趣的。

---

〔1〕 萧一山：《清代通史》(上)，中华书局1932年版，第658页。——编校者

清初诸帝,如康熙、乾隆,都能博览文学,精力过人。对于藏书,很为奖励。乾隆时,重刊《十三经》及《二十四史》。又诏求遗书,详审编校,命纪昀(字晓岚)等汇为《四库全书目录》,计三千四百六十种,三万六千多册。分钞七部,建七阁藏之。"内廷四阁":为文渊(文华殿后)、文溯(奉天行宫)、文津(热河避暑山庄)、文源(圆明园)。圆明园毁后,文源阁的书,荡然无存。此外文汇阁在扬州,文宗阁在镇江,文澜阁在杭州。文汇、文宗二阁,也都毁于太平军。文澜阁的书,现在已补钞完成,存浙江图书馆。纪氏每进一书,辄为提要冠诸卷首,汇为《四库全书总目提要》。至于编修的巨著,有《图书集成》,仿《永乐大典》,为一《大百科全书》。开始于康熙,至雍正三年(1725)完成。分六汇编,三十二典,六千一百零九部,凡一万卷,五千册。此外有《佩文韵府》、《一统志》、《续三通》、《皇朝三通》等,为**文献上生色**不少。

旁注：四库藏书　官修诸书

问题

一、明、清学校的制度怎样?

二、明、清学校有什么禁例?

三、略述明代科举的状况。

四、欧洲文化在什么时候开始输入?

五、明、清政府有什么特殊的保存文献事业?

第十二章
明清的教育学说

明代大儒，如吴与弼、薛瑄、胡居仁等，都笃信谨守程朱的学说，自己的发明很少，只有王守仁，却在理学上划出一个新纪元。

清代学术概观　　**清代学者，兼综汉学和宋学**。然**清初**大儒，如顾炎武、黄宗羲、王夫之、颜元等，都博学而有独造，并不拘拘于门户之见。顾氏攻击宋明学问的空疏，创"经学即理学"之论。**乾隆以后，汉学特盛**。如吴派的惠栋、钱大昕、江声、余萧客等；皖派的戴震、段玉裁、王念孙、引之父子；和稍后的今文学派，如庄存与、刘逢禄等。他们立说，都重征验；工夫极切实，而精神贵创造，所以有人说他们研究的虽是古书，却含有严密的科学的方法。至于**宋学**，程朱的一派，清初有陆世仪、张履祥；陆王的一派有孙奇逢、李颙等。他们的贡献，就不及汉学家了。另外，史学有赵翼、王鸣盛、章学诚、崔述等，章、崔二氏，尤富于批评的精神。天算之学，承明末欧洲文化东渐之后，也有特殊的成绩，如王锡阐、梅文鼎、毂成祖孙、李善兰等，那是纯粹的科学家了。

本章分述王守仁、顾炎武、黄宗羲、王夫之、颜元、戴震六氏的生平和有关教育的学说。

一、王守仁

王守仁(1472—1529),字伯安,学者称阳明先生,余姚人。父华为南京吏部尚书。小时豪迈不羁。15岁,旅行塞外,留连忘反。28岁登进士第,授刑部主事。为弹劾刘瑾下狱,廷杖四十,谪贵州龙场驿丞。在烟瘴患难中,处了三年。刘瑾被诛,赦归,为庐陵令。常至滁州,与门人遨游琅琊让泉间,环龙潭而坐者数百人,歌声振山谷,讲学之盛自此始。后因讨平宸濠功,官至南京兵部尚书,封新建伯,勋业冠绝一时。他的弟子王畿(龙溪)说:"先师之学,凡三变而始入于悟,……其少禀英毅凌迈,超侠不羁,于学无所不窥。尝泛滥于词章,驰骋于孙吴,虽其志在经世,亦才有所纵也。"[1]所以阳明的学问,是多方面的。到被谪龙场,"动心忍性",专以默坐澄心为功。提出"致良知"三字,力倡直觉的教育。他的《年谱》里,有这样的一段故事:

> "辟稽山书院……海宁董沄号萝,以能诗闻于江湖,年六十八,来游会稽,闻先生讲学,以杖肩其瓢笠诗卷来访。入门,长揖上坐。先生异其气貌,礼敬之,与之语连日夜。沄有悟,因向秦强纳拜。……八月,宴门人于天泉桥。中秋月白如画,先生命侍者设席于碧霞池上,门人在侍者百余人。酒半酣,歌声渐动,久之,或投壶聚算,或击鼓,或泛舟。先生见诸生兴剧,退而作诗有'铿然舍瑟春风里,点也虽狂得我情'

王守仁传略

---

[1]《龙溪王先生全集》卷二《滁阳会语》。——编校者

之句。"[1]

才士风神,依依如画。他这**快乐活泼的学校**,和游杨程门立雪一比,气象迥不相同了。他逝世的前一年,奉命征思田,肺病剧,没于途。临终,门人问遗言,他微笑说"此心光明,亦复何言。"有《王文成公全书》三十八卷,中间《传习录》尤其是他学说的精髓。

他的学说,我们可以分四项叙述:

理　（一）心即理

心即理本是象山说,阳明更给他畅发证明。他说:"理一而已:以其理之凝聚而言则谓之性。以其凝聚之主宰而言则谓之心,以其主宰之发动而言则谓之意,以其发动之明觉而言则谓之'知',以其明觉之感应而言则谓之'物'。故就物而言之谓之'格',就知而言之谓之'致',就意而言谓之'诚',就心而言谓之'正'。正者,正此心也;诚者,诚此心也;致者,致此心也;格者,格此心也。皆所谓穷理以尽性也。天下无性外之理,无性外之物。学之不明,皆由世之儒者,认理为外,认物为外,而不知'义内'之说也。"[2]阳明持唯心论,认心物为一元,力辟晦庵"即物穷理"之说。

知行合一　（二）知行合一

朱子泥于循序渐进,所以说:"必先求圣贤之意于遗书"[3],"自洒扫应对进退始。"[4]这使人迟疑观望,而不能勇

---

[1]《王文成公全书》卷三四《年谱三》。——编校者
[2]《传习录·答罗整庵少宰书》。——编校者
[3] 引文出处不详,疑出自《御纂朱子全书》卷五七《训门人》,原文为:"今请归家正襟危坐,取《大学》、《论语》、《中庸》、《孟子》,逐句逐字分晓精切,求圣贤之意。"——编校者
[4] 引文出处不详,疑出自《晦庵文集》卷七七《南剑州龙溪县学记》,原文为:"立学校以教其民。而其为教,必始于洒扫应对进退之间。"——编校者

于进取。阳明矫正他,以为"**知是行之始,行是知之成。**"[1]"知之真切笃实处即是行,行之明觉精察处即是知。"[2]"若行而不能明觉精察,便是冥行,……知不能真切笃实,便是妄想。"[3]阳明所谓知,指德性的直觉;所谓行,指行为的动机。所以即知即行,直截警辟。

(三) 致良知

他认心理合一,而取《孟子》的"良知"一个名词,又主知行合一,而取《大学》"致知"一个名词。合而言之,便是"致良知"。他说:"天命之性,粹然至善,其灵昭不昧者,此其至善之发见,是乃明德之本体,而即所谓良知也。"[4]又说:"于良知知之善恶者,无不诚好而诚恶之,则不自欺其良知而意可诚也已。"[5]"于其良知所知之善者,即其意之所在之物而实为之,无有乎不尽。于其良知所知之恶者,即其意之所在之物而实去之,无有乎不尽。然后物无不格,而吾良知之所知者,无有亏缺障蔽,而得以极其至矣。"[6]这是统诚意格物于致知,说明知行合一的涵义。

阳明以明敏的天才,精刻的思想,排斥一切拘牵文义区画阶级的弊病,发挥象山心理一致的要义,而加以知行合一的学说;促思想的自由,鼓实践的勇气;所以能在程朱的势力外,别建一个新学派。

(四) 教育学说

阳明教人致良知,知行合一,是普遍的、简易的道德教育方法。他说:"你们拿一个圣人,去与人讲学,人见圣人来,都怕走

---

[1]《传习录·徐爱引言》。——编校者
[2]《传习录·答顾东桥书》。——编校者
[3]《明儒学案·姚江学案》。——编校者
[4][5][6]《王阳明全集》卷二六《大学问》。——编校者

了,如何讲得行?**须做得个愚夫愚妇,方可与人讲学。**"[1]这是他和晦庵劝人格物穷理根本不同的地方。他又有《训蒙大意示社学教读刘伯颂》[2]一文,说:"今教童子,惟当以孝弟忠信礼义廉耻为专务;其栽培涵养之方,则宜诱之歌诗,以发其志意,导之习礼,以肃其威仪,讽之读书,以开其知觉。今人往往以歌诗、习礼为不切时务,此皆末俗庸鄙之见,乌足以知古人立教之意哉!大抵**童子之情**,乐嬉戏而惮拘检,如草木之始萌芽,舒畅之则利达,摧挠之则衰痿。……故凡诱之歌诗者,非但发其志意而已,亦所以泄其跳号呼啸于咏歌,宣其幽抑结滞于音节也。导之习礼者,非但肃其威仪而已,亦所以周旋揖让而动荡其血脉,拜起屈伸而固束其筋骸也。讽之读书者,非但开其知觉而已,亦所以沈潜反复而存其心,抑扬讽颂以宣其志也。……责其检束而不知导之以礼,求其聪明而不知养之以善,鞭挞绳缚,若待拘囚,彼视学舍如图狱而不肯入,视师长如寇仇而不欲见矣。……求其为善也,何可得乎?"[3]顺儿童之本性而养成其善良的习惯,这种教育学说,在十五世纪的世界,确不多见呢!

二、顾炎武

顾炎武传略 顾炎武(1613—1682),字宁人,学者称亭林先生,昆山人。明亡,母王氏不食而死,遗命勿事二族。顺治二年(1645),他起义兵谋抗清师,事败,变衣冠,作商人,客游淮、浙、齐、燕、豫、秦、晋数十年。晚年卜居华阴,置田50亩,开垦所入,贮之以备有事。他**志在恢复**,说:"华阴绾毂关河之口,……一旦有警,入

---

[1]《传习录·门人黄省曾录》。——编校者
[2] 当作《训蒙大意示教读刘伯颂等》。——编校者
[3]《训蒙大意示教读刘伯颂等》。——编校者

山守险,不过十里之遥,若志在四方,则一出关门,亦有建瓴之便。"[1]康熙中,开博学鸿儒科,在朝者争欲征他,他令门人之在京者辞曰:"刀绳具在,无速我死。"[2]恐讲学得名,连讲学也谢绝。遁迹漫游,"以二马二骡载书自随,所至陌塞,即呼老兵退卒,询其曲折;或与平日所闻不合,则即坊肆中发书而对勘之。或径行平原大野,无足留意,则于鞍上默诵诸经注疏,偶有遗忘,则即坊肆中发书而熟复之。所至荒山颓阻,有古碑遗迹,必披榛莽,拭斑藓,读之。"[3]生平六谒明孝陵。[4]所著有《天下郡国利病书》、《音学五书》、《日知录》等,为清代**考证学派开山大师**。

亭林不承认所谓理学,他说:"古今安得别有所谓理学者,**经学即理学**也。"[5]他最痛恨明人学术的空疏,说:"刘石乱华,本于清谈之流祸,人人知之。孰知今日之清谈,有甚于前代者。昔之清谈谈老庄,今之清谈谈孔孟。未得其精而已遗其粗,未究其本而先辞其末。不习六艺之文,不考百王之典,不综当代之务,举夫子论学、论政之大端一切不问,而曰'一贯',曰'无言',以明心见性之空言,代修己治人之实学。股肱惰而万事荒,爪牙亡而四国乱,神州荡覆,宗社邱墟。昔王衍妙善玄言,自比子贡,反为石勒所杀,将死,顾而言曰:'呜呼!吾曹虽不如古人,向若不祖尚虚浮,勠力以匡天下,犹可不至今日。'今之君子,得不有愧乎其言?"[6](《日知录》)他针砭明儒,言外有无限

经学即理学

明儒祸国

---

[1] 《清史稿·儒林二》。——编校者
[2] 萧一山:《清代通史》(上),第775页。——编校者
[3] 全祖望:《鲒埼亭集》卷十二《亭林先生神道表》。——编校者
[4] 据梁启超《中国近三百年学术史》书中《清代经学之建设——顾亭林、阎百诗》一文记载,顾炎武一生五谒孝陵。——编校者
[5] 全祖望:《鲒埼亭集》卷十二《亭林先生神道表》。——编校者
[6] 《日知录》卷七《夫子之言性与天道》条。——编校者

博学有耻　亡国的悲慨。他为学主"**博学于文，行己有耻**。"[1]他说："愚所谓圣人之道者如之何？曰博学于文，曰行己有耻。自一身以至于天下国家，皆学之事也。自子君臣弟友以至出入往来辞受取与之间皆有耻之事也。耻之于人大矣，不耻恶衣恶食，而耻匹夫匹妇之不被其泽，故曰：'万物皆备于我矣，反身而诚。'呜呼！士而不先言耻，则为无本之人；非好古而多闻，则为空虚之学。以无本之人而讲空虚之学，吾见其日从事于圣人而去之弥远也。"[2]（《与友人论学书》）他在明亡之后，砥砺志节，所以特重明耻。谓"礼义廉耻，是谓四维，四维不张，国乃灭亡。……然而四者之中，耻为尤要。……人之不廉而至于悖礼犯义，其原皆出于无耻也。故**士大夫之无耻，谓之国耻**。"[3]

三、黄宗羲

黄宗羲传略　黄宗羲(1610—1695)，字太冲，学者称梨洲先生，余姚人。明御史黄尊素的长子。尊素以劾魏忠贤，死于狱。梨洲年十九，袖铁锥草疏入京，讼父冤。明亡，清师至浙东，他纠里中子弟数百人，号"世忠营"，从孙嘉绩师，想划江而守。师败，他走入四明山，结寨自固。山民畏祸，突焚其寨。他于是奉母避化安山中，东迁西徙，奔走国难，经过许多艰危，被搜捕者11次。他所师事的刘宗周，国亡殉节。他晚年归故里，讲学于刘氏的证人书院，四方请业者极多。康熙十七年(1678)，诏征博学鸿儒，在朝的人荐梨洲；他只是以母老己病为辞。诏取所著书关史事者，宣付史馆，可见他当时在学术上的权威了。梨洲享着

---

〔1〕《亭林文集》卷三《与友人论学书》。——编校者
〔2〕《亭林文集》卷三《与友人论学书》。——编校者
〔3〕《日知录》卷十三《廉耻》条。——编校者

高年,中岁遭患难,然未尝辍学。至于最大的成功,却在47岁以后。他80岁时,尚读书至午夜咧。所著有《易学家数论》、《明儒学案》、《明夷待访录》、《律吕新义》、《南雷文定》等数十种。

梨洲不但抱**民族**思想,而尤倡**民权**。他说:"古者以天下为主,君为客,凡君之所毕世而经营者,为天下也。今也以君为主,天下为客,凡天下之无地而得安宁者,为君也。是以其未得之也,屠毒天下之肝脑,离散天下之子女,以博我一人之产业,……其既得之也,敲剥天下之骨髓,离散天下之子女,以奉我一人之淫乐,……然则为**天下之大害**者,**君**而已矣!"(《明夷待访录·原君》)又说:"三代以上有法,三代以下无法。三代以上之法,固未尝为一己立也。后之人主既得天下,惟恐祚命之不长也,子孙之不得保有也,思患于未然,以为之法。然则其所谓**法者,一家之法**,非天下之法也。……夫非法之法,前王不胜其利欲之私以创之,后王或不胜其利欲之私以坏之。坏之者固足以害天下,其创之者亦未始非害天下者也。"(同《原法》)这种大胆的民约论,倡之于17世纪;较卢梭《民约论》的出世,早一百年呢。

梨洲与阳明同里,又受学于刘宗周,故对于**性理**之学也很致力。但他说阳明的致良知的**致字便是行**字,所以特重实行,而于空谈、静坐绝不赞许。他和其他清初大儒一样的以博览经史,归于致用为务。他以为"明人讲学,袭语录之糟粕,不以《六经》为根柢,束书而从事于游谈。故问学者必先穷经,经术所以经世。不为迂儒,必兼读史。"[1]他看得学校是知识阶级代表民意的机关,必使"**治天下之具,皆出于学校**,而后设学之意始

> 民族和民权

> 重实行

> 治天下之具
> 应出于学校

---

[1]《清史稿·儒林一》。——编校者

备。……天子之所是未必是,天子之所非未必非,天子亦遂不敢自为非是,而公其非是于学校。"[1]大概他愤于当时士气的消沉,而又鉴于汉代党锢、宋代太学、明代东林在政治上的重大影响,所以有这种议论。

四、王夫之

王夫之传略　　王夫之(1619—1692),字而农,学者称船山先生,湖南衡阳人。幼颖慧,24岁举于乡。李自成陷北京,他作《悲愤》诗,涕泣不食数日。顺治四年(1647),清师下湖南,他和友人管嗣裘起兵衡山,战败军溃。自后屡谋恢复,但势已不可为,他只得深自晦匿,浪游浯溪、郴州、耒阳、涟邵间。所至有人士慕从,他就辞去。最后归衡阳的石船山,筑土室曰观生居。晨夕杜门,专力著述。家贫,著书纸笔多取给于门人故旧,书成即以付之,自己收藏的很少。当时也就没有人知道他。直到道光时,才有邹升绩者,刻他的遗书百八十卷。

崇张载黜陆王　　船山的学说,崇宋张载而黜陆、王。他说:"欲速成之病,始于识量之小。识量小,则谓天下之理、圣贤之学,可以捷径疾取而计日有得。……其说高远,其实卑陋苟简而已。"(《俟解》)这就是攻击陆、王的直觉学说的。他在**知识论**上,认为有"德性之知"和"见闻之知",而前者是知识的本原。他说:"见闻所得者,象也;知象者,心也。"[2]"耳与声合,目与色合,皆心所翕辟之牖也。合,故相知;乃其所以合之故,则岂耳目声色之力哉! 故舆薪过前,群言杂至,而非意所属,则见如不见,闻如不闻,其非耳目之受而即合明矣。"[3]他以"诚"为学问的**目的**,以"格物穷

格物穷理与笃行

---

[1]《明夷待访录·学校》。——编校者
[2][3]《张子正蒙》卷四《大心篇》。——编校者

理"、"笃行"为学问的**方法**。力斥空谈心性,说:"堕其志,息其意,外其身,于是而洞洞焉,晃晃焉,若有一澄澈之境。……然而求之于身,身无当也;求之于天下,天下无当也。行焉而不得,处焉而不宜。"[1]

五、颜元

颜元(1635—1704),字浑然,号习斋,直隶博野人。习斋生于微贱,父为蠡县朱翁养子,因姓朱。4岁时,父往辽东,就没有音耗。母改嫁,朱翁的妾也有子,所以很疏远习斋。但他刻苦自励,曾入庠,常因思父,悲不自胜,朔望东北向遥拜而哭。21岁后,绝意科举,学医,又学兵,究战守机宜,彻夜不睡。又精于技击。始开家塾,教里中子弟。朱媪死,他遵古礼居丧,尺寸不敢违。有老者可怜他,告诉他并不姓朱。后来朱翁也死了,他遂归博野本宗,复姓颜氏。他在30岁后,感到"思不如学,而学必以习",名所居曰习斋。从此习数、习书、习射、习歌舞、拳法。家贫,躬耕行医以自给。昼勤农圃,夜观书史。受学者渐多,李塨(恕谷)也来请业。50岁,自恨未能寻父,决计出游,至关外,遍布寻父报贴。历2年,几死于途,终知父已早卒,招魂题主而归,远近都怜他的孝。晚年感叹说:"苍生休戚,圣道明晦,责实在予。敢以天生之身,偷安自私乎!"[2]主讲漳南书院,教弟子习书数、射击、超距、歌舞。所著有《存学》、《存治》、《存人》、《存性》四编。他主实行而轻著述,其语录,读书随笔等,都由门人钞集。李塨撰《习斋先生年谱》,为他的学说精华。四存学会,曾汇刊习斋恕谷的著作为《颜李遗书》。

颜元传略

---

[1] 《礼记章句·大学》。——编校者
[2] 《颜习斋先生年谱》卷上,《辛未五十七岁》。——编校者

| 可比墨子 | 习斋是一个"**彻底的实验主义者**"（Pragmatist）。他痛恶宋、明儒家静坐废事，高谈心性之非，有些和墨子当时反对儒者拘于礼仪末节之非相像。他虽从没有提到墨子而只宗尧、舜、周、孔，其实他的刻苦精神很可比墨子而无愧。

排斥宋儒　　习斋攻击惟心主义的宋儒是不遗余力的，他攻击之点有二：（一）宋儒教人读书不做事，（二）静坐不劳动。这二点自然也是相联的，我们为叙述明了计，就依这二点摘记他的精语。

做的教育　　（一）**读书和做事**

习斋反对"读书人是学者"的俗见，以为这不是孔子的教育。孔子是主张做事的，主张为做事而读书的。他曾像写着一幅讽刺画地说："请画二堂，子观之：一堂上坐孔子，剑佩觿，决杂玉，革带深衣，七十子侍。或习礼，或鼓琴瑟，或羽籥舞文，干戚舞武，或问仁孝，或商兵农政事，服佩皆如之。壁间置弓矢、钺、戚、箫、磬、算器、马策，及礼衣冠之属。一堂上坐程子，峨冠博服，垂目坐如泥塑。如游、杨、朱、陆侍者，或返观打坐，或执书吾伊，或对谈静敬，或搦笔著述。壁间置书籍、字卷、翰研、梨枣。此二堂同否？"[1]他曾寄讲宋学的陆世仪氏一封信，中间说："道不在诗书章句，学不在颖悟诵读；而期如孔门博文约礼，身实学之，身实习之。"[2]他也曾这样地诘问着宋儒："文家把许多精神费在文墨上，诚可惜矣！先生（指朱子）辈舍生尽死，在思、读、讲、著四字上做功夫，全忘却尧舜三事六府，周孔六德、六行、六艺，不肯去学，不肯去习，又算什么？"[3]他常说："人之岁月精神有限。诵说中度一日，便习行中错一日，**纸墨上多一分，便身世上少一分。**"[4]他主张做事，并不是废学问，乃

---

[1]《颜习斋先生年谱》卷下,《习斋记余》卷二《寄桐乡钱先生晓城》。——编校者
[2]《存学编》卷一。——编校者
[3]《朱子语类评》。——编校者
[4]《存学编》卷一。——编校者

是要**从做事中去得学问**,要由习而学的。所以说:"必有事焉,学之要也。"〔1〕文字不能替代学问:"书之文字固载道,然文字不是道。如车载人,车岂是人?"〔2〕关于这一点,他反复地譬喻:"譬之学琴然,书犹琴谱也,烂熟琴谱,讲解分明,可谓学琴乎?"〔3〕"譬之于医,止务览医书千百卷,熟读详说,以为余国手矣,视诊脉、制药、针灸、摩砭,以为术家之粗不足学,可谓明医乎?"〔4〕

(二)习静和习动

他说:"宋元来儒者皆习静,今日正可言习动。"〔5〕"五帝、三王、周孔,皆以动造成世道之圣人也。汉唐袭其动之一二以造其世也。晋宋之苟安,佛之空,老之无,周、程、朱、邵之静坐,徒事口笔,总之皆不动也。而人才尽矣,圣道亡矣!乾坤降矣。吾尝言,**一身动则一身强**,一家动则一家强,**一国动则一国强**,**天下动则天下强**。益自信其考前圣而不谬,俟后圣而不惑矣。"〔6〕

> 动的教育

自号习斋的教育家,自己是先实行这动的教育的。他在漳南书院设四斋,为"文事"(礼、乐、书、数、天文、地理),"武备"(黄帝、太公、孙吴兵法、攻守、营阵、陆水战诸法、射御、技击),"经史","艺能"(水学、火学、工学、象数)。另外"理学"、"帖括"二斋,只因为是"时制","暂收之以示吾道之广"的。他"帅门弟子行孝弟,存忠信,日**习礼**、**习乐**、**习书数**,**究兵农水火诸学**。**堂上琴筝**、**弓矢**、**筹管森列**。"〔7〕这是怎样的精神!

> 他的学校

---

〔1〕《颜习斋先生年谱》卷上。——编校者
〔2〕《朱子语类评》。——编校者
〔3〕〔4〕《存学编》卷二。——编校者
〔5〕《言行录》卷下《世性编》。——编校者
〔6〕《言行录》卷下《学须篇》。——编校者
〔7〕戴望:《颜氏学记》。——编校者

六、戴震

戴震传略　　戴震(1723—1777)，字东原，安徽休宁人。以举人奉召为四库馆纂修官，特授翰林院庶吉士。师事江永，而他的弟子如段玉裁、孔广森、王念孙等，后来都成考证学派的大师。所著考证和天算的书很多，而《孟子字义疏证》及《原善》是他哲学的精髓所在。

也排斥宋儒　　东原自己是**严密的汉学家**。但他的反抗宋学却不单是一个门户之见，而另建设一新理学以排宋学。在这地位上，他和习斋不期然地成了我们讨论各代儒家教育学说的结束人物。

理欲一元说　　宋儒以理和欲分开，主张存天理去人欲，做到"人欲净尽，天理流行。"〔1〕而东原以为"**理者存乎欲**者也。"〔2〕"理者，情之不爽失也。"〔3〕"通天下之情，遂天下之欲，权之而分理不爽，是谓理。"〔4〕"圣人治天下，体民之情，遂民之欲，而王道备。"〔5〕"人生而后有欲，有情，有知，三者，血气心知之自然也。……惟有欲有情而又有知，然后欲得遂也，情得达也。"〔6〕这理欲一元说，是他在心理论上大异于宋儒的。

理的客观性　　他又说程朱"以理为如有物焉，得于天而具于心"〔7〕，启后世人人凭在己之意见而执之曰理，以祸斯民。更淆以无欲之说，于得理益远，于执其意见益深，而祸斯民益烈。他以为"**事物之理，必就事物剖析至微而后理得。**"〔8〕所以他的所谓理是客观的，而在宋儒却是主观的。这是他在知识论上大异于宋儒的。

二元的主观的理，其祸足以杀人，他说得这样激切："后儒

---

〔1〕《孟子字义疏证》卷上，《理》。——编校者
〔2〕〔3〕〔5〕〔7〕《孟子字义疏证》卷上，《理》。——编校者
〔4〕〔6〕〔8〕《孟子字义疏证》卷下，《才》。——编校者

不知情之至于纤微无憾是谓理,而其所谓理者,同于酷吏之所谓法。酷吏以法杀人,后儒以理杀人,浸浸乎舍法而论理,死矣,更无可救矣!"[1]习斋是实验主义者,而东原竟带上功利主义者(Utilitarianist)的色彩了。他以为圣人不言"无欲",只言"无私"。要去私,必要先去蔽。"凡去私不求去蔽,重行不先重知,非圣学也"[2],"人之不能尽其才,患二:曰私,曰蔽,……**去私莫如强恕,解蔽莫如学**。"[3]东原是18世纪的人,他的学说,依然笼着旧时代的氛围,但是,你看,新思想的曙光却早透射出来了。

去私去蔽

问题

一、从道德教育的目的上说明"知行合一"说的优点。

二、略述王守仁的教育学说。

三、顾炎武、颜元、戴震都反对宋学,试说明他们立场的不同。

四、顾炎武和黄宗羲的教育理想是什么?

五、以现代教育原理估量颜元的学说。

六、戴震在哲学上有什么创见?

---

[1]《戴震集》卷九《与某书》。——编校者
[2]《戴东原文集》卷十一《沈处士戴笠图题咏序》。——编校者
[3]《原善》卷下。——编校者

第十三章
新教育的演进

一、历史的回顾

<small>新教育系统产生</small>

我们叙说中国教育的制度和学说,从上古到近世,学校、科举、汉学、宋学,一线的贯串下来。可是从 19 世纪的后叶,旧系统便渐渐地动摇、崩溃,到了本世纪之初,另外一个新系统建设起来了。我们的叙述,也不得不另找一条线索。

<small>中国和世界</small>

在上编第九章里,我们曾指出 19 世纪各国生活和思想上因四大运动而发生剧烈的变动。他们因国家主义和平民主义的鼓荡,早已把现代国家的组织、民主政治的规模完成了。我们呢,还蜷伏于**专制政体**之下,迷恋着传统的**家族制度**的残骸,人民只管家事而不懂得什么叫国事。他们因科学的发展,学术早换了生命了,我们却正埋头在**考据**、**性理和诗赋**的故纸堆中。他们工业革命以后,机器生产早已万能了,我们却停滞在"前科学"的农业生产状态。如果真能闭关自守也罢了,无奈东西洋航路早开,交通日便,人家政治和经济的势力不断地向我们进攻,终于把东方巨人的酣眠惊醒了。

满清在乾隆、嘉庆时,称为盛治,其实财政虚耗,军事废弛,官吏贪污,政治腐败,早已播下了衰亡的种子。道光二十二年

(1842),中英鸦片战争缔结《南京条约》。咸丰十年(1860),英法联军入京,终缔结《天津条约》。从此我们加上"不平等条约"的枷锁,外侮日亟,国难日深了。

二、新教育运动开始的四十年(1862—1901)

这是从同治元年到十三年(1862—1874),光绪元年到二十七年(1875—1901)的一个时期。这时期是跟着英法联军入京之役而展开的。国内太平军的战争结束了。不久日本取了琉球(1879);中法战后法并了安南(1885);英夺了缅甸(1886);中日战后,日并了朝鲜,占了台湾(1894);德又占了胶州湾(1897)。最后有昙花一现的维新变法——"戊戌政变"(1898),而以"义和团之役"(1900),八国联军入京,订结《辛丑和约》(1901)的结局。列强向我越逼越紧了,这短短的**四十年历史,印着无数国耻的伤痕**。

新教育运动,就**在这苦痛中开始**了。我们又可把甲午中日战争做一个界线,而分为两期: 新教育运动在国难中开始

(一) **第一期**(1862—1894)

前一年设立的总理各国事务衙门,在同治元年(1862)就奏请于北京开办**同文馆**,专教英、法、德、俄,语言文字,后又加算学、天文等科。次年,因李鸿章的奏请,上海设**广方言馆**,广州又设一个同文馆。这都是为中外交涉日繁,"必先谙其言语文字,方不受人欺蒙"[1],专务培养翻译的人才的。 同文馆广方言馆

同治五年(1866),左宗棠在福州设船政局,以为"船政根本,在乎学堂",同时设英文法文学堂、驾驶学堂、管轮学堂、绘 武备学堂

---

[1] 奕䜣等:《奏设北京同文馆疏》(1862)。载舒新城编:《近代中国教育史料》(第一册),中华书局1928年版,第7页。——编校者

事院、艺圃。光绪五年(1879)以后,各省大吏,纷纷请设军事训练机关。李鸿章在天津设北洋水师学堂、武备学堂;张之洞在广州设陆师学堂、水师学堂;曾国藩在上海设制造局,附机器学堂,在南京也设水师学堂。这些专科学校,都是为应紧急的需要,专务培养技术和军事的人才的。

自强学堂　　光绪十九年(1893),张之洞又奏设自强学堂于武昌,分方言、算学、格致、商务四斋。但只有方言一斋学生住堂肄业。余三斋照书院按月考课的办法,后来索性停了。方言斋是仿同文馆例,教英、法、德、俄四国文字的。

正蒙书院　　在这初期,普通学校创立的,要推上海张焕纶的正蒙书院(1878)。它分设国文、舆地、经史、时务、格致、数学、歌诗等科。生徒百余,分小中大各班。小班讲解诵读并重,以白话译之言。又有投壶、射鹄、沙囊、超距诸竞技。"阴以兵法部勒,兼采西人教科所长",这可以表现张氏当年的特识。

派遣留学生　　还有一件很有关系的事,便是**留学生**的**派遣**。在同治十年(1871),曾国藩、李鸿章会奏,委刑部主事陈兰彬,江苏同知容闳"选聪颖子弟赴泰西各国肄业技艺。"〔1〕十一年(1872),派了梁敦彦、詹天祐等30人;次年,蔡廷干等30人;又次年,唐绍仪等30人;又次年,刘玉麟等30人,**赴美国留学**。所以专往美国,为的是同治七年(1868)志刚、孙家穀曾到华盛顿和美订约的一点缘故。这班学生都是平均十二三岁的青年。到光绪七年(1881),忽然全部撤回,致他们的学业都没有深造,这是很可惜的。同时,光绪三年(1877),李鸿章、沈葆桢会奏,派福建船厂学生萨镇冰等30人赴英、法学驾驶制造。这派赴欧洲留学的动机:一因留美学生派出后,英公使就有英国"大书院极多,

---

〔1〕曾国藩、李鸿章:《奏选派委员携带幼童出洋肄业兼陈应办事宜折》(1872年2月27日)。载舒新城:《近代中国教育史料》(第一册),中华书局1928年版,第191页。——编校者

将来亦可随时派往"[1]的话；二因李鸿章在烟台阅操，看见日本士官，在英舰上随同操演，大为动心。当时大吏的派送留学生，用心原来是很深的。

(二) **第二期**(1895—1901)

光绪二十年(甲午)(1894)，中日战争起，政治改革和教育运动，又都揭开了一个新幕。

这一年，**孙中山**先生(1866—1925)在檀香山集合同志，创立**兴中会**，宣言说："中国积弱，至今极矣。上则因循苟且，粉饰虚张；下则蒙昧无知，鲜能远虑。堂堂中国，不齿于列邦；济济衣冠，被轻于异族。……蚕食鲸吞，已见效于接踵；瓜分豆剖，实堪虑于目前。……用特集志士以兴中，协贤豪而共济。"到光绪二十一年(1895)，孙先生偕同志邓荫南等数人，回广州，谋三路进兵，夺广州为革命根据地。事泄，出亡至日本，继续革命的活动。他少年时有《上李鸿章书》发表政见，说："深维欧洲富强之本，不尽在船坚炮利，垒固兵强，而在于人能尽其才，地能尽其利，物能尽其用，货能畅其流。"[2] "所谓**人**能**尽其才**者，在**教养有道，鼓励以方，任使得法**也。"[3] 他在教养有道的一段里说："自古教养之道，莫备于中华；惜日久废弛，庠序亦仅存其名而已。泰西诸邦崛起近世，深得三代之遗风，庠序学校遍布国中，人无贵贱皆奋于学。……虽理至幽微，事至奥妙，皆能有法以晓喻之，有器以窥测之"[4]，又说："教养有道，则天无枉生之才；鼓励以方，则野无郁抑之士；任使得法，则朝无幸进之途。"[5] 他这种政见，自然没有发生实际的影响。但他所领导的革命势力，不久

孙中山先生的革命

---
[1] 李鸿章、沈葆桢：《奏选闽厂生徒出洋学艺并酌议章程》(1877年1月13日)。载舒新城：《近代中国教育史料》(第一册)，第268页。——编校者
[2][3][4][5] 《孙中山全集》(第一卷)，《上李鸿章书》，中华书局1981年版，第8、8、9、10页。——编校者

却颠覆满清政府了。

康有为的变法 甲午战败后,各省举人一千三百余人,聚议北京松筠庵,以**康有为**为领袖上书论国事。康氏与其徒谭嗣同、梁启超等,从此在清朝政治上有几年的活跃。他们创**强学会**,鼓吹维新。他们拥戴德宗亲政,力排慈禧太后的守旧派。他们请变法,兴学校,废科举,整军备,劝工商。新政的诏书,一日数下。到光绪二十四年(1898),太后重行亲政,把德宗幽于瀛台,谭氏等6人被杀,康、梁逃亡香港、日本,是为"戊戌政变"。

我们再接叙清廷的教育设施罢。战败以后,大家对于前此语言、文字、军备、技术的教育,是显出很大的怀疑和失望了。有人说:"国家费数百万之帑项,聚数千人之精力,竭数十载之经营。乃一旦与倭人对敌,将不知兵,士不用命。师徒挠败,陵寝震惊。失地丧师,枪炮轮船,全为敌有。所谓洋务出身者,或逃避伏法,或战败降倭。前功尽弃,莫可挽回。"(陈耀卿文见《皇朝经世文三编》卷四)这确是很可痛心的。但发愤自强的勇气和决心,却并没有因之而馁。

头等二等学堂 光绪二十一年(1895),津海关道盛宣怀在天津设**头等**、**二等学堂**各一所,课程各4年。头等毕业,可"派赴外洋,分途历练;或酌量委派洋务职事。"[1]那时以候选道伍廷芳为总理,美国人丁家立(C. D. Tenney)为总教习,这就是后来北洋大学的初基了。

南洋公学 次年,盛氏又在上海设**南洋公学**,先考选成才之士40人,为师范院,又仿日本师范附属小学校例,别选聪颖幼童120人,为外院。然后再办"二等学堂"称为中院,"头等学堂"称为上院。外,中,上三院的学生,是毕业递升。中上两院的教习,就在师范院选任。这是鉴于在天津的学堂,"旁求教习,招选学

---

[1] 盛宣怀:《天津中西学堂章程》(1895)。载舒新城:《近代中国教育史料》(第一册),第25页。——编校者

徒,大抵通晓西文者,多憎于经史大义之根柢;致力中学者,率迷于章句呫哔之迂途,教者既苦乏才,学者亦难精择。"[1]所以想出师资培养,和生徒升学的办法来。所以南洋公学,是最早**具有初等,中等,高等三阶级**教育的雏形的。外院是我国现代小学校之始,中院是中学之始,师范院是师范学校之始。这在教育史上,地位真非常重要咧。公学初创,以何嗣焜为总理,美国人弗格森(J. C. Ferguson)为总教习。

这时(1896)在北京还成立了一个很复杂而特别的机关,名为官书局,以孙家鼐为管理大臣。孙氏《奏官书局章程疏》中说:"倭人构衅,创巨痛深,一二文人学士,默参消息,审知富强之端,基乎学问,讲肄所积,爰出人才。"[2]我们想一个书局,与"讲肄所积,爰出人才"有什么关系呢?原来这官书局的组织,包括(一)藏书院以专藏古今书籍,(二)刊书处以译刻各国书籍,(三)游艺院以广购新机异产,(四)学堂以讲习语言文字及制造诸法。这实在是包括中央图书馆、编译馆、研究院和大学在内的。孙氏的计画,没有完成,后来有京师大学堂出来了。

官书局

再这时,御史陈其璋、刑部侍郎李端棻,并上推广学校的奏疏,李氏的奏稿,相传就出于梁启超的手笔。大意说兴学没有成效,有五个原因:(一)徒习西语西文,富强之原未讲。(二)学业不分斋院,生徒不重专门。(三)未备图器,未遣游历,终成空谈,不能致用。(四)诸馆所教率自成童以下。(五)全国只有数馆,功课不精,成就无几。所以李氏主张推广学校,全国应设府、州、县学、省学;京师设大学堂,概以三年毕

推广学校政策

---

[1] 盛宣怀:《奏陈开办南洋公学情形疏》(1898年6月12日)。载舒新城:《中国近代教育史料》(第一册),第36页。——编校者
[2] 孙家鼐:《官书局奏开办章程》(1896)。载舒新城:《近代中国教育史料》(第四册),第152页。——编校者

业。此外,并应(一)设藏书楼于各省;(二)创仪器院于学堂,(三)开译书局于京师,(四)立报馆于大埠,(五)派游历于各国。这样,他说:"有官书局大学堂以为之经,复有此五者以为之纬,则中人以下,皆可自励于学,而奇才异能之士,……不可胜用矣。"[1]同时,张之洞以文学重臣著《劝学篇》一书,风行全国。书中也力倡研究西学,广设学堂,奖励游学。他有针对时局的很激切的话:"道光之季,西国之势愈强,中国人才愈陋。……一儆于台湾,再儆于琉球,三儆于伊犁,四儆于朝鲜,五儆于越南、缅甸,六儆于日本。祸机急矣,而士大夫之茫昧如故,骄玩如故。夫政刑兵食,国势邦交,士之智也。种宜土化,农具粪料,农之智也。机器之用,物化之学,工之智也。访新地,创新货,察人国之好恶,较各国之息耗,商之智也。船械营垒,测绘工程,兵之智也,……华人于此数者,皆主其故常。循此不改,西智益智,中愚益愚。不待有吞噬之忧,即相忍相持,通商如故,而失利损权,得粗遗精,将冥冥之中,举中国之民,已尽为西人所役矣!"[2]李张的议论,和盛宣怀的事业,并为后来国定学制的先声。

京师大学堂 　李氏一疏后,又继以光绪二十四年(1898)御史王鹏运请开办**京师大学堂**一疏。于是饬军机大臣和总理各国事务衙门筹议章程。奏上,派孙家鼐管理大学堂事务,工部侍郎许景澄为总教习。《京师大学堂章程》,实是当时各方教育意见的综合,其中说:

"中学体也,西学用也。二者相需,缺一不可,体用

---

[1] 李端棻:《奏请推广学校折》(1896年6月12日)。载舒新城:《近代中国教育史料》(第一册),第5页。——编校者
[2] 张之洞:《劝学篇》。——编校者

不备,安能成才。……当同文馆、广方言馆初设时,风气尚未大开,不过欲培植译人,以为总署及各使馆之用,故仅教语言文字而于各种学问皆从简略。此次设立学堂之意,乃欲培植非常之才,以备他日特达之用。……力矫流弊,标举两义:一曰中西并重,观其会通,无得偏废;二曰以西文为学堂之一门,不以西文为学堂之全体;以西文为西学发凡,不以西文为西学究竟。"[1]

更值得注意的,所谓京师大学堂,不单是一个学校,看下列的规定:

"各省学堂皆当归大学堂统辖,一气呵成,……务使脉络贯注,纲举目张。"[2]　　包括教育行政

这简直是日本明治初所模仿法国的**大学区制**,后来民国十六年(1927)国民政府也曾一度试行。

"当于**大学堂兼寓小学堂、中学堂**之意,就中分列班次,循级而升,……别立一师范斋,以养教习之才。"[3] 这是盛宣怀在南洋公学合设四院的办法。

"在上海等处,开一'编译局',……大学堂设一大'藏书楼',……一'仪器院'。"[4] 这是李端棻疏中的主张。

---

[1][2][3] 军机大臣、总理衙门:《遵筹开办京师大学堂折(附章程清单)》(1898年7月3日)。载舒新城:《近代中国教育史料》(第一册),第137—138、135、135—136页。——编校者
[4] 李端棻:《奏请推广学校折》(1896年6月12日)。载舒新城:《近代中国教育史料》(第一册),第3—4页。——编校者

但事实上，"大学堂虽设，不过略存体制"[1]，庚子役后，"房屋既残毁不堪，而堂中所储书籍仪器亦同归无有。"[2]

书院改设学堂　　光绪二十八年（1902），清太后和德宗从"西狩"回京，再奋发起来，下谕："所有**书院**，于省城均**改设大学堂**，府、厅、直隶州改设**中学堂**，州、县均设**小学堂**，……切实通筹，认真举办。"又派张百熙为管学大臣，他的地位，就是大学校长兼任教育部部长了。

小学　　在这时期，**地方小学**也勃兴了。最有名的，如吴县陆基等设立崇辨蒙学，上海钟天纬、无锡俞复各设立三等学堂。而南洋公学外院有《蒙学课本》的编辑，俞复的《蒙学读本》，陆基等的《启蒙图说》、《启蒙问答》继之，是小学教科书的开始了。

三、学堂章程颁行后的十年（1902—1911）

革命进展　　这是从光绪二十八年到宣统三年（1902—1911），也就是清朝最后的十年的一个时期。孙中山先生于光绪三十年（1904）集合兴中会、黄兴、宋教仁等的兴华会、章炳麟等的光复会，改组成**革命同盟会**于日本东京，宣言"驱除鞑虏，恢复中华，建立民国，平均地权"四大纲。三十三年（1907），孙先生和黄兴有广西镇南关之役，徐锡麟刺杀安徽巡抚恩铭。三十四年（1908），安庆熊成基又起义。宣统二年（1910），汪精卫、黄复生狙击清摄政王载沣。三年（1911），黄兴攻广州督署，有黄花冈之役；温生才炸死广州将军孚琦。革命更加急进，清廷也于光绪三十二年（1906）宣布预备立宪，可是立宪没有成功，到宣统三年，武昌起义，全国响应，溥仪逊位，**中华民国产生**。

---

[1][2] 喻长霖：《京师大学堂沿革略》（1909）。载刘锦藻：《清朝续文献通考》卷一百六十《学校十三》，商务印书馆《万有文库》本，第8648、8649页。——编校者

第十三章 新教育的演进

这时期开头教育上一件大事，是管学大臣张百熙有《**学堂章程**》的订定。这份章程所定的学制，大体仿效日本：蒙养学堂4年，小学堂6年（寻常、高等各3年），中学堂4年，高等学堂3年，大学堂3年至4年，大学院年限未定。在中学的阶段，另有中等实业学堂和师范学堂。从蒙学到大学，修业须20年。光绪二十八年（1902）以上谕颁行各省，称《**钦定学堂章程**》。

> 钦定学堂章程

张氏既负重望，颇招满清亲贵的忌。次年，清廷就派旗人荣庆会同管理大学堂事宜。荣张二人，似乎各有意见。恰巧张之洞入京，他们就会奏："张之洞为当今第一通晓学务之人"〔1〕，请派他会同商办京师大学堂，将一切章程，详加厘定。张之洞奉命后，与张百熙、荣庆合订《各级学堂章程》20册，上奏说："数月以来，互相讨论，虚衷商榷；并博考外国各项学堂课程、门目，参酌变通：择其宜者用之，……立学宗旨，以忠孝为本，以中国经史之学为基，俾学生心术，一归于纯正，而后以西学沦其智识，练其艺能，务期他日成材，各适实用。"〔2〕这《章程》比上年所颁的，有二个优点。疏中说："办理学堂，首重师范，原订《师范馆章程》，系仅就京城情形试办，尚属简略。兹另拟《初级师范学堂章程》一册，《优级师范学堂章程》一册，……容随时察酌情形办理。又国民生计，莫要于农工商实业；……此皆原订章程所未及而别加编订者也。〔3〕兹另拟初等，中等，高等农工商实业学校附实业补习及艺术学堂各章程。"光绪二十九年（1903）上谕颁行，称《**奏定学堂章程**》。所定学制如下图。

> 师范教育与职业教育的见到

> 奏定学堂章程

---

〔1〕 张百熙等：《奏请添派重臣会商学务折》（1903年6月27日）。载《光绪朝东华录》卷一百八十。——编校者

〔2〕〔3〕 张百熙、荣庆、张之洞：《重订学堂章程折》（1904年1月13日）。载舒新城：《近代中国教育史料》（第二册），第4，4—5页。——编校者

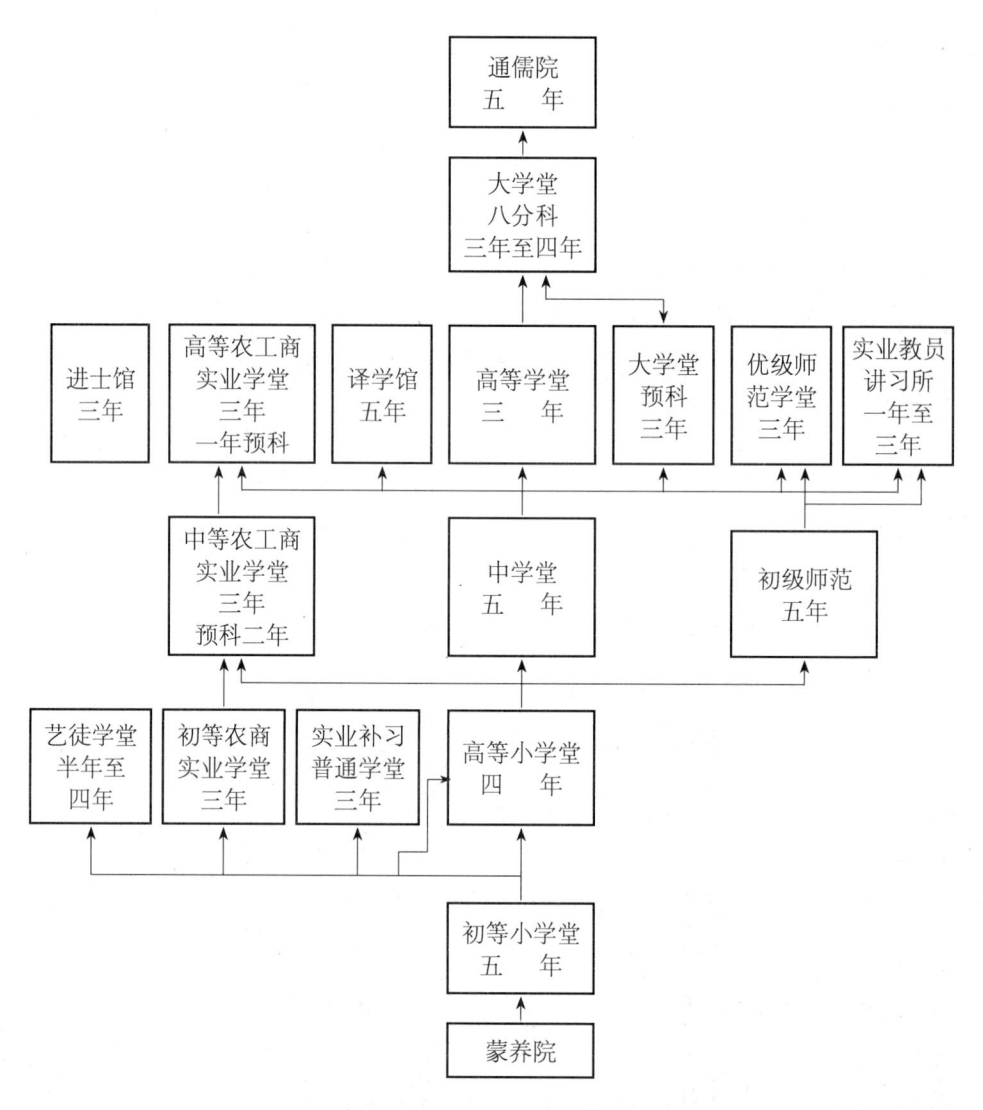

```
                    ┌─────────┐
                    │ 通儒院  │
                    │ 五  年  │
                    └────▲────┘
                    ┌─────────┐
                    │ 大学堂  │
                    │ 八分科  │
                    │三年至四年│
                    └────▲────┘
```

| 进士馆 三年 | 高等农工商实业学堂 三年 一年预科 | 译学馆 五年 | 高等学堂 三年 | 大学堂预科 三年 | 优级师范学堂 三年 | 实业教员讲习所 一年至三年 |

```
         ┌──────────┐    ┌──────┐    ┌──────────┐
         │中等农工商│    │中学堂│    │初级师范  │
         │实业学堂  │    │五 年 │    │五年      │
         │三年      │    │      │    │          │
         │预科二年  │    │      │    │          │
         └──────────┘    └──────┘    └──────────┘
```

| 艺徒学堂 半年至四年 | 初等农商实业学堂 三年 | 实业补习普通学堂 三年 | 高等小学堂 四 年 |

```
                    ┌─────────┐
                    │初等小学堂│
                    │ 五  年  │
                    └─────────┘
                    ┌─────────┐
                    │ 蒙养院  │
                    └─────────┘
```

张氏等在奏上《学堂章程》内附片中说："科举若不变通裁减，则人情不免观望，……入学堂者恃有科举一途为退步，既不肯专心向学，且不肯恪守学规。况科举文字，每多剽窃；学堂功课，务在实修。科举只凭一日之短长，学堂必尽累年之研究；科举但取词章，其品谊无从考见；学堂兼重行检，其心术灼尤可知。彼此相衡，难易迥别，人情莫不避难而就易，……必须科举立时停罢，学堂办法方有起色。"到三十一年(1905)，张之洞、袁世凯、赵尔巽、周馥、岑春萱、端方六疆臣,联名奏请"**停科举以广学校**",说:"普之胜法,日之胜俄,识者皆归其功于小学校教师。即其他文明之邦,强盛之源,亦孰不基于学校。而我国独相形见绌者,则以科学不停,学校不广。"[1]诏准所请,一千多年的秕制,才革除了。 废科举

再,张氏等《学堂章程》中《学务纲要》,有"京师应专设总理学务大臣,省城各设学务处"一条。科举废了,同年就以山西学政宝熙的奏请,**设立"学部"**,把国子监裁撤归并。次年,以学部的奏请,各省设**提学使司**,把学政裁撤。提学使归督抚节制,统辖全省学务,于省城设学务公所,分科办事。并设学务议绅 4 人,议长 1 人,给与本省人士参与学务的机会,厅、州、县各设**劝学所**,总汇全境学务,以地方官为监督,设总董 1 人,各区劝学员若干。这样,中央和地方的教育行政制度,也完成了。 教育行政制度

学部成立的明年,奏请宣布**教育宗旨**,忠君、尊孔、尚公、尚武、尚实五条。待下面再详述。 教育宗旨

学部从光绪三十三年起(1907),每年公布**教育统计图表**,到宣统元年(1909),共 3 次。汇记每年学校数,学生数于下,以见清末兴学的总成绩: 教育统计

年 份	学校数	学生数
光绪三十三年(1907)	37 888	1 024 988
三十四年(1908)	47 995	1 300 739
宣统元年(1909)	59 177	1 639 641

小学遍设后,**教科用书**的编印问题起来了。《蒙学课本》等 教科书

---

[1]《谕立停科举以广学校》(1905 年 9 月 2 日)。载舒新城:《近代中国教育史料》(第四册),第 125 页。——编校者

初步尝试前已叙过。到《学堂章程》颁定了，上海商务印书馆"首先按照学期制度编辑修身、国文、算术、历史、地理、格致诸种，每种每学期一册，复按课另编《教授法》，定名为《最新教科书》。此实开中国学校用书之新纪录。当时张元济、高梦旦、蒋维乔、庄俞、杜亚泉诸君，围坐一桌，构思属笔，每一课成，互相研究，互相删改，必至多数以为可用而后止。《最新国文》第一册初版发行，三日而罄，其需要情形可以想见。自此扩大编纂，小学而外，凡中学、师范、女子各教科书，络绎出版。"（庄俞文，见《最近三十五年之中国教育》）[1]这是教育史上很可纪念的。

留学日本运动　　这十年中，**留学运动**极盛。出国的学生，尤以赴日、赴美的为多。**留日**学生，从光绪二十七年到三十二年间（1901—1906），达万余人。（舒新城：《近代中国留学史》）张之洞著《劝学篇》，竭力提倡留学，他说："出洋一年，胜于读西书五年，此赵营平百闻不如一见之说也。入外国学堂一年，胜于中国三年，此孟子置之庄岳之说也。……日本小国耳，何兴之暴也！伊藤、山县、榎本、陆奥诸人，皆二十年前出洋之学生也，愤其国为西洋所胁，率其徒百余人，分诣德、法、英诸国，……学成而归，用为将相，政事一变，雄视东方。……至游学之国，西洋不如东洋，一、路近省费可多遣；一、去华近，易考察；一、东文近于中文，易通晓；一、西书甚繁，凡西学不切要者，东人已删节而酌改之，中东情势，风俗相近，易仿行，事半功倍，无过于此。"《学堂章程》中《学务纲要》规定："派人到外国学师范教授管理各法，分别学速成科若干人，完全科若干人。"又出使日本大臣杨枢奏请派陆军学生赴日留学，各省派送日本的人多了，语言科学程度不够入正式学校，日人乃专为中国学生设私立学校，如师范

---

〔1〕庄俞：《三十五之商务印书馆》，商务印书馆1931年版，第6页。——编校者

有东京高师校长嘉纳治五郎所设的**宏文学院**,陆军有**成城学校**、**振武学校**,法政有私立法政大学。这时,革命同盟会在东京发行《民报》,汪精卫、胡汉民主笔。梁启超也撰《新民丛报》,政治言论的重心,倒在日本了。

　　留美运动的再起,是美国以友谊退还庚子赔款余额的结果。光绪三十四年(1908),美国会通过了退还余款议案,由大总统决定所有保留之美金二百万圆,除核算应扣付838 140圆之偿金外,从1909年到1940年陆续退还。我国外务部与驻京美使柔克义(W. W. Rockhill),商定以此款派遣留学生的办法。由外部设游美学务处和预备训练学校——**清华学校**,管理这事。1909年起,每年派学生100人,1913年起,每年派学生50人。前3年举行公开考试选派,学校成立于1911年,以后就毕业生派遣。这种办法,直到民国十年(1921)清华改组大学后才有变更。

留学美国运动

四、民国学校系统公布后的十年(1912—1921)

　　这是中华民国开国后的十年。革命之初,孙中山先生为临时大总统,制定《临时约法》,设政府于南京。南北统一后,孙先生辞职,荐举袁世凯为大总统,移政府于北京。到民国二年(1913),民军就有讨袁之役,失败。四年(1915),袁氏称帝,蔡锷等在云南起义,组护国军,袁氏忧愤死。黎元洪、冯国璋先后为大总统。七年(1917),国会议员,在广州集合,开非常会议,举孙先生为大元帅,设军政府。九年(1920),北方军人有直奉系和皖系的战争,直奉胜。十年(1921),直系和奉系又战争,直胜。这年,孙先生在广州就职为非常大总统。从这战争和政乱上说,这是"兴邦"、"**多难**"的十年。而民国三年到七年(1914—

中华民国建国

1918），值欧洲大战争，日本和我国先后对德宣战。但日本先联英军攻青岛后，竟自由进至济南，占据我胶济铁路，于四年（1915）1月18日，突然提出五号二十一条的权利要求，以兵力协迫严守秘密。谈判还没有结果，于5月7日，对我发最后通牒。袁世凯政府没法，就于9日答复承认了。到八年（1919）巴黎和平会议，列强以德国在华权利，给予日本。警耗传到中国，北京于5月4日，发生盛大的**民众运动**。北京大学等校学生，游行示威，因曹汝霖等曾和日本签订密约，毁曹宅，殴伤章宗祥，各地方罢课、罢市，一致要求政府拒绝签字于和约。到十年（1921），美国倡议限制军备，解决远东问题，召集华盛顿会议。中日山东一案，因英美的调停解决。但日本不允讨论1915年的中日协约。美国代表罗德（E. Root）提出"尊重中国主权独立，土地和行政的完整；予中国以无障碍的机会，发展稳固有力的政府"等四原则，均经通过。我国国势至此表面上好像安全些，而实际已很悲惨了。

在这历史的背景上，我们来看一看教育的进展。

教育宗旨　　中华民国建立，学部改为教育部，蔡元培氏任教育总长。
学校系统　　元年（1912），召集临时教育会议，公布**教育宗旨**，为"注重道德教育，以实利主义，军国民主义辅之，更以美感完成其道德。"（下详）又公布**《学校系统》**，如下图：

这个系统，比起《学堂章程》所定的学制来，各级教育，**年限都较缩短**，已顾到人民经济的能力，而谋教育的易于普及了。学校**课程**，也**重加订定**，中小学的"读经"都去掉，而增加手工、音乐等科。又规定初等小学男女同校。民国四年（1915），袁世凯曾令切实**筹办义务教育**。又改初等小学为二种：一名国民学校，这是国民义务教育的意思；一名预备学校，专为升学的预备。中学也分文科、实科。次年（1916），袁氏告终，这些计划也就完了。

中央和地方的教育行政制度，学部的改为教育部，已说过了。民国元年(1912)，各省**提学使司**，也一律**改为教育司**。三年(1914)，又取消，改在巡按使公署政务厅下设一教育科。六年起(1917)，各省才一律设**教育厅**。省内行政区域，厅州都改为县，仍设**劝学所**，并设县视学1人至3人。

教育行政制度

在这十年的后一半时期，思想界和教育界，都呈现生命的活跃。民国六年(1917)，蔡元培氏为北京大学校长，文学科长陈独秀、教授胡适组织《新青年》杂志，倡文学革命。守旧的人如林纾等虽然反对，白话到底成了普通发表意思的工具。教育部于九年(1920)下令，改国文为国语科，并令小学教科书一律改用语体文了。"五四"运动后，思想更解放，成所谓**新文化运动**。外国学者如杜威、罗素，都来讲学，美国教育家孟禄(Paul Monroe)也来调查教育，对于教育上发生很大的影响。

新文化运动

教育界的活动，则六年(1917)黄炎培氏在上海有**中华职业教育社**的创立。十年(1921)，袁希涛氏发表《义务教育之商榷》后，江苏有**义务教育期成会**的组织。而从元年起(1912)，**全国教育会联合会**每年在各省轮流开会，尤为教育界的大联合。

职业教育和义务教育运动

在这时期，留学运动，又有一个新发展，便是勤工俭学生的**留法**。元年(1912)，吴敬恒、李煜瀛、褚民谊诸氏，发起俭学会，《缘起》说："欲输世界文明于国内，必以留学泰西为要图。惟西国学费素称浩大，其事至难普及。曾经同志等思，拟兴苦学之

留法勤工俭学运动

285

风,广辟留欧学界。"四年(1915),又组织勤工俭学会,以"勤于作工、俭以求学"为目的。五年(1916),在巴黎成立华法教育会,宗旨在"以法国科学与精神之教育,图中国道德知识经济之发展。"十年(1921),特设中法大学于里昂。这年华法教育会统计,留法学生一千七百余人。自后因经费困难,人数便大减了。

五、学校系统改革后的十年(1922—1931)

这是最近十年的时期了。在开始的几年,内战愈加剧烈。十二年(1923),中国国民党改组,总理孙先生再就大元帅职。次年,在广州组国民政府,发表《建国大纲》、《三民主义》、《五权宪法》。建国程序,分军政、训政、宪政三个时期。不幸次年总理病逝,再次年,蒋中正氏就国民革命军总司令职,誓师北伐。十六年(1927)北伐成功,国民政府奠都于南京。国民政府为求中国的自由平等,正厉行不平等条约的修改,关税的自主,租借地的收回。可是民国二十年(1931)的 9 月,又有日本占据我东三省**辽宁**、**吉林**的暴行,**国难又加深了。**

新学制　　民国十一年(1922),北京教育部召集学制会议,将上年全国教育会联合会在广州开会时所通过的一个"新学制"草案,加以审订,公布**学校系统改革令。全系统分为三段。各段的划分**,大致以**身心发达时期为根据**,即儿童时期(6 至 12 岁)为初等教育段;青年时期(12 至 18 岁)为中等教育段,壮年时期(18 至 24 岁)为高等教育段。初等中等二段,采取美国"六三三"的组织,小学六年(又分初级四年和高级二年)。中学初级三年,高级三年。高级中学分普通、农、工、商、师范、家事等科;但得酌量地方情形,单设一科,或兼设数科。

分学制的优点　　(《学校系统图》参看后面)参加草拟这学制的黄炎培氏说:"这分学制的优点:其一,从初入小学校,至修了大学校,不过十八年。虽规定年龄的标准,但仍得以智力和成绩自由伸缩。其二,这十八年中,横里的分画,多至五段。多予无力者以结束学业,中途就业或转学的机会;而尤要在将中学分为两级,使青年在十五六岁心理上自然发展至有择业的需要时,得升入以分科为原则的中学。其三,高中固把分科做原则,初中亦得兼设各种职业科。小学课程,且得于较高年级,增置职业准备的教育,使横的方面,门径很多,尽可自由选择。其四,中学虽分设、兼设各科,而并没有禁设独立的师范学校和职业学校。……其五,大学校修业年限四年至六年,专门学校三年以上,中学虽以三三为原则,但四二和二四,在所不禁;职业学校年期,完全不加规定,补习教育,各级都有。广州会议提出原案,说明采用纵横活动主义,可说**尽纵横活动的能事**了。"(黄炎培:《中国教育史要》)[1]国民政府于民国十七年(1928),召集第一次全国教育会议;会议中又把上述的《学校系统改革案》,略加整理,为**中华民国学校系统**。后由国民政府公布。如下图:

最近学校系统

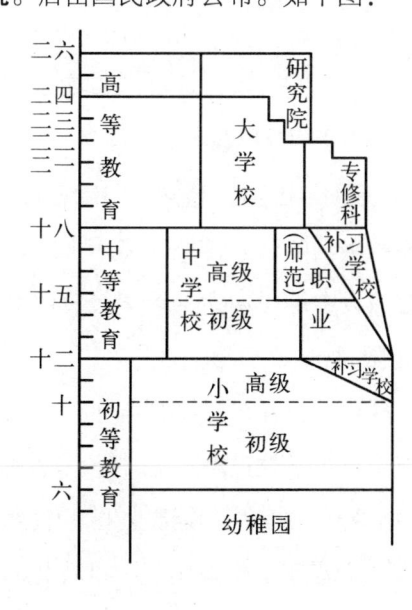

---

[1] 黄炎培:《中国教育史要》,商务印书馆1930年版,第137—138页。——编校者

说明

(一) 初等教育

1. 小学校修业年限六年。

2. 小学校分初高两级,前四年为初级,得单设之。

3. 小学课程于较高年级,斟酌地方情形,增设职业科。

4. 幼稚园收受六岁以下之儿童。

5. 初级小学修了后,得施相当年期之补习教育。

(二) 中等教育

6. 中学校修业年限六年,分为初高两级,初级三年,高级三年。但依设科性质,得定为初级四年,高级二年。

7. 初级中学得单设之。

8. 高级中学应与初级中学并设,但有特别情形时,得单设之。

9. 初级中学,施行普通教育,但得视地方需要,兼设除师范科外之各种职业科。

10. 高级中学,得分普通科,及农、工、商、家事、师范等职业科。但得酌量地方情形,得单设普通科。农、工、商、师范等科,得单独设立为高级职业中学校,修业年限以三年为原则。

11. 中学校初级三年以上,得酌行选科制。

12. 各地方应设中等程度之补习学校(或称民众学校),其补习之种类及年限,视地方情形酌定之。

13. 为推广职业教育计,得于相当学校内附设职业师资科。

14. 为补充乡村小学教员之不足,得设乡村师范学校,收受初级中学毕业生,或相当程度学校肄业生之有教学经验且对于乡村教育具改革之志愿者。修业年限一年以上。

(三) 高等教育

15. 大学校分设各科,为各学院,共单设一科者,称某科学院。

16. 大学校修业年限四年至七年,医科及法科修业年限至少五年。

17. 为补充初级中学教员之不足,得设二年之师范专修科,附设于大学教育学院,收受高级中学及师范学校毕业生。

18. 研究院为大学毕业生而设,年限无定。

十八年(1929),中国国民党第三次全国代表大会通过戴传贤氏所提《**中华民国教育宗旨及其实施方针**》,如下: 最近教育宗旨

(一) **教育宗旨**

中华民国之教育,根据三民主义,以"**充实人民生活,扶植社会生存,发展国民生计,延续民族生命**"为目的,务期民族独立,民权普遍,民生发展,以促进世界大同。

(二) **实施方针**

前项教育宗旨之实施,应守下列之原则:

1. 各级学校三民主义之教学,应与全体课程及课外作业相贯连;以史地教科,阐明民族真谛;以集合生活,训练民权主义之运用;以各种生产劳动的实习,培养实行民生主义之基础;务使知识道德,融会贯通于三民主义之下,以收笃信力行之效。

2. **普通教育**须根据总理遗教,陶融儿童及青年"**忠孝仁爱信义和平**"之国民道德,并**养成国民之生活技能,增进国家之生产能力**为主要目的。

3. **社会教育**必须使人民具备近代都市及农村生活之常识,家庭经济改善之技能,公民自治必备之资格,保护公共事业及森林园地之习惯,养老恤贫防灾互助之美德。

4. **大学及专门教育**,必须注重实用科学,充实科学内容,养成专门知识技能,并切实陶融为国家社会服务之健全品格。

5. **师范教育**为实现三民主义的国民教育之本源,必须以**最**

适宜之科学教育,及**最严格之身心训练**,养成一般国民道德上学术上最健全之师资为主要之任务。于可能范围内,使其**独立设置**,并尽量发展乡村师范教育。

6. 男女教育机会平等,**女子教育**并须注重陶冶健全之德性,保持母性之特质,并建设良好之家庭生活及社会生活。

7. 各级学校及社会教育,应一体注重发展国民之**体育**。中等学校及大学专门,须受相当之**军事训练**。发展体育之目的,在增进民族之体力,尤须以锻炼强健之精神,养成规律之习惯为主要任务。

8. **农事推广**,须由农业教育机关积极设施,凡农业生产方法之改进,农民技能之增高,农村组织与农民生活之改善,农业科学知识之普及,以及农民生产消费合作之促进,须以全力推行。

教育行政制度　中央教育行政组织,在十六年(1927)国民政府定都南京后,设**中华民国大学院**,为全国最高学术、教育机关,不但管理教育行政,并且注重学术研究。教育行政事务归秘书、高等教育、普通教育、社会教育、文化事业、总务六处掌管;学术研究归中央研究院主持。到十七年(1928)冬,大学院**仍改教育部**,中央研究院成为独立机关。

地方教育行政,各省仍设教育厅,只有江苏、浙江、河北三省,在十六年至十八年间(1927—1929),曾采法国学区的办法**试行大学区制**,以省内的国立大学总辖学术和教育的行政。但十八年(1929)后,仍一律恢复**教育厅**。各县旧时所设的**劝学所**则自十二年(1923)起已**改为教育局**了。

六、教育的期望和效果

到本书写成之日,我国新教育运动,已有七十年,正式学制的颁布,也有三十年的历史了。在这最后**三十年中**,差不多**每十年有一个新的学校系统**,而同时也有**一种新的教育宗旨**。清末兴学的一班人,受了国难的刺激,对于教育,抱着很热切的期望,他们的教育宗旨中,欲以"尚实"**致富**,以"尚武"**致强**,以为学校普及就可以富国强兵了。民国初年,定教育宗旨为:"注重道德教育,以实利教育、军国民教育辅之,更以美感完成其道德。"[1]蔡元培氏说:"我国则强邻交逼,亟图自卫,而历年丧失之国权,非凭藉武力,势难恢复。且军人革命以后,难保无军人执政之一时期,非行举国皆兵之制,将使军人社会永为全国中特别之阶级,而无以平均其势力。则所谓军国民教育者,诚今日所不能不采者也。虽然,今之世界所恃以竞争者,不仅在武力,而尤在财力,……我国地宝不发,实业界之组织尚幼稚,人民失业者至多,而国甚贫。实利主义之教育,固亦当务之急者也。是二者,所谓**强兵富国**之主义也。"(《新教育意见》见舒新城:《近代中国教育史料》第四册)[2]蔡氏提出美感教育,主张以世界观的教育为最后目的,原有很高远的理想,但也没有漠视了很浅近的"富强"二字。到最近国民政府所颁《教育宗旨及其实施方针》,更先提"发展国民生计,延续民族生命",再说:"养成国民之生活技能,增进国民之生产能力","发展国民之体育,……锻炼强健之精神。"可是到了今日,我们的**生产落后**如故,我们的**国防废弛**如故。不独不能致富,连"生存"也不保,不独不能强,几乎连"自卫"也不能了。"生存"和"自卫"且不能,教育还有什么效果?所以三十年前那样对于教育的热望也渐渐地幻灭了。但我们得认清,教育本不能离开政治、经济和社会的环

三十年间国难中兴学的期望

有什么效果

---

[1]《教育部公布教育宗旨令》(1912年9月2日)。载《教育杂志》第4卷第7号;又载教育部总务厅文书科编:《教育法规汇编》,1919年5月版,第87页。——编校者
[2] 蔡元培:《新教育意见》。载舒新城:《近代中国教育史料》(第四册),第26页。——编校者

境而独立。何况三十年来,许多教育计划和宗旨,只成了纸上的文章,并没有完全贯彻呢!我们引舒新城氏的话,作为本章的结束。

"我们在此地虽然以研究教育问题为中心,但万不可相信……教育万能,也不当……相信教育无效。我们所当注意的,只是教育是人类活动中的一部分的事实,它虽不能离他种活动而独立,但它的改造,却也影响及于他种活动。因此,我们要指示今后教育的途径,应当看清社会、政治、经济各方面的情形,建立一个可以达到目的的康庄。……现在中国政治不上轨道,社会兵匪横行,无秩序,无组织,经济濒于破产,……所以弄到这样地步,有两个总因:第一是列强的压迫,第二是国民对于国事中了,"不在其位不谋其政"的儒家思想底毒。要脱离列强的压迫,非在**经济上谋独立,军事上能自卫**不可。要民众对于国事有"天下兴亡,匹夫匹妇有责"的态度,则非加以民治的政治训练不可。……"(舒新城:《近代中国教育思想史》)[1]

生产和自卫

问题

一、新教育运动,在怎样情境中开始?

二、比较历次所定的学校系统,指出每次改进的要点。

三、30年来教育宗旨,有怎样的变迁?

四、溯述小学教育的演进。

五、说明清末京师大学堂的性质。

六、《奏定学堂章程》中规定的教育行政制度,有什么特点?

七、新教育运动,算不算失败?

八、你看以后教育应认定什么做目标?

---

[1] 舒新城:《近代中国教育思想史》,中华书局1929年版,第339—340页。——编校者

第十四章
教育的平民化与科学化

照前章所述,我们新教育的收获,是这样的微薄。可是,我们在最近十余年来,迎着世界教育上平民主义和科学化的新潮,也有过很辛勤的播种。我们说过的,历史是过去的纪录,不是将来的预言。这一番的努力的事迹,我们记在这里;它的效果怎样,我们只有瞻望着将来了。

一、义务教育

义务教育施行程序 初颁布于民国四年(1915),定初等小学的四年,为强迫就学期限。到九年(1920),教育部又订定分期筹办义务教育清单,限8年内全国普及。但那时除山西以外,各省都没有积极实行。山西在九年(1920)调查,全省有729 830儿童入学,依人口计,每千人中已有69人就学。各市乡中,只有广州市和上海杨思乡、无锡开原乡,小学比较普遍。此外,所谓义务教育的计划,几等于画饼充饥了。

分期筹办义务教育

民国十年(1921),袁希涛氏刊行《义务教育之商榷》一小册子,他自己说:"经历欧美各国,对于普及教育之事,深切注意。因详述见闻,参以管蠡,分章论列,贡献于教育行政界及教育家。"[1]这实在是一篇极有关系的文字。袁氏在江苏奔走宣传了好几年,有义务教育期成会的组织。

实施义务教育方案　　十九年(1930),国民政府召集第二次全国教育会议,它的主要任务之一,便是拟订训政时期实施义务教育的具体方案。依这会议的估计:

全国人口……………436 094 953

学龄儿童……………43 609 495

已入学者……………6 400 000

未入学者……………37 209 495

加以预定实施的20年内,人口增加,未入学的学龄儿童,当合有4 000万人。假定每一教师平均担任教育儿童四十人,全国便须增加教师100万人。假定每一教室平均容纳儿童40人,全国便须增加教室100万间。需要经费约计4亿元。20年分期实施《义务教育计划》,是议决了,只等开始实行了。

二、补习教育

各国小学教育普及。所谓补习教育,指已就业的青年的中等程度的进修。所谓成人教育,指已就业的成人的高等程度的进修而言。我国小学教育,如上所述,固然离普及很远。而成人中约计失学的占到80%。所以现在我们所讨论的补习教育或成人教育都指初等程度,甚至单指识字补习的教育而言。

简易识字学塾　　清末学部曾有简易识字学塾的筹设,并有编辑3,200字、2,400

---

[1] 袁希涛:《义务教育之商榷》,商务印书馆1921年版,第2页。——编校者

字、1,600字3种《简易识字课本》的计划。民国八年(1919)发生"五四"运动，各校学生为唤起民众的觉醒，纷纷设立"平民学校"。同时，晏阳初氏在法编《平民千字课》以教华工。十二年(1923)，**中华平民教育促进会**成立于北平，晏氏任总干事，熊朱其慧、陶知行、朱经农等合力提倡，想以"四个月一千字"的简捷方法扫除全国文盲。近年晏氏得美国私人捐款，在河北定县设华北试验区，于识字的教学以外，兼进行农业推广和公民训练的试验。

十八年(1929)，国民政府颁布《识字运动宣传计划》和《民众学校办法》两个大纲，"民众教育"的呼声又高了。依第二次全国教育会议的估计：

全国人口·················436 094 953

不识字者(80％)··········348 875 962

15岁以下60岁以上········146 131 808

应受补习者···············202 744 154

对于这几占全国人口半数的二万万余人的教育，会议中已决定了一个《实施成年补习教育计划》。

三、乡村教育

我国乡村人口占总数85％，所以义务教育和成年补习教育都以乡村为主要的对象。乡村学校的困难很多，而师资缺乏尤为明显。袁希涛氏早见到了，他说："师范学校，设于通都大邑，学生毕业，多不愿在僻地及乡村任务。不佞在法国及丹麦参观之师范学校，均设在极僻静之乡村。盖使师范生习见农家之生活，唤起其乡村教育之兴味也。"[1]他主张师范学校应设分校

---

[1] 袁希涛：《义务教育之商榷》，第35—36页。——编校者

于乡区,并应分设附属乡村小学。(《义务教育之商榷》)

民国十五年(1926),陶知行氏领导一个乡村教育改造的运动。他曾说:"中国乡村教育走错了路!它教人离开乡下向城里跑。它教人吃饭不种稻,穿衣不种棉,做房子不造林。它教人羡慕奢华,看不起务农。它教人分利不生利。它教农夫子弟变成书呆子。它教富的变穷,穷的变得格外穷;它教强的变弱,弱的变得格外弱。前面是万丈悬崖,同志们务须把马勒住,另找生路!"他以为"要从乡村实际生活产生活的中心学校;从活的中心学校产生活的乡村师范;从活的乡村师范产生活的教师,……活的乡村教师要有农夫的身手,科学的头脑,改造社会的精神。……活的方法是'教学做合一';教的法子根据学的法子,学的法子根据做的法子。"(陶知行:《中国教育改造》)[1]陶氏澈底地采取美国盛倡的"行中求知"(Learn by doing)的理论,而以颜习斋那种精神刻苦实行起来,他于十六年(1926)在南京晓庄设立**试验乡村师范学校**,为他的理想的表现。从此各省添办的乡村师范学校,多受他的影响,可算新生的乡村教育运动时的一个生命的泉源。

晓庄乡村师范学校

四、职业教育

我国工业没有发达,农业还是生产的要素,但如陶氏说,教育却教人看不起务农。无形中,科举制度残余的思想型支配着人们的心理,青年就学,只是"读书",不肯手脑并用。同时,职业学校太少,升学常限于普通一途。结果是中小学毕业生无力升学者失学失业,而升学者将来还是免不了失业。所以民国六

---

[1] 陶知行:《中国教育改造》,亚东图书馆1928年版,第131—132页。——编校者

年(1917),黄炎培氏等在上海组织**中华职业教育社**,《宣言》里说:"今吾中国至重要、至困难问题,厥惟生计;曰求根本上解决生计问题,厥惟教育;曰吾中国现时之教育,不惟不能解决生计问题,且将重予关于解决生计问题之莫大障碍。"

中华职业教育社所定职业教育的目的,是:"1. 为个人谋生之准备——使无业者有业,有业者乐业;2. 为个人服务社会之准备;3. 为国家及世界增进生产力之准备。"社中的事务,有调查、研究、讲演、出版、通讯,设立职业学校、职业指导部、职业介绍部等。近年于工商教育以外,也注重乡村教育。有江苏昆山徐公桥的改进试验,以发展农村自治,增加农民生产,推广农民教育,使"野无旷土,村无游民,人无不学,事无不举"为鹄的。二十年(1931),该社又发一《宣言》,中间说:"近人恒言,普通教育愈发达,社会失业者愈众。虽因果关系,未必尽然,但毕业高级小学,不能升中学,毕业中学不能升大学,一岁间无虑数十万。……最近统计,全国中学一千一百三十九所,内**职业学校**一百四十九所,仅占**百分之十三**。全国中学生二十三万四千八百十一人,内**职业学校学生**一万六千六百四十一人,仅占**百分之七**。需要与供给,相悬至此,无惑乎求事者未能得事,求才者坐叹无才。"(《教育与职业》122期)[1]这是极沉痛的呼吁!

> 中华职业教育社

五、新教学法的试验

民国七年(1918)[2],美国教育家杜威(John Dewey)来华讲学。氏在华二年,行踪及11省。他在北平长期的讲演录,两年间发行到十余版。"教育即生活","学校即社会",遂成我国教

---

〔1〕《教育与职业》第122期(1931年3月)。——编校者
〔2〕 杜威于1919年4月27日从日本到达上海,1921年7月离开中国。——编校者

育上流行的口号。自后美国教育家来调查、计划或讲演、研究的：十年(1921)有孟禄(Paul Monroe)，十二年(1923)有麦柯(W. A. Mc Call)，十四年(1915)有柏克赫斯特女士(Helen Parkhurst)，十六年(1927)有克伯屈(W. H. Kilpatrick)，二十年(1931)有华虚朋(C. W. Washburne)。他们对于我国教育上的影响，一方面在推进平民主义的思潮，一方面也着实帮助我们做许多教育的试验和研究。

<small>教育试验和研究</small>

小学教育试验的中心，是南京高等师范学校的附属小学，现已改为中央大学实验学校。南高附小，在俞子夷氏主任之下，从"七年(1918)秋起，这时试验联络教材的教学法。……九年(1920)秋起，……试验……分系设计法，试验时把旧用科目，分做 Observation, Play, Hand-work, Stories, Physical exercises 几系，……设计学习。……十一年(1922)秋起，……采用混合**设计法**。……十二年(1923)秋起，……试验时一方面打破学级和时间的两种限制，一方面又采取道尔顿研究室的编制。"(俞子夷：《一个小学十年努力记》)[1]

<small>设计教学法</small>

在中学教育上，舒新城氏首于民国十一年(1922)在吴淞中学有**道尔顿制**的试验。舒氏介绍这制最力，有《道尔顿制概观》、《道尔顿制讨论集》等书。同时，廖世承氏在东南大学附属中学也用科学的方法，进行道尔顿制的实验。他的计划是"做一种比较的实验(Control experiment)，将智力和学力相等的学生分为两组。一用道尔顿制，一不用道尔顿制。比较两组成绩的高下。"[2]凡分组和比较成绩都用精确的测验。这试验的方法和结果，详见廖氏所著《东大附中道尔顿制实验报告》。

<small>道尔顿制</small>

---

[1] 俞子夷：《一个小学十年努力记》，中华书局1930年版，第9—10页。——编校者
[2] 廖世承：《东大附中道尔顿制实验报告》，商务印书馆1931年版，第12页。——编校者

六、教育之科学的研究

儿童心理和教育心理的研究,教育上**统计和测量**的应用,也在民国七八年(1918—1919)间开始了。俞子夷氏在七年已有《小学书法作法量表》的编造,陈鹤琴、廖世承二氏在八年(1919)也于南京高师开设智力测验的学程。

智力学力测量

十二年(1923)麦柯来华,教育之科学的研究更引起很浓厚的兴趣。他在所著《科学的测量和相关的研究》一文中说:"我在南京和北京各组织一研究班,专训练大学高级学生,做测验编造应用和标准化的工作。南京一班,设在东南大学,北京一班,则为北京高等师范学校,女子高等师范学校,燕京大学,北京大学所合设。各校教授,在南京有 Alice L. Butler、张士一、陈鹤琴、郑宗海、朱君毅、廖世承、陆志韦、孟宪承、C. H. McCloy、徐则陵、俞子夷;在北京有查良钊、张见庵、张耀翔、庄泽宣、张彭春、程时煃、薛鸿志、刘廷芳、Ida Lewis、凌冰、E. L. Terman,都帮助我协力合作,得益很多。"见(*Bulletins on Chinese Education*, 1923)这可见当时南北教育界研究的情形了。麦柯氏有名的 TBCF 制[1],就在这时创始,陆志韦氏的订正《比纳西蒙智力量表》和陈、廖、俞诸氏的各科测验,也在这时完成。

问题

一、就义务教育和补习教育上,比较我国和各国的教育程度。

---

[1] TBCF 制:T(Total ability,总成绩)——是量一个学生某种特性能力总数的单位;B(Brightness,同年程度)——是量一个学生进步速度的单位;C(Classification,年级地位)——是量一个学生在标准学校内应该归入班次的单位;F(Effort,努力数)——是量一个学生努力的单位。——编校者

二、从清末到现在，民众教育有怎样的发展？

三、乡村教育是不是一种特殊的教育？乡村教育问题为什么有特殊的重要？

四、我国职业教育的现况如何？

五、教育的研究和试验已得到什么成绩？

下编参考书目

王凤喈：《中国教育史大纲》（商务）

黄炎培：《中国教育史要》（商务）

渡边秀方著，刘侃元译：《中国哲学史概论》（商务）。

《文献通考》三种（《文献通考》、《续文献通考》、《清代文献通考》）

《尚书》

《周礼》

《老子》

《礼记》

《论语》

《孟子》

《荀子》

《墨子》

梁启超：《先秦政治思想史》（商务）

《史记》

《汉书》

《后汉书》

江谦：《两汉学风》（职教社）

《新唐书》

《宋史》

黄宗羲：《宋元学案》

黄宗羲：《明儒学案》

萧一山：《清代通史》

江藩：《汉学师承记》

戴望：《颜氏学记》

胡适：《戴东原的哲学》

《奏定学堂章程》

《新学制课程标准纲要》

舒新城：《近代中国教育史料》（中华）

H. S. Galt, *The Development of Chinese Education Theory*, 1930.

Bulletins on Chinese Education, 1923.

新中华教科书高级中学师范科用教育史终

编校后记

《新中华教育史》是 20 世纪二三十年代中华书局以"新中华"冠名的系列教材中的一本,由孟宪承先生于民国二十年(1931)10 月完成于杭州,上海中华书局于二十一年(1932)6 月付梓。出版此书的目的,如同在扉页上写的那样——是"高级中学师范科用"。

《新中华教育史》最突出的特色之一是中西合璧,上编为"世界教育史",下编为"中国教育史"。作者论述了中外教育思想和教育制度的形成与嬗变,从而揭示了教育变革的内在动力和外在动因。在对中外两个教育体系分别论述的同时,还就教育思想与制度中的一些重要问题展开比较、分析。其二,作为一本高级中学师范科使用的教材,作者努力把学术通俗化,用生动准确的语言、鲜活翔实的事例和合理的结构,将整个人类教育的历史展现出来,使读者更容易理解教育历史展开过程中的理论涵义。而且,教材在每章末尾还设计有富于启发性的思考题。其三,作者有一个十分明确的意识,即对于即将从事教育的人来说,具备良好的职业素养、较强的职业技能和高尚的职业情操是重要的,而对教育史的学习和理解,有助于未来教师们懂得什么是教育、为什么而教育和怎样从事教育。作者在引论中充满感情地说:"教育史里叙说着前人教育的经验,可以做我们现在实施教育时的参考,从古不知有多少'悲天悯人'的教育家,耗尽了他们的心力,甚至贡献了他们的生命,才把我们的教育史装点成这样的灿烂庄严。"

此次编校的底本是 1932 年 6 月上海中华书局的初版,虽也出现了印刷上一处漏字的问题，但整体印刷整齐，字体清晰。对书中出现的所有引文，找到原始出处，逐字逐句进行了核对，如有错、漏、衍、倒等文字讹误，则直接改正；对书中出现的朝代更替时间与现在通识不同之处，则加注说明。

编校名家著作非易，尤其是对大量中外文引文的核对，更需深厚的教育专业基础和理论素养，深感力不能逮。通过这项工作也使自己明白，作为一名教育史研究者继续努力之方向。编校中的错误缺点，敬请指正。

郭　军

2008 年 4 月

孟宪承文集·卷九 | 西洋古代教育

目录

第一章	绪说	308
第二章	希腊教育的前期	312
第三章	希腊教育的后期	321
第四章	罗马的教育	341
第五章	中古时代的教育	346
参考书举要		356
编校后记		357

第一章
绪 说

一

"教育起源于什么时候?"有人要问。

我们可以说:有人类社会的组织,就有教育了。社会里的个人,有生有死,而社会的组织,却不断地绵延。这一方面靠着生理的繁殖,一方面更靠着成人把他们所获得的经验——习惯、技能、知识、思想——传递给幼年。社会生命的火把,就这样一代一代地传递下去,永远是燃烧着。这经验的传递,便是最广义的教育。在这意义上,教育的起源,和人类社会的起源,同其邈远了。

但这最广义的教育,在原始人类,并不具有我们今日的各种教育形式。他们学打猎、饲畜、烹庖,学战斗,学制机械,在儿童时期,只是模仿的游戏(imitative play);较长大些,便跟着成年去做,是一种直接的参加(direct participation)。这是他们所有的实际教育。他们要获得成年社会的习惯、道德,便有一种"入族仪式"(initiation ceremony)[1],儿童一到成年,受最严厉

---

[1] 现译作"成年礼"或"成人仪式"。——编校者

的教诫,行最郑重的宣誓,才能加入成年的社会。这就是他们的理论教育了。杜威(Dewey)说:

"野蛮的社会大半靠着团体生活去灌输幼年人以必需之倾向,成人需要何团体生活去维系他们事群的忠心,即幼年人需要何团体生活以资观感。除了收纳青年做团体中完全分子时所用的'仪式'外,他们并没有特别的方法、材料,或制度,用来施行教育。儿童大半靠着参与成人所做的事,去学习些成人的风俗,获得他们全部的感情和观念的模样。这种参与有一部分是直接的,就是参与成人的职业,做一个学徒;有一部分是间接的,是好像戏剧的扮演作用,儿童效法成人的动作,由此学得成人的榜样。依野蛮人看来,找出一个地方,专备人学习之用,除学之外,无所事事,似乎是一件荒谬的事情。"(见杜威:《民本主义与教育》第一章。)[1]

到文化进步了,成人的经验,单凭着游戏的模仿,或直接的参加,便不能传递的了,这才不能不有直接的教育。文化愈演进,直接教育的需要愈增加。到我们今日,一个人到20岁的年龄,还不能脱离学校的生活。

我们讲教育史,应该从正式的、直接的教育开始时开始。

二

上古欧洲文明的出发点,一是埃及的尼罗(Nile)河。一是

---

[1] 邹恩润译、陶知行校,商务印书馆1928年版。参见王承绪译:《民主主义与教育》,人民教育出版社2001年版,第12—13页。——编校者

亚洲西部的幼发拉底（Euphrates）和底格里斯（Tigris）两条河：两河流域又唤做美索不达米亚（Mesopotamia）。在那里，文化的中心点，先在两河下流的巴比伦（Babylon），次由河上溯到亚述（Assyria），复又回到下流的巴比伦，但换了加勒底人（Chaldeans）做主人翁。还有两河流域的西邻，有两个民族，虽然政治上没有独立的地位，对于欧洲文化，也各有极大的贡献。一是创造基督教（Christianity）的希伯来人（Hebrews），一是发明拼音字母的腓尼基人（Phoenicians）。

关于上列各民族的教育，遗迹既是稀少，材料也不易搜寻，我们在这小册里，也就"缺如"了。

我们讲述西洋古代教育，从欧洲文明之花开放得最烂漫的希腊（Greece）和罗马（Rome）开始。

在希腊的斯巴达（Sparta）强盛时期，约西历纪元前750以后，相传罗马城也同时建造（纪元前753）。希腊亡于纪元前338，那时罗马渐渐称雄于意大利了。说希腊政治生命的断绝，并不就是说她文化生命的中衰。在事实上，她的文化，正在跟着罗马政治势力膨胀。到了纪元476，罗马陷落，日耳曼蛮族各部落，在欧洲横行，希腊和罗马的文明，才黯然地埋没了。

希腊在人类史上，开辟一条新路，就是她在绝对受"民俗习惯"（folkways）之模仿的支配的先民中，第一次开了个性自由活动和创造的纪录。在沉霾的古代，放出文学、哲学、艺术，乃至科学的奇异光彩来。希腊人是富于想象的、艺术的、创造的。至于罗马人，恰恰相反。他们是具体的，务于实行的。但是他们的实际组织的能力，也就胜过了希腊人。他们遗留在欧洲文化上的宝产，是政治、法律的典章制度。希腊和罗马，成了欧洲文明最早的两个元素。

从西罗马灭亡（476）到第14世纪初年（1301）之间的八百

年,是欧洲史上的中古时代。(旧说以美洲之发现——1492——或东罗马帝国之沦亡—1453—作为上古和中古的界线,我们在文化史的立场上,主张以文艺复兴(Renaissance)运动开始年代,来分划上古和中古,比较合理些。(请参考陈衡哲女士:《西洋史》上册152页。)〔1〕

中古时代,也称为"黑暗时代"(Dark Age)。因为日耳曼的蛮族,起先把希腊、罗马的古文化摧毁了。但是,看啊!光明也就从黑暗里透射出来。这"譬如春天将来之时,虽然朝风夕雨,天阴地湿,而灿烂的春光,却是非此不得酿成的。"第一,支配中古欧洲人思想行为的基督教,虽然一方面帮着压迫古代的文化,一方面又潜潜地护藏着古代文化的种子。第二,日耳曼民族,也具有特殊的创辟的进取的天才,先受了基督教的洗礼,再受了希腊和罗马的熏陶,终于造成了今日欧洲人的生活和文化。这样,基督教和日耳曼人,又是欧洲文明的两个元素。

这小小的一册《西洋古代教育》,就先从希腊的教育叙起,次罗马的教育,复次中古基督教的教育,到文艺复兴前为止。至于那可爱的文艺复兴后的教育,在这里就不得不割爱,留着在《近代西洋教育》里,再讲述了。

---

〔1〕 商务印书馆1924年版。——编校者

第二章
希腊教育的前期

一

"这一千年的希腊历史，我们应该把它当做西方历史的大转枢看待。同时它又靠了西方，成为世界史的大转枢。这种历史有三件特殊的事情，是最当注意的：第一是它所收束的，第二是它所成功的，第三是它所开创的。它所收束的，是太古时代的传说和威权的专制。它所成功的，是世界上最美丽、最完备的文学和美术上的创造，而且它所占的时期，又是异常的短促。它所开创的是近代科学的建设，和我们生活的文化制度。"

英国有名历史学家马文（F. S. Marvin）在他所著 *The Living Past*[1]里面这样说。是的，希腊在世界的文化上，的确占着这样伟大的地位的。教育是社会的活动——是文化的一部门。我们要知道希腊的教育，先须对于希腊的社会和文化，

---

[1] 或译作《活着的历史》。——编校者

作一番观察。

　　希腊是巴尔干半岛南端的一个半岛,隔着狭的地中海和亚洲、欧洲两大陆相望。科林斯湾(Gulf of Corinth)又把它横冲成南北两部,所以它的海岸线很长,而多曲折。平均它的境内,无一处距海岸有一千里远的。良好的港湾也很多,因此,航海和贸易,成为他们民族的特长;地中海的东岸的名城巨埠,差不多都有他们的足迹。品都斯山(Pindus)从北面蜿蜒的走来,随着这山脉在国境内的伸展,天然的划成了二十余个小国家,——其实不过二十余个都市,这种以山脉做天然界限而形成的许多小国,是便于各自为政的。因此"都市国家"(city state)[1]"民治主义的自治政府的组织"在古代的希腊,很早的建立了。那边有的是温和的气候,美丽的风光。到处是葱郁苍翠的丛山,面着明静一碧的大海,光辉的太阳,悬在蔚蓝的天空里,抚慰着大地的一切,完成了自然界的美妙。这样的景地,自然的陶醉了人们的心灵;爱美的心,无形中给环境激发起来。无怪乎希腊人把"美"看做仅比神次一等的重要。那边的物产,也很富饶,千万章的松杉,在山上森森的错立着。橘柚、橄榄、无花果、葡萄等佳果,点缀着山坡。山麓的草原,又是饲畜牛羊的放牧场;海边有很大的渔区,山坡上也有肥沃的田土。这样,希腊人对于物质的供给,又是非常丰厚的。

　　他们的生活,是幽闲而简单的,因为他们有五六倍于他们的奴隶,为他们做饭烤面包,以及一切家庭间烦琐的杂事。(希腊人说:奴隶制度是使他们成为真正文明国民必具的制度;因为这些奴隶,给予他们可宝贵的闲暇。)他们的住所是很朴素的,一所土坯的屋子,只有四垛墙,一个屋顶,一扇通大街的门。

---

[1] 今译"城邦"。——编校者

厨房、坐起间、卧房等都围绕在院子的四周。院子内一线喷泉，一座石像，几棵树木，很幽静的布置着。他们的饭菜也十分简单，所以他们吃一餐饭，绝对不需要很长的预备时间。他们吃面包、喝酒，也吃菜，肉便不大吃了。他们的服装很洁净，耀眼的颜色，古怪的式样，亚洲人所爱好的那种服装，他们是很讨厌的。他们只穿一件长的白衫，打扮得很漂亮，如同现在意大利军官穿着的蓝色的斗篷似的，头发胡须修饰得清楚。女子的服装，更是避去引人注目的繁艳，否则他们便要认为俗气了。（沈性仁译本上册70页。Van Loon, *The Story of Mankind*, 房龙：《人类的故事》）[1]

在政治上，因为他们是都市国家，国土小，直接民权便于行使，所以成了现代德谟克拉西（Demooracy）的滥觞。因为他们环境的优美，使他们在艺术上有许多新的创见，奥林匹亚的神殿，大祭时的诗歌、音乐、戏剧、裸体的角力姿势的雕塑、爱奥利亚式科林斯式的建筑，都使今日读希腊史的我们，感到无限的生命之美的活跃。又因他们业商，常到各处去走动，智识的传递，随着商品而与各地起对流。他们到一处发现了和自己国里不同的风俗习惯时，便起怀疑；要解决怀疑，非凭着理性去自由思考不可。所以他们对现实的研究，从不受神话的蒙蔽和教士的愚惑。全欧洲还高卧在愚昧的神权的睡乡时，他们便发明了土、水、气、火的宇宙起源说，并且在医术上、算术上都有不少的发明。这种理知的、科学的精神，一直造成现代西欧自然科学的空前的进展。便是在宗教上，他们虽也同样的崇拜神，那象征着希腊的美和智的阿波罗神（Apollo），便是他们所崇奉的了；可是他们对神的观念，并不如印度那样的厌世，和希伯来那样

---

[1] 商务印书馆1925年版。——编校者

的空虚。他们不过把现实的生活上加一度理想化，便成为神的国。所以风神、雨神，在希腊人心目中，并不是万能，不过稍为比人灵异些罢了。在道德方面，他们也能凭着理性，不受任何支配、束缚的去自由确立自己的人生观。

二

要详细叙述希腊先史时期的教育，是不可能的。因为那时书契未作，所以人类活动的体相，我们无记载可以凭藉。幸而大诗人荷马的作品，还能流传到现在。他的作品中，还能画出希腊最早的教育的轮廓来。

荷马(Homer)相传是希腊最古文学杰作两大叙事诗 *Iliad* 和 *Odyssey*[1] 的作者。他的生死年月，无从考究。但从他的著作中去推想，大概在纪元前 850 年至 800 年间。关于他的诞生地点，曾经惹了一场很有趣的争执，便是有七个大都市，互相争论，以取得历史上光荣的地位。不过多数意见，总以为是士麦那(Smyrna)靠得住些。至于他主要活动的地域，是该奥斯(Chais)。

荷马的诗是叙事诗，所以在史学上是一部有价值的宝典。上面多神话，且多叙述英雄的会话。那时代史家称为英雄时代。他又常常把当时社会生活上各方面的活动，发于吟咏，风化国人，所以柏拉图又称荷马是希腊的教育者。我们读了荷马的诗，可以晓得希腊先史期的教育，主要的是家庭教育。因为那时是父权很盛的时候，所以希腊儿童孝亲敬长的道德训练，受得很深。至于他们的教育理想，也便在训练成如何为家长、

---

[1] 即《伊里亚特》和《奥德赛》。——编校者

为父的人材。他们的教学方法,是在日常的生活活动中,诱发儿童的天性,同时利用仿效的性能,使儿童以双亲为则的学得事神、役物的方法。但是那时他们对于生活资料的取得,自然灾害的避免,处处需要强健的体魄,所以竞走、角力、射击、狩猎诸技,是主要的学科。同时为了祭神和涵养性情,音乐也很着重。女子教育则以良妻贤母为标准。总之那时希腊的教育,是儿童在家庭以仿效父母的动作而部分的参加家庭实际生活,注意强健体魄的养成,和道德情绪的涵养,以为他日生活的准备。

"英雄时代"的过去,希腊教育史上又有一个新的序幕的开展。

希腊人是雅利安(Aryan)族,后又分为伊奥利(Eolian)、多利安(Dorian)、爱奥尼亚(Ionian)三大族,这三族各具特殊性格。只以伊奥利在三族中最为凡庸,行为似多利安人,而性情似爱奥尼亚人,在教育上没有值得记载的功绩。所以在希腊教育史上,我们只看见多利安人与爱奥尼亚人的光荣。前者的代表有斯巴达(Sparta)人,后者的代表有雅典(Athens)人。斯巴达人有强悍的体力,勇武的精神;他们教育的目的,在作战争的准备,所以在文化上的贡献还少。现在世人所称颂的希腊文明,殆专指雅典而言。要是没有雅典人,那末希腊在世界史上是断不会占这样的璀灿的一页的。雅典的教育,在时间上,又以波斯战争[1](纪元前492—479)为自然的划界;在此以前是前期的雅典教育,以后便是后期的教育。到了希腊为马其顿所灭,(纪元前358—338)而她的文化更远播出去。所谓希腊大学,又遍设各邦了。我们这里先叙述斯巴达教育,次前期雅典教育。至于后期雅典教育,以及希腊大学,留待下章再说。

---

[1] 史称"希波战争"。——编校者

三

斯巴达(Sparta)人民分士族、平民、奴隶三阶级。士族有九千人,是握有政权的统治者。平民有三万人,仅有身体自由权和财产所有权;平时营工商业,战时服兵役。而奴隶却有三十万,仅耕士族土地而营生,战时有服兵的义务。士族以数仅三千的统治者,一面要制服土民,一面要抵抗强敌,自然非强健体魄、锻炼精神以巩固国力不可。所以自莱库古斯法律(Laws of Lycurgus)制定后,斯巴达的军国民教育,便正式确定了。不过这里所谓国民,不是普通的,而是专指少数统治阶级的子弟而言。所以他们的教育,只是统治阶级底特殊教育。

他们为着国家的保存和发展,个人的义务,是放弃个己的利益以从属于国家。所以生了小孩子,父母无权处理,先要受国家的检验,要用强烈刺激性的酒精来洗体,并且到国家的公共会议处去检查。尪弱的孩子,是没分享受国家的鞠养的,所以弃去。康健的儿子,被父母领回,也常施以刻苦的训练。一会儿使他在盛燃灯火的室中,受强烈的光的刺激。一会儿又关在黑暗的房内,养成他不恐怖、不畏惧的习惯。7岁入市府立的公共训练场(barracks),营共同生活,受严格的军事教育;学球戏、跳舞、乐歌和五项竞技(pentathlum 指跑、跳、掷铁饼、掷枪、角力,现在运动上的五项运动等名目和方法也渊源于此)。至于日常生活,是粗衣恶食,有时不供给食品,而命其自己猎食。寝褥便是河滨的芦苇,沐浴也就在河中。还有故意纵之偷窃,以不被侦获为贵。偶而察出,反要受机事不密的严罚,甚至鞭挞得裂肤流血,也不准哭泣。知识上的传习,限于诵习莱库古斯法律和荷马的诗歌。18岁为实际战术的学习,20岁入兵营,做守卫。30而娶,但仍留宿营幕中。那时年长者的权力很大,一般的总是少年的教师,如发见少年的过失时,可随时处罚。所以斯巴达少年对于年长者,是很敬畏的。女子教育也同样的以勇武果断为则。教育方法,和男子相同;不过一在家庭,一在兵营罢了。曾经有个妇人,在她的儿子出征时,她把一个楯给她的儿子,说:"打了胜仗可以持盾而回,不然就把你的尸体放在里面回来罢。"还有一个妇人,有人把她的五个儿子都战死的消息告诉她。她说:"我所要知道的,不是儿子的生死,而是斯巴达的胜负。"原来她们对国家的爱护,胜过她们骨肉间的慈爱。这种教育,处处以国家生存为前提,不容个性的发展。使每个国民都有健强的体格,勇武的精神,忍嗜欲,耐劳苦,所以能造成他们在历史上的荣誉。

斯巴达人的长处,只是强健勇武,至于从事学理的探讨的就很少见。但在这里,我们却不能忘记一位值得记载的教育者毕达哥拉斯(Pythagoras)[1]。关于毕氏生平,有很多奇怪有趣的传说。有人说他是诗神阿波罗的儿子,有说他有黄金的胫,更有人说他具有种种的神通。所说虽各有不同,但认其为希腊七贤之一,却是大家一致的。他生死的确实年代,也很难考究。不过知道他在纪元前560年到540之间,在学术界是很有权威的。他在哲学上的创见,很有价值。简言之,是以数为万有底本体。他在教育上的见解,是尊重调和:如亲子调和,神人调和,身心调和,及其他一切社会关系的调和。所以健全的调和,是他的教育的目的。在意大利的他的哲学盟社,也招收学生。但在容貌、服装、智识、感情各方面,都要经过一番详细的考验,合格的才许入学。入学后的三年间,他不和学生觌面,只是垂

---

[1] 毕达哥拉斯(约公元前582—前493)。——编校者

帘施教，专务静默寡言。这算是豫科。三年后，才许纪录他口授的讲义，陈述自己的意见，并且许其质疑问难。学科有宗教的道德、哲学、数学、物理学、音乐、体操等科，而以音乐、数学为尤要。因为音乐是调和的要素，而数学是他的哲学的基础。他的盟社，不久被反对者迫害，也就风流云散，但其学说的衣钵，却有许多弟子传受了。

四

雅典三面环海，交通便利，气候和畅，山川明秀。所以人民活泼而好自由，富于想象而爱美术。他无论在道德、教育、政治各方面的理想，都和斯巴达不同。他们也和斯巴达人同样的注重强健体魄的训练，可是真正的美，他们以为还得藉精神来表现。所以精神的修养，他们是特别注重的。人口有五十余万，除去十三万自由民外，都是奴隶。这里所叙述的教育的田园中，是没有奴隶的踪迹的。

雅典起初也和斯巴达同样是王政。到纪元前1050年，多利安人来侵，国王哥德洛（Codoras）为国家殉了难。国民为着纪念哥德洛，便不再立王。国政由民选的执政官处理。表面虽为民主，然而贵族权重，平民时起争执。纪元前620年，德拉古（Draco）被举为执政官，厉行苛法，人民嗟怨。到梭伦（Solon）出来执政，民难稍苏。

梭伦原来是贵族，哥德洛的后裔。纪元前639年生于雅典。他的父亲，不善积蓄，他不得已出外贸易，足迹及于爱奥尼亚、吕底亚、埃及，更远及东方。对于各地方的法制、风俗，都曾留心考察。归国后，大得国人的信仰。纪元前594年执政；在政治上，有很多重要的改革。而对于教育，更加提倡。他不如斯巴达人那样偏重体育,也不如伊奥尼人的偏重文学。他一面注重养成公民,一面又注重个性的发展。尤其家庭教育,是他所重视的。他常说:忽视儿女教育的父母,儿女可以无供养的义务。又说学校在日出以前不可开,日没以前不可闭。他的注重教化,可想见了。

雅典教育,在这时的设施,原也崇尚国家主义。以音乐、体操为主要学科。儿童在7岁以前,在家受乳媪或奴隶的看护,教材是游戏和古代英雄传记。注重尊敬长上,强健身体。7岁后入学校,受两种训练。一在体操学校(Palaestra)习体操及各项竞技。一在音乐学校(Didascaleum)习唱歌、乐器、读书、写字,使儿童身心平行发展。俾优美的心灵,能寓于健全的体魄。儿童入学,有教仆(pedagogue)伴随。教仆是老成衰废而识礼节的人,替儿童拿着书籍和乐器,伴送上学的。15岁入体育场(gymnasium),学习强烈的运动。18岁入兵营,20岁为国民,可以有余暇从事戏剧、雕塑、建筑等艺术的研究。至于女子并不受教育,不过从事家庭操作而已。

第三章
希腊教育的后期

一

波斯人侵略小亚细亚,地中海沿岸的希腊殖民地的雄心,终于在纪元前492年爆发了波希战争。[1]结果波斯大败,雅典联合爱琴海诸岛国结提洛(Delos)同盟,自为盟主。和东方各民族也常有接触,贸易更加发达。民治思想,继长增高。这时却巧有大政治家伯里克利(Pericles)出来;伯里克利常有以雅典为中心而统一希腊的志愿,加之他又能契合人民心理,他知道波希战争以后,工商业发达,经济生活,起了剧变,平民已代贵族而握政权。民权的要求,很是迫切,所以他累发扩张民权的言论,而且很有感动群众的能力。于是伯里克利由人民直接公举,统理国政。他更广纳民意,改正宪法,从前握大权的执政官,和权力较小的官吏,这时都用民众直接投票法补了缺。他又奖励工商业,扩张海军。各种学问和技术,也日新月异。豪杰、哲人辈起;一时政治家有Pericles和Themistocles[2],艺术家有Myron和Phidias[3],历

---

[1] 希波战争。——编校者
[2] 伯里克利、地米斯托克利。——编校者
[3] 米隆、菲迪亚斯。——编校者

史学家有 Herodotus 和 Thucydides[1]，悲剧家有 Aeschylus，Sophocles，Euripedes[2]，喜剧家有 Aristophanes[3]。在很短的时间内，诞生这许多不世出的奇杰，可说自生民以来，未有盛于此时了。史家称这时为"黄金时代"。这时宗教道德，都破除了旧日的迷信和神权，而以理性自然为根据。从此个人主义代替了国家主义。所以这时家骋新说，人炫异材。修词雄辩之术，为大多数青年所风从。诡辩学派，也就应运而兴。大哲苏格拉底(Socrates)、柏拉图(Plato)、色诺芬(Xenophon)、亚里士多德(Aristotle)相继起而讲学。现在分述于下：

诡辩家(Sophists)自称为哲人，从纪元前5世纪，一直到苏格拉底时，是希腊学术上最有权威的一学派。他们主要的人物，有普罗塔哥拉(Protagoras)、高尔吉亚(Gorgias)、克里底亚(Criteas)等。他们或借公共场所，或自设讲坛，罗致门人，号召徒众；而教以文法、修辞、雄辩之术。他们能供给当时一般人的需要，而使他们取得政治上显要的地位。所以一时有政治野心的青年，靡然风从。他们取束修甚厚。在一个意义上，教学职业化，可以说是从希腊这一班诡辩家开始了。他们持极端的个人主义，普罗塔哥拉说："人为万物的权衡"(Man is the measure of all things)。[4]他们以为各人的知识，是从各人个己的经验中得来。真理是相对的，不是绝对的。只要能把自己的意见说服多数人时，那便是真理了。学者们所当努力的，不在探索终究的真理，而只在讲求说服多数人的方法。这学派的兴起与发展，在雅典教育上的影响，是脱离旧思想的窠臼，而启发自由。在教育实施上，是重教授而轻训练，

---

[1] 希罗多德、修昔底德。——编校者
[2] 埃斯库罗斯、索福克勒斯、欧里庇得斯。——编校者
[3] 阿里斯托芬。——编校者
[4] 也译作"人是万物的尺度"。——编校者

重理知而轻实行。在文学上也重形式而轻内容。这时起来纠正这派学说的,有大哲苏格拉底。

二

苏格拉底(Socrates,469—399 B.C.)生在雅典,父亲是雕刻师,母亲是产婆。据色诺芬和柏拉图的记载,他幼年曾学体操和唱歌,后学几何和星学。他也曾列于诡辩派的讲筵。而所以成他以后的伟大的,还是当时的社会影响。那时恰是伯里克利执政时代,在雅典的社会里,富贵贫贱之间的阶级意识,为民治主义所摇惑而模糊。所以出身微贱的苏氏,也能和上级的士流周旋,这在完成他的性格上是一大助力。他初继习父业,以后辍业而委身于真理的研究。贫乏的生计和不幸的——妻悍儿顽的——家庭,固然不能阻挠他;便是在那时一般热中的青年,如醉如狂地追求的政治欲,也不能动他的心。他也曾参与战役,以绝伦的勇气和坚忍,博全军的称赏。他眼看着诡辩学派风行了,幸进速化的浮薄思想,已支配了青年的生活。他常敝衣跣足,奔走市井,不受束修的教导他们。他那短小肥硕的体躯,蓬松的长发,凸在颧骨外的高而有光的眼球,扁平的鼻,和很大的嘴,常在街头巷角可以看见。有时他蹑立在屋檐下,有时蹲在屋角里,和颜悦色的和人讲论。对于当时社会的颓靡,政俗的腐败,冷嘲热讽,掊击不遗余力。这种言行,不久便惹起一部分人的反感。纪元前399年梅利多斯(Meletus)等三人以破坏宗教,否认国家所承认的神,另唱新教,使雅典青年腐败的罪,诉于法庭。苏格拉底对于这诬诉,还是很严正的答辩。他说无论哪种法令,不能使他放弃天职,不能阻他听从神明。他毫不畏惧的侃侃而谈,也并不是为要免刑,却是以真理来折服诬告人,证明他们的无知和误谬。不久这诉讼宣判了,准他纳锾减刑,许多朋友也愿意替他出钱。可是他说自己是有功于雅典的,国家正该加以礼遇,哪里还有罚金的道理。终于受了死刑的宣判;但他还是泰然。恰巧为了德洛司有祭祀缓刑。友人克里同(Crito)想劝他逃脱,并且作了脱狱的准备。他说宁守法而死,不肯坏法而生。行刑的那天,还沉静的作哲学上的会谈,对着快没落的斜晖,从容仰药而死。

苏氏感人最深的,是他人格的伟大。他的学说,以为人民道德的低落,都是由于无知。所以倡"知识就是德行"说(Knowledge is virtue)。他的口号,是"自知"(Know thyself)。他理想的教育,就是求知的教育。不过这里所谓"知",不是限于个己的知,而是人类共同普遍的概念的知。普罗塔哥拉曾说,人是万物的权衡,他不认共同的标准。那种学说的流弊所至,使人各是所是,各非所非,而使知识界陷于混乱的状态。苏氏却说个己知识的对象,尽可不同,而抽绎其共同之点,却会得到普遍永久的概念。他的求知的方法,是启发的问答,世称"苏氏法"(Socratic method)。他的辩证法底第一步是消极的,先打破对话者愚妄的成见,使对方自觉其无知,这称为"苏格拉底的讽喻法"(Socratic irony)。他常自己居质问者的地位,使对方自由陈述意见,他很巧妙的如连珠般层层诘问,对方的解答,前后相互矛盾,不得不心悦诚服的来求教。然后自己再结论出正义来,这第二步,是积极的,也称为"苏格拉底的知识产生法"(Socratic maieutics)。现在举下列的一段对话,作"讽喻法"的例子:

"一回一个名叫欧提德穆斯(Euthydemus)的少

年，去见苏氏，他自命为青年政治家。苏氏说他必定会知道怎样才是公道的人，这少年也就毫不疑惑地说是知道的。

苏：那么，我们有数种行为，是合于公道的。

欧：这是当然。

苏：你能告诉我哪些行为是合于公道的吗？

欧：是的，便是那不合于公道的，我也能说出来。

苏：很好。假设分书相对的两行，一行是公道，一行是非公道，可以吗？

欧：可以的。

苏：虚伪属于哪一行呢？

欧：属于非公道行。

苏：欺骗呢？

欧：也在这一行。

苏：偷窃呢？

欧：也在这一行。

苏：奴辱他人呢？

欧：也在这一行。

苏：以上所举的，没有一项可以列在公道行吗？

欧：我还未之前闻。

苏：假设为捍御国家，而战胜了敌人，且奴辱之，这不是公道吗？

欧：这却是公道。

苏：假设掠夺了敌人的货物，再把他诱入陷阱，这种行为怎样呢？

欧：这种诚属正当，不过这是对付敌人，我以为你刚才所指的，是欺骗，或虐待朋友。

苏：然则在某种情形之下，我们不是将列一种行为于两行了吗？

欧：我也以为是这样。

苏：现在便再就朋友而言。假设一个将军统率了军队去打仗，这一部队的士兵，都颓丧而无斗志。那将军就哄着士兵说：有救兵到了。这样士气振作，因而战胜了敌人，这也是欺友吗？将列哪一行呢？

欧：这要列在公道行。

苏：假设一个病了的小孩，不肯吃药。他的父亲骗他说，这药是很甜的，小孩吃了因而治愈了病。这又将在哪一行呢？

欧：这也当列在公道行的。

苏：假设遇了一个发疯的朋友，正要自杀，你便偷偷的把刀藏起来，这也是偷窃的行为，该属哪一行呢？

欧：这也是当列在公道行的。

苏：你刚刚不是说不能欺骗朋友的吗？

欧：是的，我将完全撤回我刚才所说的一切话。

苏：我还要问：你以为自愿违公道和无心违公道，是谁为正呢？

欧：苏格拉底哟！凭良心说，我对我自己的答语，已不能自信。因为怎样总和我先前所存想的完全相反。"[1]

关于他的死，前面已约略的说过了。他的死，充分表现了他一生的意义，并且表现了希腊的普遍主义与个人主义的冲

---

[1] 参见色诺芬著，吴永泉译：《回忆苏格拉底》，商务印书馆1984年版，第144—147页。——编校者

突,雅典的守旧派和文化运动的冲突。他没有建立什么思想系统,也没有什么著作。可是单他的大弟子柏拉图的那不朽的《对话集》(Plato's Dialogues)也就使他的精神不朽了。中间有名的一篇名叫《斐多》(Phaedo)这样的记着:

"他立起来,和克里同走进浴室去,克里同吩咐我们在外守候;我们等待着,且谈,且想……我们悲哀的深重;他宛似一个父亲,正要从我们被夺去了,终我们剩下的身世,将变作孤儿了。……现在将近日落的时候,因为当他们在里面,已好多时间过去了。他出来之后,重和我们坐在一起,……但讲的话很少。不久狱卒……走进来,站在他旁边,说道:'苏格拉底呀!我知道,凡曾到这里来的人们中间,你是顶高尚,顶和善,顶顶好的人了。我料你不会有别人的火冒脾气,当我服从命令,叫别人服毒的时候,他们要对我发怒咒诅——真的,我相信你一定不会对我火冒的,因为你知道,作恶的原因不在我而在别人啊。那么再会,你试轻轻的担当了这不可免的事罢,你是知道我的职司的。'于是他眼泪夺眶而出,转身走出去了。

"苏格拉底看看他,说道:'我报答你的好意,当照你的吩咐做。'于是他又回顾我们,说道:'这个人何等有趣啊,从我到了狱中,他常来看我,现在你们看他又怎样慷慨的为我伤悲啊。可是,克里同呀,我们必得照他的话做了;若毒药已预备好,把杯子拿来罢;若还不曾,叫侍者预备些出来。'

"克里同说:'但是,太阳还在山顶上,许多人都服

得迟;布告出来之后,他们便吃呀,喝呀,一纵感官的行乐,所以不要急,还有些时候哩。'

"苏格拉底道:'是的,克里同,你说人家怎样做是对的,因为他们想耽搁一刻也可得到些好处;可是我这样做就不对了,因为我并不想扣留而救回一条已过去的生命;我对此只得自己好笑自己了。那么请你照我的话做罢,不要拒绝我。'

"克里同听了他的话。便示意仆人;仆人便走进去,停一歇回来,同了狱卒,拿着一杯毒药。苏格拉底说道:"我的好朋友,你对这些事体有经验的,请指示我怎样做法。"那个人答道:'你只管在地上走;走到腿里疲乏,于是躺下来,毒就发作了。'同时他将杯子传给苏格拉底,苏格拉底以最安闲、最温和的态度,没有微些儿恐怖,也没有微些儿变色改容,两目注视着狱卒如他的故态,取了杯子,说道:'你看倾一些杯中物以为神的奠酒怎样?可以不可以?'狱卒答道:'苏格拉底呀,我们只预备我们看来恰够的分量。'他于是说:'我明白了;但是我还可以而且必得祈祷神们,保佑我从这个世界到另一个世界路上的平安——那么,这个祷告,可以允许我罢。'于是他将杯子放到唇边,十分从容,欣然把药呷了。

"直到此刻我们大抵都能抑制我们的悲哀,可是现在我们看他在呷,再看他呷干净了,我们再也忍不住了。我不由自主泪如雨一般直注下来;所以我掩面痛哭自己,因为我一定不是哭的他,而是想到我自己的苦难,失去这样一个同伴。这也不是我第一个,克里同先觉得禁不住自己的眼泪,立起来走开了,我也跟

第三章　希腊教育的后期

过去；正当此刻，直哭到现在的阿波罗多罗斯（Apollodorus）忽然放声大号，使我们都胆怯起来。苏格拉底独自保持着镇静，他说：'哪里来这个怪声？我叫女人们走开，正为不要她们来这样讨厌，因为我曾听到一个人应当在和平中死的。那么，安静些，有点耐心罢。'我们听了，觉得惭愧，收住了眼泪；他在地上走，直等到他说自己的腿载不住了，然后他照着指示仰卧在地上，那给他毒药的人时常看他的脚和腿，继而紧按他的脚，问他能否觉得，他说：'不！'那个人又按他的腿，渐按渐上，给我们看他是发冷而硬的了。于是苏格拉底自己也觉到，说道：'等毒攻入了心，就完结了。'现在开始冷到腰部了，他揭开了自己的面孔（他本已把自己掩上），说道，——这些是他最后的话，——'克里同，我欠阿斯克勒庇俄斯（Asclepius）一只鸡钱，你能记好还他吗？'克里同就说：'我要去还的，还有别的事吗？'对这一问就没有回答了。一二分钟之后，听到移动的声音，侍者揭开来；他的双目定着，克里同合上了他的目和口。

"这样便是我们朋友的结局，在我知道的人里面，他真可以叫做至慧、至正、至善的人了。"[1]

三

柏拉图是雅典人，纪元前427年生。父亲是贵族，饶于资财。这在发展他的诗歌的天才上，是很有影响的；因为那时雅

---

[1] 参见柏拉图著，王晓朝译：《柏拉图全集》第1卷，人民出版社2002年版，第130—132页。——编校者

典是希腊文化的中心,而他又出自名门,所以能得着丰富的教养机会。他也当过战士,能杰出侪辈。曾在伊斯米亚的竞技(Isthmian games)中得过两次锦标。到了 20 岁,他才入苏格拉底之门,就在"牛蝇"——苏格拉底自称——的指导之下,从简单的辩驳,进于细心的分析,而到成熟的讨论。"感谢神呀!使我生就是希腊人而非蛮夷,是自由民而非奴隶,是男子而非女子,不过最难的,是使我生当苏格拉底的时代。"他这话,可见他对他老师的倾向了。他 28 岁时,苏氏演着最后的悲惨的一幕;这黯淡的阴影,使他脑里常盘旋着:"那流氓的民主政体,非铲除不可,要让至慧、至善的人来统治才行。"在和他老师相处的八年中,记叙苏格拉底学说的《对话集》已着笔了;还有几篇论文,论友谊(Lysis),论勇敢(Laches),论节制(Charmides)也是在那时做的。不久,他为了营救苏格拉底的嫌疑,离去雅典到 Megara,和数学家欧几里德(Euclid)交,又周游昔兰尼(Kyrene)、埃及等地,以后他到意大利从毕达哥拉斯派学徒交游,他们的政治活动,又暂时的引起柏拉图的政治的兴趣。他便到西西里和政治家戴恩(Dion)结交,后来竟因此而得祸,由西西里官吏之手,交付于一斯巴达人而贩卖于奴隶市场。幸得他一个朋友设法将他赎回。这一次漫游,在他思想上,有两件重大的变迁。一、他受了毕达哥拉斯派的影响,二、他想在叙拉古(Syracuse)建立他的理想国。这时他回到雅典已是四十岁以上的人了。许多雅典人,这时反悔了不该处苏格拉底以极刑,所以对于柏拉图风尘仆仆的归来。倒很诚恳的欢迎他。柏拉图也便在阿卡德米亚(Academia)设一个学园讲学。这学园就叫 Academy[1]。他在学园里教授弟子,有时也到

---

[1] 阿卡德米。——编校者

外面作讲演,一面就完成他的名著《对话集》(*Dialogues*)。他的晚年,和他幼年一样的愉悦。四方都有他的学生,那些学生的成功,又时时传来对柏拉图的歌颂。"他安居他的学园里,在一群学生里面踱来踱去,给他们种种问题和课业,叫他们去探讨,等他再来时,向他们要报告和解答。拉罗什富科(La Rochefoucauld)[1]说:'老来如何好,少有人能晓。'柏拉图是晓得了。学要梭伦(Solon)那样学,教要苏格拉底那样教;领导热心的年轻人,而求得友伴之理知的爱。所以学生无不爱他如他爱学生一般;他不但是他们的哲学家和向导,并且是他们的朋友了。有一个门弟子,临着那个大陷阱——叫做结婚,也请这位大师去吃喜酒。柏拉图真所谓富于春秋,80岁了,也居然光临,高兴地参加行乐。可是正当良辰在欢笑中飞逝,这个老哲学家到安静的室隅去休息,坐在椅上小睡一下。到了早上,宴会已散,带倦的客人走来唤醒他。他们发现就在那个晚上太平无事之中,他已从小睡而入于长眠了。雅典倾城的人,送到他墓上。"(Durant, *Story of Philosophy* 杨荫鸿译,《古今大哲学家之生活与思想》,83页。)[2]

我们知道诡辩学派的狂飙,动摇了希腊道德的基础。苏格拉底要图道德普遍的存在,因此有"知识即道德"的格言。这格言是后来柏拉图哲学重要基点之一。但柏拉图在"知识即道德"之外,还有进一步的发明。他认为这里所谓知识,不是指感官的知觉而言,是在所谓观念(idea)。[3] 观念的世界,别于现象的世界,而是实体常住的,人世的搅乱,由于人人以现象世界为真,而自绝于实体常住的观念世界。所以在苏氏所求的是普

---

[1] 拉罗什富科(1613—1680),法国作家,代表作《箴言录》。参见《不列颠百科全书》(国际中文版),中国大百科全书出版社1999年版,第9册第404页。——编校者
[2] 商务印书馆1930年版。——编校者
[3] 也译作"理念"、"相"。——编校者

遍的概念，至柏拉图已成了"原型观念"，而有形而上的客观存在了。

柏拉图政治上的理想，有著名的《共和国》[1]一篇，为后代欧洲思想界的社会改造案的嚆矢。柏拉图理想的社会，是贵族的，以今日的眼光去观察，这不过是小部分的社会改造。惟其是小部分的，那改造才会是根本的、彻底的，而成为今日急进的社会政策的萌芽。他以为国家不过是个人的扩大。所以国内三阶级，和他所分析人的心理三部分相同。劳动者和人的嗜欲一样，这一阶级的任务，是为国家供给食用。他们的最高的美德是节制。他们如很勤力的劳动，而吃喝能节制，这便是很可赞美的了。其次，武士阶级，是等于一个人的情绪。他们对内对外保护国家。他们的美德是勇敢。他们要能以意志统驭情绪。再其次，哲学家或君主阶级，等于一个人的头脑。是能以他们的见解，制定法律，统治全国的。所以他们的美德是智慧。三阶级权力分配适当，理想国才可以实现。理想国内，最高阶级，是撤废财产私有制度的。

柏拉图在他的理想国内，教育的设施怎样呢？他以为每个儿童出世以后，要受完全均等的教育。虽然天才在那里，骤然地是找不出，但是我们须得到各处各阶级里去大公无私的找。第一步就是普及教育。儿童出世后十年的教育，以体育为主。每个学校，对于体育运动的设备，是万不可少的。课程的全部，是游戏和运动。要把身体练到很强健活泼，再不会要医药。不过单是竞技体操，将把一个人弄得太片面的发展了。"我们怎样会找到温和的性情而兼有大勇呢——这二者是好像不容的。"只有音乐的韵律与和谐，透入了人心灵深处，会使

---

[1] 今译《理想国》——编校者

心灵美妙化的。所以音乐的训练,也很重要。16岁以后,音乐的个别训练停止了。至于合唱和公共竞技一样,是要毕生继续的。数学、历史、科学等枯涩乏味的内容,必得由音乐来供给以令人爱好的形式;所以对于儿童教材,尽可能的编成韵语,使教材的内容美妙化,而有儿童自由精神流转的余地。"教育的初步,却用不着一丝强迫,因为一个自由人也应当自由的取得知识……在强迫之下所获得的知识,不能深刻地记在心上的。所以不要强迫,宁可让早年的教育当作一种欢娱,如此便容易发现儿童天性的倾向。"这可说是他的幼稚教育意见。青年在18至20岁时服兵役,一到20岁,历年所受的教育,都要受铁面无私的"大检删"(great elimination)。这种考试,非比寻常,"该规定他们种种勤劳辛苦和竞争。"使凡有一技之长的,都有机会表现,有些微瑕玷的,也必得暴露出来。在这里落选的,便是商人、书记、劳工、农夫。及格的,再受十年身体上、思想上、品性上的教育和训练。算术、几何、音乐、天文是必修科。以后还要受格外严厉的第二试;落选的充国家佐治官、行政助理和军事人员,及格的专修哲学。他对哲学的修习,有一句有趣的话:"这个珍馐,不好尝得太早。因为年轻的人,嘴里初次尝到哲学的味儿,就把辩论当做嬉戏,时时要驳责诘难。宛比小狗看见任何人走近来,都欢喜抓扑扯弄的。"哲学主要的意义有二:一是思想澈清,一是统治贤明。柏拉图自己观念学说的研究,也在这时开始了。亚里士多德曾说,柏拉图的"观念"与毕达哥拉斯的"数"是同的。毕达哥拉斯以为世界是给数学的定理和法则主宰着的。而柏拉图的意思,神也是常常在推演几何定律的,所以柏拉图在他的学园门上,孤峭的放着几个字:"不解几何者勿入内。"凡人专攻"观念"学说满了五年,已能够从感觉的杂乱之中,认出思想的体系来。然后能出来执政,把这些思想,应用到人事和国政上去,那就是"哲学之王"(philosophor-king)了。[1]

柏拉图的学说,已如上述。它的影响怎样呢?理想国,乌托邦,诚然是不容易在这世上实现的。但是,毕竟是哲人的头脑呀!他的话竟把中世纪一切情形,在千余年前打了样。后来基督教的领域内,把人民分作劳工、军人、教士。教士们独占了文化的工具和机会,并且握着几乎无限的威权,统治地球上半个顶强盛的大陆。这些教士,不就是"哲学之王"吗?天主教中的许多政制,至少是受柏拉图"堂皇的谎语"的影响:一切天堂、地狱、赎罪所,都在《共和国》最后一卷中。经院哲学的宇宙观,也不过是观念学说的一种注释。甚至中古教育上的"四艺"(数学、几何学、音乐、天文学),也模仿着柏拉图所计划的课程。一千年中一切商人、军士、诸侯、国君,全都屈膝臣服于罗马教皇,都是这位大哲人精神上的光辉的遗照。至于他的教育学说,则囿于时代阶级观念,昧于自由个性之发展,是其缺点。而他注意学习动机,注意教材的兴趣,谋身心平均的发达,这些都是有永久价值的。

四

色诺芬(Xenophon, 434—355 B. C.)是雅典名门之后,但十分的爱斯巴达。所以他的教育学说,和斯巴达人很相近,注重勇武的道德的训练,他自己虽没有敢遽离雅典而到斯巴达去,却把他的儿子送到斯巴达去留学。但他对于体罚,也不以为然。他只注重有力的指导,若以体罚祛除被教育者的弱点,那

---

[1] 参见柏拉图著,郭斌和、张竹明译:《理想国》第 7 卷,商务印书馆 1986 年版,第 277—310 页。——编校者

他看来是教育的下乘了。不过色诺芬忽视理智的修养。他尝说：青年教育的主要任务，不在智识的获得，而在唤起高尚的情操和实用的技能。我们只要明了那时雅典风俗的颓靡，便可以知道他这种矫枉过正的言论，也算能洞瞩时弊的。关于女子教育，他主张女子也要受读书、习字及其他文艺的陶冶，来锻炼她们的精神，不仅受一种家事训练便算完了。在那时有此卓见，也值得特别叙述的了。色诺芬有部教育著作，名 *Kyru Paideia*[1]，专描写古代波斯人的教育法。

五

亚里士多德(Aristotle)于纪元前384年生于马其顿的斯塔吉拉(Stagira)，距雅典北面约二百里。他的父亲是王家的侍医。这医学的空气，便是养成他心理上一种科学倾向的根本。关于他的幼年，还有许多传说。有人说他从小生活放荡，霍尽祖产，于是投军以免冻馁，不久又回到斯塔吉拉行医，到30岁，才到雅典从柏拉图研究哲学。比较可靠而同时为一般传说所公认的，是他在18岁那年，入了柏拉图的学园。他在学园中有极高的地位和名望，对于修辞学、文艺各科，都很有兴趣。柏拉图很早便赏识他，称他为学园的"灵魂"。他常常花了许多钱去收集稿本，为欧里庇得斯[2]以后集成图书馆的第一人，也是图书分类原则的创造者，所以柏拉图又称亚里士多德的住宅为"读书人之居"。在这时我们可以看出亚里士多德哲学的两大本源已确立：一是遗传的对医学的研究和实验的兴趣；二是在学园里

---

[1] 今译《居鲁士的教育》。——编校者
[2] 古希腊悲剧家，他的私人图书馆是古希腊最大图书馆之一。参见杨威理：《西方图书馆史》，商务印书馆1988年版，第14页。——编校者

所得的各种修辞、文艺等的知识。到了柏拉图的暮年,许多人都确凿的说他和亚里士多德有相当的不睦。其实亚里士多德的思想,富于创造和独立的成分。在他的研究与修养之中,已显示他的智慧是不会和柏拉图同尽的。所以他对这"精神之父"的学说,也发现若干的缺点。他尝说:"吾爱吾师,吾尤爱真理。"纪元前349年[1]柏拉图死,他也离了学园。有人说他曾到雅典,创办了一个演说学校,同伊索克拉底(Isocrates, 436—338 B. C.)对抗,在这校里,有一个富家子赫尔米亚(Hermeia),不久做了阿塔内斯(Atarnens)的王,就请亚里士多德到宫廷里去,并且为报答老师的恩惠起见,将一个姊妹与老师结婚。直到亚里士多德的遗嘱里,也还十分恩爱这妻子呢。过了一年,应腓力王召,做亚历山大的师傅。亚历山大尝说:"生我的是我父,使我怎样做有价值的生活的是亚里士多德。"从此我们知道以后亚历山大的伟大,以及克己的功夫,嫉恶如仇的心理,都非偶然的了。到纪元前340年,亚里士多德离开了马其顿,又到各处游历。53岁时,创设学院名为吕克昂(Lyceum),与学生逍遥于绿荫之下,世称逍遥学派(Peripatetik)。但他对院内一切设施,并不抄袭柏拉图的阿卡德米。就在课程方面,阿卡德米专重的是数学、政治哲学,而吕克昂则侧重生物学、自然科学。阿忒那奥斯(Athenaeus)说,亚历山大王曾一次送了八百塔兰特(talent)给他的先生,去调查生物学。有一千多人分布在亚洲和希腊一带,受亚里士多德的指挥,作生物的调查工作。甚至说亚历山大派一大队人去探尼罗河发源地,为什么按期泛滥,也是亚里士多德授意的。158种宪法会典,也是为亚里士多德要参考而抄出的。总之,以公家财富来经营科学事业,在西欧史

---

[1] 柏拉图卒年为公元前347或348年。参见《辞海》(缩印本),上海辞书出版社2002年版,第130页。——编校者

上,这不能不算是第一次。以后因为他一位侄子 Callisthenes[1]不肯尊亚历山大为神,要被处死刑。他替侄儿辩护,与亚历山大失和。但同时亚里士多德又替亚历山大向雅典人辩护。那时雅典人呢,正反抗亚历山大的统治,觅自由如饿虎一般。对于亚里士多德的论调,真是道路侧目。可是我们这位老哲人,并不冷淡,并不静寂,他反而在四面楚歌之中,努力地冲锋,追求他的功业。突然地亚历山大死了;雅典城的爱国者,大喜欲狂。后来亚历山大的继位者 Antipater[2],进军讨伐这叛城,这时一位祭司名叫 Eurymedom,提出公诉,说亚里士多德曾教人,祈祷和牺牲是无益的。一时声势汹汹。他所感的群众的迫压,较之苏格拉底的晚境,殆有过之。于是我们这位老哲人说:"我不愿再给雅典一个机会去犯第二次反对哲学的罪了。"便悄然的到了卡尔西(Chaleis),可是偏偏又害起病来,不久竟与世长辞了(纪元前 322 年)。

亚里士多德最大的贡献是科学。希腊在以前,虽也曾有点科学,但多数和神学混为一谈。加之雅典政治上的纷扰,使哲人如苏格拉底、柏拉图等都舍了自然科学而追求伦理、政治的理论。到亚里士多德便把希腊自然科学和道德两大支流,总汇起来,集成宏富而有组织的学问了。在物理学上,他曾对于物质、运动、空间、无限、原因和其他这类的概念,加以精严的分析。在生物学上,他用的功夫更深:他觉察鸟类和爬虫类在构造上是很接近的;猿猴在形体上是介于四足兽与人类之间;他更会大胆的说的人和胎生的四足兽,是一类的动物(现在的所谓哺乳类);在一个有机体的发育中,该类共同的性质,其形成先于该类专有的性质等。他又创立了胚胎学,曾对于小鸡发育做一篇叙述。这些发

---

[1] 卡里斯提尼斯。——编校者
[2] 安提帕特。——编校者

现,直到现在,也都引人惊异。在哲学上,他重新估定知觉世界的价值,进而将概念和知觉不可分离的连合起来。又建立了发展(development)的学说。他的政治理想,以为国家必须完成个人的道德,必须是人民的教育者。他并不如柏拉图建设一理想国,只提出几件与国家幸福有关系的事:如教育,如婚姻制度等。他以为国家虽是必然的产物,但亦因有相当的效用而存在的。

在教育上,他主张教育由国家掌管。他以为"最足使宪法垂之永久的,莫善于将教育制度适应于国体"。儿童自小便要教他服从法律,因为"一个从不晓得服从的人,必不善于领导,"好国民应该二者兼能。而且归国家掌握的教育制度,能在民族的分殊中达到社会的统一。"人生下来就有智力做他的武器,再有种种性质,可用了达到顶顶卑污的目的。因此他假如没有德性,就是一切动物中顶龌龊,顶野蛮的东西,充满淫恶的欲念。"给他德性的,便是国家。人生5年,是体育时期。在这期中,一切学问,都不讲授,免妨害身体的发达;只须养成受风雨寒暑摧剥的习惯,增长其皮肤的抵抗力,而以游戏为主要的科目。5岁至7岁是母教时期。男孩女孩,都要施以个别的训练:男孩体强,宜加监督;女孩体弱,宜加保护。并且要在看了他人勉学的自发活动上,来养成他好学的习惯。7岁至14岁,是公共教育时期。要养成儿童强健勇敢的体魄,故以体操为主要科。为了洗涤其卑野的感情,又要授以音乐。而读、写、图画等科,这时也开始初步的学习。14岁至17岁为智的教育的实施时期。17岁到21岁,才授以高尚的学科和专门的教育。

对于亚里士多德的批评,言人人殊。有人说:"柏拉图那种改革的热忱,对人类所怀愤激的爱,在亚里士多德身上我们找不到。他老师那种果断的创造,崇高的想象,构造富丽而诱惑的理想的能力,我们在他身上也找不到。"但他在自然科学上的创见，是后来的人们不得不惊服的。虽然"他的自然科学只是一堆未经消化的观察。他相信男子头盖骨的缝要比女子多，他相信男子肋骨每边只有8条，"甚至"他相信女子要比男子少几个牙齿。"但是那时期还没有一切帮助我们感官的工具器械，那是我们所要原谅他的。何况材料的收集和分类，特殊的发现，已远在我们数千年前便能独具双眼的见到呢？他的逻辑，成了中古学者的典型，支配了将近一千年间人的思想。就从他的教育学说上看，当然也有很多不可磨灭的价值。

六

希腊由苏格拉底到亚里士多德，在国运上正刻画了一条由盛而衰的坡形线。一切文化，到这里都呈成熟的状况。所以"国家政治式微之际，便就是理知成熟之秋"。黑格尔那句话，真是名论。自希腊为马其顿征服后，各学派继踵而起，先是诡辩派的兴起，使文法、修辞、论理各学，渐成专科。不久就有修辞学派（Rheterical Schools）的兴起，伊索克拉底（Isocrates）便是这派的领袖。至于大哲苏格拉底之后，除了柏拉图的阿卡德米、亚里士多德的吕克昂而外，有芝诺（Zeno, 336—264 B. C.）的斯多噶派（Stoic Schools）、伊壁鸠鲁的学派（Epicurus, 342—270 B. C.）。这两派都是直接受苏格拉底学派的精神，而前者主严峻的意志锻炼，后者主超脱的自我快乐，要不外是希腊末期的时代精神的反映。此后诸学派渐渐结合，更由修辞学校、哲学学校的蜕变，而成雅典大学。小亚细亚的 Pergamum 与 Tarsus, 在 Rhodes 岛，在埃及的 Alenandria, 均有大学，为传播希腊学术文化的中心，经过几世纪而更盛。亚历山大里亚大学的图书馆，搜罗极富，藏书达七十万卷。以后回教徒军起,地为所占(640),书籍为火烧毁殆尽。其残篇零简,传说可供四千人公共浴场所需四个月的燃料。经过这番摧残,希腊文化,就黯然地沉埋下去。它的宝藏,要等到文艺复兴时代,才有人来发掘了。

第四章
罗马的教育

一

"我们看了希腊,再看罗马,犹如读罢了诗词,再读散文,离开了美术家的野宴(picnic),再入商贾的肆廛。"

戴维森(Davidson)在他的《教育史》(*A History of Education*)里这样的说。这句话是很值得玩味的。希腊人求知爱美,耽于人生的乐利,罗马人刻实勤苦,宁为将来的幸福,而牺牲现在的乐利。前者富于想象,后者多务实行。前者崇尚理知,后者尊重权力。所以罗马人是最具体最实际的民族。坚定(Constantia)、果敢(Fortitudo)、严毅(Gravitas)是罗马人的美德。至于玄妙的理想,精深的艺术,是罗马人所不长的。他们的蔑视个性,遵守约束,能耐劳苦,很和斯巴达人相似。可是他们实践起来,并不因为是严厉的纪律,而是出于自由的意志,这又和斯巴达人不同。罗马所供献于世界文化的,不是哲理,不是文学,不是艺术,而是法律、制度和政治组织。这也是他们民族的天才。

罗马建国在现今的意大利,在突出于地中海中央的南欧之大半岛之一的亚平宁半岛上。台伯(Tiber)河过境入海,亚平宁山(Apennines)的支脉,分布在四面。气候温和,农产丰富。亚平宁半岛,本是希腊人的殖民地,所以有大希腊之称。中北两部,在罗马未建国之前,是很荒僻的。建罗马城的始祖,是拉丁人(Latins)。相传古代的拉丁,本有三十多个部落,而以阿尔巴隆加(Albalonga)雄伟有大略,富国强兵,盛极一时;不久改为民主共和(509, B. C.),设执政官两人,名公修尔(Consul)[1]任期1年,另举监国1人,以济缓急,任期6月。以下有元老院,由贵族族长组成;有贵族会(comitia curiate),由贵族组成;有兵员会(comitia centuriata),由军士组成。但是大权是常握在贵族手里的。后来国内时起纷争,到纪元前494年,平民设保民官(tribune),制定法典,刻在十二铜标之上,这便是一直影响到现在的罗马法的滥觞。及至李锡尼(Licinius)做保民官时(367 B. C),又颁布李锡尼新法,公修尔二人中,平民必居其一,内争始稍息。到了纪元前31年屋大维(Octavianus)出,又造成了罗马的帝政时代。罗马帝国,统治古代世界,历五百年之久,至纪元476年而倾覆。

二

罗马教育,也可以分成几个时期。在王政时期,完全是家庭教育。罗马的家庭是严格的一夫一妻制,妻对于夫,子对于亲,只有绝对服从。夫权亲权,是属于公民五权之中的。因此儿童的教育,无论是体格的锻炼,德性的熏陶,都由父母担任。自幼便以畏天敬人爱国诸道,教育儿童。年龄稍长,对于家事的操作,田亩的耕耨,宴会的仪礼,都使儿童在实际的生活中学习。女子的教育纯粹是良妻贤母的训练。

到了共和时代,在教育上没有什么显著的进展。不过在德

---

[1] 执政官。——编校者

育方面，更注重武勇、廉耻、质朴、刚毅、忍耐诸德的培养。教育方法，由抽象理论的讲述，而进于具体实例的条举。所以在教材上，伟人英雄的传记，是家庭教育的惟一的材料。家庭聚谈或宾客宴会，他们都不会忘记对他们的子女夸耀祖先的丰功伟业。在纪元前450年，学校的形式初次在罗马出现。和现在的学校一样，他们集合许多儿童于一堂。学科有十二铜标法典(Laws of Twelve Tables)〔1〕和唱歌。教师称为列德拉脱(literator)〔2〕。对于这种学校，国家取放任态度，纯由私人设立，征收学费，以资维持，在社会上的地位是很低的。

罗马诗人Horace说："罗马征服希腊，而还被希腊文艺所征服。"当希腊尽归罗马版图时(146 B.C.)，罗马反成为希腊文化的俘虏。便是在教育上，也至帝政时期而一变。屋大维统一以后，教育大兴，各级学校的增加，学校内容的充实，都是具体的例证。教育精神，从实用渐渐趋于文字知识。音乐、数学和初步的论理学，也列入学科之中。因为雅典有"黄金时代，"这个时期有人也称为罗马的"白银时代。"现在且把这时期各级学校的内容，作一概括的叙述。各级学校间的关系，在卡伯莱(Cubberley)《教育史》上有一个罗马教育系统图，现附在下面：

初等教育	中等教育	专门教育	大学教育
6,7—12岁	12—16岁	16—18,19岁	18—21,25岁
初等学校	文法学校	修词学校	大学
读书，写字，计数等	文法，文学	文法，修辞，辩论，法律	法，医，工程，数学，文法，修辞

〔1〕 现译作"十二铜表法"。——编校者
〔2〕 文学家。——编校者

（A）初等学校（Ludus）　教读、写、算、英雄故事、诗歌和十二铜标法典。对于文法的训练很少，只有记诵翻译希腊史诗剧本格言而已。学校和共和时代同样是私人办理；多就人家余屋，或庙宇而设。教师多半是残废不能做别的职业的人。管理教督，异常严酷，尤其是时时的施行体罚，所以学校里的儿童，仅仅受机械的训练，而缺乏乐群的精神。

（B）文法学校　这是较高级的学校，有希腊拉丁两种。希腊语多为僧侣所学习，因为藉此可以知道希腊祭典的仪式。教师称 grammaticus[1]。学科有文法、语言学、文学等科。间或也列有体操军事训练的科目。其机械的教法，和严峻的管理，与初等学校同。

（C）修辞学校（rhetorical school）　这是最高的专门学校，以养成法律或政治人材为主旨，教师称 rhetor[2]。罗马最重演说家，有辩才的人，便能立致显达。所以训练演说家的学校，也应需要而起。教授方法重记诵，关于道德法律或政治问题的有名演说辞，都令学生记诵，并且练习语法和姿势。

（D）大学　希腊文化既大盛于罗马，罗马人到雅典亚历山大里亚等大学肄业的逐渐加多。维斯帕西安帝（Vespasian 于 69—79 A. D. 在位）建图书馆于和平神庙，已奠罗马大学的初基，后来恢扩讲舍，设法律、建筑、算学、机械、拉丁及希腊文法、修辞学等科，延教授主讲。

三

罗马学校既然很简单，教育学说，也很沉寂。有名的教育

---

[1] 文法家。——编校者
[2] 修辞家。——编校者

者，只有雄辩家西塞罗（Cicero，106—46 B. C.）、昆体良（Quintilian，35—106 A. D.）[1]，哲学家塞涅卡（Seneca，4 B. C.—65—A. D.），历史学家普鲁塔克（Plutarch，46—120 A. D.）。其中尤以昆体良为重要，现在略述他的生平和学说于下。

昆体良生于罗马属地西班牙的加拉俄罗利（Calogurris）地方。他曾在罗马研究辩论术，归国后，从事教育，负一时博学鸿才的令名。设罗马雄辩学校，门弟子靡然从之。他的名著，有《辩论学》[2]（*Institutio Oratoria*）12卷，说明辩论和修养的方法。昆氏最重儿童幼稚时期的习惯，他说保姆要操正确的语言，有纯良的品格，因为幼稚时期的印象，至长大后不易泯没。"如盛新器，其味常在。如染素丝，其色难变……儿童有了善良的习惯，还易流于恶，倘有恶劣的习惯，更怎样改善呢？"[3]他又承认，教育儿童，应适合年龄程度。教师督责不宜过急，使儿童对于所学，渐成厌恶，致终身不复感兴趣。他对于体罚是很反对的。他说，教育者不能拿对付奴隶的态度来对付将来的国民。倘不能诱导训诫，而骤行体罚，适足以引起儿童反感，使更陷于不善。教师果能教导有方，就决无施行体罚的必要。这种说话，确是当时一般学校教师所未见到的。

---

[1] 西塞罗(公元前106—前43)，昆体良(约35—95)。参见《辞海》(缩印本)，上海辞书出版社2002年版，第1815页和952页。——编校者
[2] 《雄辩术原理》。——编校者
[3] 参见昆体良著，任钟印译：《昆体良教育论著选》，人民教育出版社1989年版，第11页。——编校者

第五章
中古时代的教育

一

自西罗马帝国的灭亡(476)至东罗马的灭亡(1453),其间约千余年。这时的欧洲,蛮夷侵略,戎马扰攘。人民几全陷于蒙昧之中。文化教育,不绝如缕。史家称这个时期为"黑暗时期"。中古的教育权操诸教会。宗教以外,几无学问可言。现先讲宗教教育,次述经院学派,次述中古大学,次述武士教育。终述市民教育,以见当时教育之一斑。

基督教,是犹太人耶稣(Jesus)所创。耶稣以4 B. C.年生于犹太国耶路撒冷郊外的伯利恒(Bethlehem)。父亲约瑟是木工,母名玛丽亚,传说玛丽亚在未出嫁以前,忽然感了神灵而怀孕。这是宗教上的神话。关于他的幼年,还有许多传说。但在历史上看,除去和父亲同做木匠度着平凡的生活以外,并没有什么足记录的事迹。他30岁时,有一位名叫约翰的,常常说:"神国近了。"促人民悔悟,到约旦(Jordan)河去受洗礼。约翰的宗教运动哄动一时,耶稣也受了他的洗礼,因而发生赖觉,仿佛自己就是上帝的儿子。于是退处旷野,和一切世界的诱惑奋斗,经过猛烈的苦闷,才决定了救世的规模,和传道的计划。

"耶稣清耀而奋勉之人格,受近世基督教艺术失当之尊崇,致改其面目。亦如释迦之人格,由僧迦中人以袒胸趺坐之金身偶像,变其原形,真像莫睹。耶稣者,赤贫之教师也;恒往来于犹太各地间,赤日当空,风尘仆仆,资以餬口者,不过偶然之布施耳……语其性情,则极其诚恳,富于感情,易勃然发怒……语其教旨,则新颖简单而深闳,即'上帝为全世界之慈父,''天国渐近于人境'是已……推其极,不但以上帝博爱,人类大同之名,而推翻亲族之私爱,与家庭之关系已也,其教训中,更明明反对经济制度中一切阶级,一切私有财产,及个人之优先权利等。彼以为人类尽属天国,其所有者,皆系天国之所有,人类惟一之合理生活,乃竭己所有,尽己所能,以行上帝之意志……在其大放光明之天国中,无财产,无权利,无可骄,亦无可尊;无所求,亦无所报;惟爱而已矣。时人习于幽暗,一旦受此强烈之光照耀,未有不昏眩惶骇,大声反对者……无怪乎祭师等知此与若辈,势不两立,而必欲置之死地;无怪乎罗马军士遇之,若有物焉盘旋于其思想中,将震撼其所受之训练,遂至不知所措而发为狂笑,戴耶稣以荆棘之冠冕,围以朱红之袍,嬉之为恺撒,以快一时之意也。"(以上摘引韦尔斯:《世界史纲》[1],见汉译本上册 429—437 页。)

纪元 30 年,耶稣在耶路撒冷讲道,被执,罗马方伯彼拉多鞫讯之,判死刑。与盗二人同钉死于十字架上。

---

[1] 商务印书馆 1929 年版。——编校者

耶稣的教义，内容甚广，不是几句话所可概括。有两点是最值得注意的：（一）耶稣的教义，是超越知识而基于信仰的。自苏格拉底倡"知识即德行"之说，哲学家所探求的，仅囿于正确的知识。耶稣的教义，却从信仰出发而超于知识之上；甚至和知识相背驰，这是和希腊思想根本不同的一点。韦尔斯氏说：墨子所谓，"诸侯相爱，则不野战，家主相爱则不篡，人与人相爱则不相贼，君臣相爱则惠忠，父子相爱则慈孝，兄弟相爱则调和。天下之人皆相爱，则强不执弱，群不暴寡，富不侮贫，贵不傲贱，诈不欺愚，"[1]和耶稣的天国相近。其实墨子主"兼相爱，交相利，"是以利己心为前提，诉诸人类的理智的；而耶稣主博爱，则以人类对于神的爱为基点，诉诸人类的感情。依耶稣的教义，是由对神之爱而有对人之爱。人们在上帝的前面，承受上帝的慈爱，一律平等，毫无差别。上帝是全人类的父，人类是上帝的孩子们，本来是同胞，何来人我之分呢？耶稣对门弟子讲："最大的诫命，是尽心，尽性，尽意，尽力去爱神，其次便是爱人。"只有信心，便生爱力，这是和墨子学说不同的地方。总之，耶稣说的不是哲学家的话，而是宗教家的话。崇奉他的话，也只有所谓"但应信仰，不应毁谤"了。（二）耶稣的教义，重视来世，而蔑视现世。他的登山第一训，示人八福，说："……贫穷者福矣，以天国为其国也。哀恸者福矣，以其必得慰安也。温和者福矣，以其将奄有世界也。慕义如饥渴者福矣，以其必得饱足也。矜恤者福矣，以其将见矜恤也。清心者福矣，以其将见上帝也。使人和睦者福矣，以其将称为上帝之子也。为义而受迫害者福矣，以天国乃其国也。"（《马太福音》第五章。）从此

---

[1] 参见孙诒让著，孙以楷点校：《墨子闲诂》，中华书局1986年版，第95页："诸侯相爱，则不野战。家主相爱，则不相篡，……兄弟相爱则和调。……则强不执弱，众不劫寡，……"——编校者

灵魂的慰藉，使人生得一最后的归宿，任现世如何痛苦，如何悲惨，为了超生天国的一信念，却不难"离一切苦，得究竟乐"了。我们知道，自罗马帝国建立以后，承希腊文化的绪余。理知的末流，趋入于怀疑。享乐的极端，趋入于利己和纵欲。一时骄奢淫佚，风俗颓靡，而人民的痛苦，也如水之深，如火之热。耶稣本平等博爱，信仰来世之说，登高一呼，浅而易知，简而易行。无论后来受若何的抨击，而在当时，总不能不算是长夜的晨光，众生的福音了。

耶稣死后，教徒保罗(Paul)大昌其教，奋身宣传，广设教会，但初期教徒为当时政府所不容，大受迫害。他们常常在黑暗的夜里，由山林地窟中，点一盏黯淡无光的灯，聚着许多信徒环泣祈祷。倘不幸给官吏捉了去，便放到御苑里，纵猛狮搏噬，君臣聚观，恣为笑乐；或者在身上很厚的裹起来，烧着当庭燎，惨酷达于极点。至君士坦丁(Constantine)为帝，始于324年定基督教为国教，经三百年的磨折，耶稣教才正式确立。所以说："殉道者之血，是弘法之种子。"(The blood of martyrs is the seed of the church)

在基督教的初期，教育文化事业，很为贫乏。一则因为他们的教义，为当时西欧野蛮人说法，谈不上学术。二则教徒在暴力迫害之下，断胫流血，艰危奋斗，对于希腊罗马学士的繁文诡辩，非常恶恨，无暇建学术的基础。三则教徒冥心天国，屏绝世务，于人生所需的学识，本非所重(见 Compayre, *History of Pedagogy*, p.63)，及势力渐强，传播渐远，才稍稍受希腊学术的熏染。至二三世纪始于亚历山大里亚有问答学校(catechetical school)的组织，专事教义的辩证与宣扬。最著名的教父，有克莱芒(Clement, 150—220)和奥利金(Origen, 185—254)。

纪元 529 年，查士丁尼帝（Justinian）下令停闭一切非基督教的学校。于是中世纪一切教育，完全移于教父之手，而僧院学校（monastic schools）大兴。僧侣所持之戒，以绝欲（chastity）、安贫（poverty）、服从（obedience）为最要。大师圣本尼迪克特（St. Benedict，480—543）制定戒律 73 条。僧徒于忏悔祈祷之外，每日劳动操作 7 小时，读书 2 小时。书以《圣经》及宗教著述为限。古文学、哲学，皆视为邪说，摈不得读。又因书不易得，各僧院都自设"抄书室"，（scriptorium）命僧徒长日传抄。在中古晦盲的时候，这些日抱遗编，摩挲传写的萧寺孤僧，隐然延长了文化将绝之脉。僧侣于修道之暇，也常招院外的学生，授读、写、算等学科，是为僧院学校。这是当时仅有的学校了。

纪元 800 年，弗兰克（Franks）族的查理大帝（Charlemagne）建神圣罗马帝国。他要普及文化教育于野蛮的日耳曼民族，下令推广僧院学校，强迫僧人读书。又请英人阿尔琴（Alquin，735—804）为宫中侍讲，创设宫庭学校，招皇族子女入学。那时的学问，就是所谓"七艺"（seven liberal arts）。其中又分"三科"（trivium）与"四科"（quadrivium）。三科是文法、修辞、辩证；四科是数学、几何、音乐、天文。

二

克莱芒、阿尔琴在基督教教育上的贡献，上面已提及了。这派的学者，后来称为"教父哲学者"。自十一至十四五世纪，教父的神学，渐受希腊思想的浸润。许多学者想以哲学的方式，来证明宗教的信条，于是有经院学派或烦琐学派（scholasticism）的兴起。这派的目的，是想对于宗教的信条，给以合理的基础。他们比较那教父哲学者把一般人的信仰，视为事实的教义,而单加以系统的说明的,又进一步了。他们要把教义解释成为真理。譬如教父哲学者说:"神是人。"那么经院哲学者却要说"神为什么是人?"不过根本上"神究竟是不是人"这问题,他们也是不问的。所以经院哲学,还不是真正探索真理的哲学,不过是把教义变成合理化罢了。其优点,是论证精微,剖析毫芒,而劣点是空虚烦琐。无怪日本人把他们译称:"烦琐哲学者。"他们的方法,纯取辩证术(dialectic method),其中心问题,是普遍(universal)和特殊(particular)的关系怎样。自诡辩家以人为万物之权衡,认特殊之个体为实在而后,苏格拉底乃重普遍概念,柏拉图继之,更认原型观念有客观的存在。到了经院学者,又分成两派,一派承柏拉图说,以普遍概念为实在,为神性中的原型;世间现象,不过是原型的摹本。这派叫唯实论(realism)。另一派说,所谓普遍概念,仅属名词,而实在则为个体之事物,这叫唯名论(nominalism)。更有折衷两派的。以为普遍就存在于特殊之内,这叫概念论(conceptualism)。在这里有几个值得叙述的学者,分述于下:

埃里金纳(Erigena, Johnnes Scotus)的生死年月,大约在纪元810—877年之间。他青年时就学于爱尔兰,精希腊语,很为众人所敬畏。法王秃头查理(Charles the Bald)闻他的名,聘到巴黎管理宫庭学校,待遇很优。晚年回英,担任牛津大学讲席,又做马尔麦斯堡(Malmesbury)的主教。但他豪迈性成,颇招一班僧侣的怨恨。最后法皇目为异端,终于罹毒刃而死。埃里金纳是把新柏拉图学派的哲学,和基督教教义相调和。他以为万物由唯一的神出而复归于神。差别性是由普通性分出来,由种生属,由属生个体。去彼我之别,而合一于神;人生目的才能达到。他又主张真正的哲学,便是真正的宗教,哲学与宗教,是二而一的。在教育上,他曾想把从来附丽于教权的寺院教育,改为基于哲学的理性教育。所以经院哲学的大盛,虽在埃里金纳以后,可是这学派的始祖,总还要推他。

安瑟伦(Anselm,1033—1109)是有名的唯实论者,生于意大利贵族的家庭。自幼笃信宗教,曾到法国有名的贝克(Bec)寺院,跟着拉弗朗斯(Lafranc)读书,度寺院的生活。累升为寺长。后又继拉弗朗斯做坎特伯雷(Canterbury)底大主教。他以为宗教上的信仰,虽先知识而存在,但和知识合一的信仰,更为可贵。他想把柏拉图学说和基督教调和。他说:神是绝对的,因而有无限的属性,既有无限的属性,那末他的存在是无可否定的。他又说普遍是先特殊而立的实在,所以他是唯实论者。

洛色林(Roscellinus)是唯名论的健将,生死年月不详。1096年他两次遭罗马教会的破门。他主张凡是普遍的东西,就不是实在;实在只是个体。所谓普遍,都不过是我们由抽象而成的观念的名目罢了。

阿伯拉尔(Abélard,1079—1142)生于南特(Nantes),是一个概念论者。他从洛色林求学,受罗氏唯名论的影响很大。他对于希腊哲学探究很深。亚里士多德更是他所倾倒的人物。他历次在米兰、巴黎等处任教授,很有成绩。1140年为反对派学者所弹劾,受教皇破门罪的宣告。他的学说,从洛色林的唯名论出发,而归结到亚里士多德的实在论。他以为由存着神意中的观念而后成各个事物的普遍性,普遍即存在于特殊之中,所以他是折衷的学者。

现在我们要总括的说一说:经院学派对教育上的影响,自埃里金纳而后,使基于教权的基督教教育,渐渐重理性和观察,虽不能说后来科学的勃兴,是发源于此;但至少有一些影响。至于中世纪末大学的成立,和大学讲学的风气,更不能不认经院学派为根本的动力。

三

我们刚说过,大学讲学的风气,是起源于那时的经院学派。从学者和学生们相互研究的团体,就产生了所谓大学(university)。欧洲的大学,最早的,是1050年间创设的意大利南部的萨莱诺(Salerno)大学。这个大学本是医学校的初祖,后经政府的许可,加入哲学、法律诸科。不久波隆纳(Bologne)大学,也于1113年顷成立。初仅授法律,后经政府认可,加哲学、神学等科。学生人数曾达一万二千人之多。巴黎(Paris)大学创始于1160年,学生更多至二万余人。同时各地大学也先后兴起,其间著名的有1249年的英国牛津(Oxford)大学和1284年的剑桥(Cambridge)大学。继之者有德国的维也纳(Wien)、海德堡(Heidelberg)、科隆(Koln)、埃尔福特(Erfurt)、莱比锡(Leipzig)等,都一一确立起来。

大学课程,都由教皇用教令来规定。起初范围很狭,至十三世纪而后,渐采亚里士多德著作为教本。教学方法,因为受了经院学派的影响,注重形式训练。尤其是对于论理学,特加研讨。哲学、神学、几何、天文也很重视。当时大学在社会上很占势力,便是当道的王侯,也不敢轻视,反而与以种种特权,来取得他们的欢心。如在法律上,经济上,大学生可以免除服兵役、纳粮税的义务,且可免普通法庭的拘捕或处分。在学术上,大学有发给学位证明师资之权。

四

自罗马衰乱以后,封建制度代兴。在军事扰攘之时,武士成为社会上的主要人物。无论王侯地主,都得借重他们来保护。所以武士教育,也应需要而产生。武士教育的理想,重服务,尚顺从,尊妇女,爱主护教。所以他们的格言是:"把我的灵魂,献之于上帝;生命献之于君王,心情献之于妇女,这是无上的荣誉。"至于他们教育的实施:儿童7岁,在家庭受教育,由父母讲述古代英雄豪杰的轶闻遗事,激发他们慕义勇武的精神,并养成顺从恭敬诸德。7岁至14岁,入王侯宫廷充侍者(page),跟随主人出入,并随侍主妇。这时所学习的是音乐、诗歌、各种仪节。14岁至20岁,称从士(squire),[1]始得使用主人的武器,从主人游戏、打猎、战争。这时的学科是乘马、击剑及各种战术。21岁才行庄严的仪式,正式列为武士(knight)[2]。凡武士应尽的本务,如敬神、服从长官、尊礼妇女、扶弱惩暴、爱护教徒,都在这时宣誓。中古俗世的武士制度,和宗教的僧侣制度一样,是以固定的形式和组织,来实现社会的理想。

五

欧洲自十三世纪以后,因为新航路的开辟,航海业的发达,工艺制作的进步,币制的改良,汇兑的便利,使工商业在客观条件上,得了许多方便和助力,呈着突飞的进步。这种经济制度的变革,反映到政治上来,便是封建制度的崩溃,和市府的崛兴。欧洲许多国家,在过去受过日耳曼人的铁蹄所蹂躏而衰落的,现在都有了活跃的气象,日趋繁荣了。户口的增多,财富的加厚,都是事实上的证明。商人在社会的地位,渐渐高升为中

---

〔1〕 也称侍从。——编校者
〔2〕 也称骑士。——编校者

等阶级了。贵族对于政权的垄断,再也不是他们所能忍耐的了。于是市民要求各种权利,想脱离地主的羁绊。但是这些活动,处处都感觉到新知识的需求。人民对于智识,再也不容忽视了。结果,便是教育的进展,各商人团体,在这时设立了许多教授拉丁文法和算术的初级学校,这叫做基尔特(guild school)学校,还有一种市府所经营的市民(burgher school)学校,课程更是适应经济上的情形。教师起初还是由僧侣担任,以后市府互相团结,市民来学的人多了,才逐渐脱离了教会的势力。中古时代,到了这里,如漫漫长夜,钟漏将残,新时代的曙光,已浮于天际了。

参考书举要

（一）一般的：

    Boyd, *History of Western Education*.

    Cubberley, *History of Education*.

    Weber, *History of Philosophy*.

    Wells, *Outline of History*.

（二）关于希腊教育的：

    Freeman, *Schools of Hellas*.

    Mahaffy, *Old Greek Education*.

（三）关于罗马教育的：

    Clarke, *Education of Children at Rome*.

    Laurie, *Historical Survey of Pre-Christian Education*.

（四）关于中古教育的：

    Adams, *Civilization during the Middle Ages*.

    Sandys, *History of Classical Scholarship*.

编校后记

《西洋古代教育》由著名教育学家孟宪承编写，1931年列入"万有文库"，由商务印书馆印行；1933年，又以"师范小丛书"单印。全书字数不多，文约而事丰。从书中来看，作者原计划还要编写《近代西洋教育》，惜未如愿。

在内容选择上，本书从西方教育起源起，到文艺复兴前止，却不是鸿篇巨制，而是侧重介绍古希腊三哲——苏格拉底、柏拉图、亚里士多德的教育实践和思想。

在语言表述上，作者没有以理论性强的概念化表述方式来编写，而是从西方历史著作中钩玄提要，用散文笔调来叙西洋古代教育的事，历史与故事完美融合，清晰展示了西方教育在那一时段的发展变化。可以说，寓思想于叙事、让历史故事说话是本书话语表述上的一大特色。

该书另一语言特色在于深入浅出，应用历史理论而又不让读者感觉到理论的晦涩，做到了通俗性与学术性的有机统一。如当我们读到"……那边有温和的气候，美丽的风光，到处是葱郁苍翠的群山，面对着明净一碧的大海，光辉的太阳，悬在蔚蓝的天空里，抚慰着大地的一切，……"，以及"千万章的松杉，在山上森森的错立着，桔柚、橄榄、无花果、葡萄等佳果，点缀着山坡"等充满了诗情画意的描写时，仿佛这不是教育史，而是散文家的佳作。而这同样让读者明白希腊自然地理环境对古希腊人精神思想的影响。

还有必要交代的是本书遣词造句上的一些特点。首先，由于本书问世距今已七十多年了，那时期的语言使用习惯在本书也有反映，如现在该用"哪"的，那时都用"那"，"元素"写作"原素"，"贡献"写成"供献"等；其次，著者出身书香门第，幼年就读私塾，有深厚的传统文化底蕴，青年时期又负笈海外，中外语言都有造诣，行文中夹杂浅易文言句式，出现一些现在看来比较生僻的用语，如"千万章的松杉"中的"章"在此是"大木材"之意，古语有"千章之材"一说；再看引文，作者征引的材料多是从外文直接翻译而来，读者可参考现在常见版本的译文。

此次编校，我们仔细阅读了全书，按照《凡例》对原书作了一些加工。

尽管我们努力校对了，但由于我们的知识水平与能力有限，也受制于资料的局限，肯定还有诸多不尽如人意之处甚至错误，敬请评正。

谨以此作为对教育学家孟宪承先生逝世四十周年的纪念。

文正东
2009 年 5 月

图书在版编目(CIP)数据

新中华教育史、西洋古代教育/孟宪承编. —上海：
华东师范大学出版社,2010.1
(孟宪承文集;9)
ISBN 978-7-5617-7484-7

Ⅰ.①新… Ⅱ.①孟… Ⅲ.①教育史-研究-中国
②教育史-研究-西方国家-古代 Ⅳ.①G529②G519

中国版本图书馆 CIP 数据核字(2010)第 009323 号

孟宪承文集·卷九
新中华教育史　西洋古代教育

主　　编　瞿葆奎
副 主 编　杜成宪
编　　者　孟宪承
项目编辑　陈锦文
审读编辑　彭呈军
责任校对　林文君
装帧设计　储　平

出版发行　华东师范大学出版社
社　　址　上海市中山北路 3663 号　邮编 200062
网　　址　www.ecnupress.com.cn
电　　话　021-60821666　行政传真 021-62572105
客服电话　021-62865537　门市(邮购)电话　021-62869887
地　　址　上海市中山北路 3663 号华东师范大学校内先锋路口
网　　店　http://ecnup.taobao.com/

印 刷 者　江苏常熟华通印刷有限公司
开　　本　787×1092　16 开
印　　张　24
字　　数　329 千字
版　　次　2010 年 12 月第 1 版
印　　次　2010 年 12 月第 1 次
印　　数　1—2 100
书　　号　ISBN 978-7-5617-7484-7/G·4330
定　　价　72.00 元

出 版 人　朱杰人

(如发现本版图书有印订质量问题,请寄回本社客服中心调换或电话 021-62865537 联系)